삼미 슈퍼스타가 미션 슈퍼스타로

–

내 인생 동반자 이은혜 선교사,
하늘나라에 계신 아버지와 어머니,
내 아들과 딸들, 수연, 정준, 태준,
특히 삼미그룹을 위해서 인생을 바친 수많은 삼미 슈퍼스타즈,
월드그레이스미션(WGM)센터를 믿고 기부와 헌신을 해 주신 분들
이 땅에 하나님의 나라를 함께 세우고 있습니다.

삼미 슈퍼스타가 미션 슈퍼스타로

지은이 | 김현철·장병희
초판 발행 | 2024. 12. 11
등록번호 | 제1988-000080호
등록된 곳 | 서울특별시 용산구 서빙고로 65길 38
발행처 | 사단법인 두란노서원
영업부 | 2078-3333   FAX | 080-749-3705
출판부 | 2078-3331

책값은 뒤표지에 있습니다.
ISBN 978-89-531-4983-0 03230

독자의 의견을 기다립니다.
tpress@duranno.com   www.duranno.com

두란노서원은 바울 사도가 3차 전도여행 때 에베소에서 성령 받은 제자들을 따로 세워 하나님의 말씀으로 양육하던 장소입니다. 사도행전 19장 8-20절의 정신에 따라 첫째 목회자를 돕는 사역과 평신도를 훈련시키는 사역, 둘째 세계선교(TIM)와 문서선교 (단행본·잡지) 사역, 셋째 예수문화 및 경배와 찬양 사역, 그리고 가정·상담 사역 등을 감당하고 있습니다. 1980년 12월 22일에 창립된 두란노서원은 주님 오실 때까지 이 사역들을 계속할 것입니다.

대기업 회장에서
하나님의 선교사가
되기까지

삼미 슈퍼스타가
미션 슈퍼스타로

김현철 · 장병희 지음

두란노

차례

1 삼미그룹, 세계를 향해 나가다

4 일꾼들과
미래를 보다

Mission

하나님의 은혜를 증거하고자 씁니다

2020년 4월 26일, 코로나19(COVID-19) 바이러스로 열방이 혼돈에 빠진 상황에서 우리 가족도 예외 없이 바깥출입을 하지 못한 채 집 안에서만 생활해야 했습니다. 그러던 어느 주일에 아내 이은혜 선교사와 집에서 예배를 드리는데, 그동안 주님께 받은 은혜를 글로 정리해 많은 사람에게 알리라는 비전을 갖게 됐습니다. 글쓰기는 익숙하지 않았지만, 즉시 순종하는 마음으로, 어느덧 잊고 지냈던 옛일들을 떠올리며 글을 쓰기 시작했습니다.

오래전부터 지인들이 자서전을 써 보라는 권유를 했지만, 변변한 것이 없는 제 인생에 관해 무슨 이야기를 하겠나 싶어서 무심히 지내 왔습니다. 그런데 돌아보니 이제까지 하나님의 은혜로 살아왔음이 가슴속 깊이 깨달아졌습니다.

지금 이야기이지만, 저는 1995년에 회사에서 은퇴하고 나서 동생에게 회장 자리를 넘긴 다음부터는 지난 일은 모두 잊고 살았습니다. 회사가 어디로 넘어갔는지 어떻게 되었는지를 머릿속에서 모두 지워 버렸습니다. 그래서 지금 자서전을 써 내려가는데 모르는 것이 상당히 많고 기억이 희미한 것도 많습니다. 그런데 구글에 옛날 자료들이 많이 남아 있어서 도움이 되었습니다. 가지고 있던 회사 재직 시절 당시 사진들도 과거를 묻겠다는 생각에 1997년 이후 많이 태워 버렸습니다.

이렇게 지우고 태웠음에도 불구하고 지금 이 글을 쓰고 있는 이유는 하나님의 은혜로 선교사가 되어서 20년 동안 인도하여 주신 하나님께 감사드리며, 제 책을 읽고 누구라도 영혼이 구원받고 또 선교에 도전을 받았으면 하는 바람 때문입니다.

이 책을 기꺼이 출판해 주신 두란노서원 관계자들과 구글 닥스(Google Docs)를 가르쳐 주어 글을 쓸 수 있도록 도와준 착한 손녀와 평생의 동반자 이은혜 선교사에게 깊은 감사의 마음을 전합니다. 자서전 초안을 잡아 준 김지연 작가와 또한 쉽게 읽히고 이해하기 좋게 본문을 보강하고 각 장의 도입글을 비롯해 윤문을 도와준 장병희 기자에게도 고맙다는 말씀을 전합니다. 여러 후원자님과 동역자들에게도 감사 인사를 보냅니다. 무엇보다도 우리를 살리기 위해 독생자 예수님을 이 땅에 보내 주신 여호와 하나님께 감사드리고 모든 영광을 올려 드립니다. 감사합니다.

2024년 성탄절을 기다리며
산토도밍고(Santo Domingo)에서 스티브 김(김현철) 선교사

쉬지 않고 최선을 다해서 섬기는 열정과 각오

김현철 선교사님의 자서전에 추천의 글을 쓸 수 있어서 기쁩니다.
모든 책이 저자의 많은 수고와 진통의 열매라고 말할 수 있는데 이
책이야말로 그가 굴곡 많은 삶의 여정을 어떻게 의미 있게 지낼 수
있었는지를 잘 보여 주고 있습니다. 본서에 부분적으로 언급된 대로
제 아내와 김 선교사의 부인 이은혜 선교사가 중학교 시절에 절친인
것이 인연이 되어서 도미니카공화국에서 사역에 협력하게 되었습니
다. 김 선교사님은 자서전 쓰기를 별로 원하지 않았지만 가족과 함
께 그를 설득하여 월드그레이스미션(World Grace Mission: WGM)센터
의 흔적과 기록을 남기고 후대를 위하여 쓰게 된 것입니다.

저는 김 선교사님의 삶과 사역에서 많은 장점을 찾아볼 수 있었습
니다. 그는 스스로 선교사를 위한 훈련 과정을 거치지 않은 자칭 '낙
하산 선교사'라고 말하지만 정말 그 일을 사랑하고 헌신한 선교사입
니다. 자나 깨나 선교를 생각하고 꿈을 갖고 기도하여 새로운 사역
을 만들어 냅니다. 그리고 한국에서 대기업을 경영했던 경험이 선교
현장에서 큰 사역들을 넉넉히 감당할 수 있게 한 것으로 보입니다.
새로운 일을 두려워하지 않고 과감하게 시작하고 열정적으로 추진
하는 용기를 보았습니다.

그는 "모든 것이 하나님의 은혜"라는 말을 입에 달고 삽니다. 자신

은 할 수 있는 것이 아무것도 없지만 오직 하나님의 은혜로 감당한다고 말하는데, 하나님이 참으로 때를 따라 필요한 동역자들을 보내주시는 것을 봅니다.

또 한 가지는 일에 대한 그의 추진력입니다. 무슨 일이든지 현지인 교회와 선교지에 유익이 되는 것이라면 곧 시도하는 것입니다. 그는 건강에 문제가 있음에도 불구하고 쉼 없이 일합니다. 그래서 저와 함께 국제성막교회를 시작했고 또 현지인을 위한 세계선교성경대학(World Mission Bible College: WMBC)을 2021년에 개교하여 19명의 졸업생을 배출했습니다. 일곱 차례 실시된 시니어선교훈련학교(Senior Mission Training School: SMTS)도 매우 은혜로웠습니다.

그의 중요한 기도 제목은 도미니카공화국의 복음화, 도미니카와 아이티의 화목, 조국 대한민국의 통일입니다. 그는 선교지에서 삶을 마감하기로 작정하고 마음을 다하여 주님 만나는 날까지, 오늘도 이른 아침부터 하루 종일 사역 현장을 달립니다. 얼굴이 검게 타서 현지인을 닮아 가는 외모에 몸은 고단하지만, 여러 나라에서 다양한 선교팀들이 자주 방문할 때마다 사역 현장으로 안내하고 부지런히 섬깁니다.

이 책은 그의 비상한 기억력과 자료들을 망라하여 지나간 세월을 되돌아보며 선교 센터를 다녀간 많은 이를 기억하고 쓴 자료입니다. 그의 사역은 아직도 진행 중이며 앞으로도 계속될 것입니다. 본인 말대로 하나님이 부르실 때까지 쉬지 않고 최선을 다해 섬기겠다는 열정과 각오가 뚜렷합니다. 이 책을 읽는 이들마다 하나님이 한 사람을 어떻게 변화시키시고 어떻게 주의 일꾼으로 쓰시는지를 확인하는 의미 있는 계기가 되기를 바랍니다.

박광철 목사(국제성막교회 초대 담임목사)

1

한국 경제 개발기인 1960년대부터 맹활약한 삼미그룹의 기여와 성장 기록을 총책임자 입장에서 나누고자 한다. 베트남전 패망과 미군 철수라는 국제 사회의 정세 변화로 마치 바람 앞에 촛불처럼 국가의 존망이 걸려 있었다. 누구도 앞에 나서려고 하지 않을 때 꿋꿋하게 방위 산업체를 경영하며 자주국방이라는 시대의 명제를 지켜 내고 조국 근대화에 이바지했던 기업이지만 이제는 역사 속으로 사라진 삼미에 대해서 소개한다. 세계를 향해 과감하게 도전해 이룬 성과는 사람들의 기억 속에 아직 남아 있다. 오늘의 한국을 있게 한 삼미인들에 대한 기록을 여기 남긴다.

★

삼미그룹,
세계를 향해
나가다

1

29세에 회장으로 취임,
아버님을 대신하다

내가 태어난 때는 한국 전쟁 발발 직전이다.
한마디로 엄청난 혼란기였다.
갖춰진 것보다 그렇지 않은 것이 많은 시절이었다.
하지만 기업가에게는 기회의 시간이었다.
아버님 김두식 회장은 정말 성실하게 사업을 키웠다.
특히 드넓은 세상을 향해 어떠한 도전도 두려워하지 않은
기업가였다. 그런데 아버님의 타계로 배울 것도 많고
알아야 할 것도 많은 내가 29세 젊은 나이에 대기업 회장이 됐다.
수년간 마음의 준비가 있었고 경영 수업을 많이 받았다고
생각했지만 막상 삼미그룹의 2대 회장에 취임했을 때
나를 향한 수많은 사람의 눈과 귀가 가볍지 않게 느껴졌다.
일거수일투족이 조심스럽고 어떤 결정을 내릴 때마다
스스로를 믿어야만 하는 엄청난 책임감이 양어깨를 짓눌렀다.
젊은 인생살이가 고달프기까지 했다.
대기업 회장이라는 자리는 언뜻 좋아 보여도 항상 외로운 자리다.
수많은 식구를 먹여 살려야 하는 책임이 있다.
더군다나 우리 형제자매 3남 5녀의 장남이어서 더 외롭고 무거웠다.

어떤 기업의 회장과 라운딩을 했는지 기억이 나지 않는다. 1983년이니 매우 오래전 일이다. 아니 필드에 나갔었는지도 기억이 나지 않는다. 다만 열대 지방 특유의 메마른 냄새가 코를 자극해 첫 방문국이지만 벌써 지쳐서, 버마(현 미얀마)에 대한 기억은 매우 더운 나라였다는 것뿐이다. 잠시 후 주위가 시끄러워지면서 폭탄이 터졌다는 얘기가 들렸다. 내가 항상 기도 제목으로 조국의 통일을 염원하는 이유가 바로 이것이다. 동족을 상대로 무장을 하고 어떤 때는 총부리를 겨누는 일이 또다시 벌어져서야 되겠는가. 이렇게 아웅산 테러는 시간이 많이 지나며 잊히고 있지만 대한민국 입장에서는 엄청난 재앙이었다.

● 아버님의 타계와 삼미 회장 취임

30위권 대기업 책임자가 되다

중학교를 졸업하고 미국으로 조기 유학을 떠났다. 아버님의 뜻이었다. 사업 때문에 해외를 자주 왕래하던 아버님이 자신의 장남에게 세상이 얼마나 넓고 웅대한지 알려 주고 싶었던 것이다. 마침 나는 경기중학교를 졸업하고 고교 입시에서 미끄러져서 고민하던 시기였다. 아버님 입장에서는 고등학교를 졸업하고 유학을 보내나 중학교를 졸업하고 보내나 시기만이 문제였을 것이다. 이후 9년 동안의 유학 생활을 마치고 1973년 귀국해 줄곧 아버님 회사에서 일했다.

아버님이 세운 삼미그룹은 재계 순위 30위권 안에 드는 알토란 같은 회사였다. 사업장도 서울 본사는 물론, 전국적으로 네트워크를 갖추고 있었다. 입사하고 얼마 되지 않았지만 울산 공장, 창원 공장을 오고 가며 해외로부터 기술 도입, 원자재 및 기계 구입, 특수강 수출 등의 업무로 매우 바쁘게 지냈다. 집안의 장남이어서 삼미가 아닌 다른 곳에서 다른 일을 해 볼까, 하는 생각은 엄두도 못 냈다. 대학 졸업 후 캐나다에서 일본계 회사를 잠시 다녔는데 지나고 보니 좋은 경험이었다. 삼미그룹 회장으로 일할 때도 유익했지만 나중에 도미니카공화국에서 선교 센터를 운영하는 데 알게 모르게 큰 도움이 됐다.

1977년 아버님 김두식 회장에게 골수암이 있다는 것을 발견했다. 해외에서 병원 치료를 받고 또한 좋다는 약을 구해서 치료에 총력을 기울였지만 1980년 3월 12일 새벽에 아버님은 우리 곁을 떠났다. 그로 인해 나는 불과 29세에 선택의 여지도 없이 삼미그룹 2대 회장으로 취임하게 됐다.

처음에는 아버님의 자리가 얼마나 크고 또한 힘든 것인지 잘 알지 못했다. 역시 옆에서 볼 때와 실제 겪게 되면 다르다는 말이 맞다. 모든 결정을 내가 최종적으로 해야 한다는 사실에 항상 두려움이 앞섰다. 지금 30대 초반 젊은이들을 볼 때마다 '참 좋을 때다' 하며 미소를 짓곤 하는데 되돌아보니 내가 회장이 된 때가 바로 그 나이였다.

하지만 미국 시애틀의 삼촌 김홍식 회장, 매형 최원웅 사장, 매제 유헌상 사장이 있어서, 또한 오랫동안 아버님과 함께 손발을 맞췄던 원로 임원들, 그리고 이미 6년여간 호흡을 맞춰 온 직원들이 있어서 곧 안정을 찾았다. 어린 나이에 중책을 맡았음에도 흔들림이 없었던 모든 것이 하나님의 은혜였다.

회장으로 취임하면서 가졌던 다짐이 있다면, 아마도 아버님의 유훈을 좇아 세계 제일의 특수강 회사를 만들고 국가 경제에 이바지하겠다는 것이었다. 하지만 아버님의 뜻을 이루는 것은 쉬운 일이 아니었다. 아버님이 평생을 바쳐 이루려 했던 일들을 젊은 아들이 한순간에 성취하기는 어려웠다.

아버님 김두식 회장의 소천이 있은 지 일주일 후에 삼미그룹에도 변화가 생겼다. 내가 그룹 회장이 됐고, 부회장에 엄빈 한국종합특수강 부회장이, 유삼석 씨가 같은 회사 사장에, 삼미사 사장에는 매제 유헌상 삼미금속 사장이, 한국종합특수강 사장에 조종군 부사장이, 삼미금속 사장에 최창선 삼미사 부사장이 각각 임명됐다. 이즈음 미국에서 목회자로 사역하던 매제 최진호 목사가 제안해서 삼일빌딩 안에 신우회 모임을 시작했다.

"특수강 세계 제일"은 아버님의 유훈

아버님이 소천하고 넉 달이 안 되어 대한민국 정부에서 아버님에게 기업인에게는 최고 영예인 '금탑 산업훈장'을 추서했다. 훈장은 당시 정재석 상공부장관을 통해 내게 전달됐다. 아버님은 중화학공업의 필수 소재인 특수강 메이커 한국종합특수강을 비롯, 삼미사, 삼미금속 등을 설립하고 운영해 국가 산업, 특히 방위 산업 발전에 큰 공을 세웠다는 것이 추서를 요청한 한국철강협회의 건의였다. 훈장을 받고 보니 아버님의 업적에 대해서 자부심을 갖게 됐고 또 한 번 책임감을 느꼈다.

당시는 국내외가 아주 시끄러운 때였다. 특히 정치권이 박정희 대통령이 갖고 있던 강력한 권력의 공백 사태를 감당하지 못했다. 12·12 사태를 지나고 5·18민주화운동 즈음이라고 하면 이해가 쉽겠다. 이런 와중에도 특수강 수출이 호조를 보이기 시작했다. 아버님의 소천으로 인해 회사는 어수선했지만 3월 24일경 다음과 같은 내용을 언론에 공개하기도 했다.

"삼미가 내수 부진에 따라 특수강의 해외 시장 개척에 힘쓴 결과, 유럽으로부터 800만 달러짜리 신용장을 받았다. 상담 중인 수출 건도 500여만 달러다. 전년도에는 600만 달러를 수출했는데 목표를 4배 늘어난 2,500만 달러로 계획했는데 해외로부터 주문이 많이 들어와 목표를 달성할 것으로 예상한다. 이렇게 특수강 수출이 급증되고 있는 것은 전년도에 수출한 특수강의 품질이 좋고 가격 경쟁력이 좋았기 때문이고 삼미금속에서 생산하는 금속 제품 수출이 호조를 보이고 있고 삼미사의 수출도 1억 3천만 달러에 달하게 될 것이다."

아버님의 특수강 신화는 이렇게 실현되고 있었다.

지금도 그렇지만 특수강 같은 업계는 특히 경기에 취약하다. 요즘은 원유 값이 매우 안정적이지만, 1970년대 초반 일어난 1차 오일 쇼크 이후에는 그렇지가 않았다. 그래서 중동의 석유 수출 국가들이 세계 경기를 좌지우지했다. 특수강은 모든 산업의 기초가 되는 산업재이므로 경기에 더욱 취약했고, 이런 점을 잘 알고 있었기에 여러 가지 고민을 했다.

회사 규모가 커지면서 신경을 쓸 것과 결정할 것이 더 많아진 데다 특히 회장이 되고서 하루도 편히 쉰 날이 없었다. 한국의 재벌 회장들이 간혹 일탈을 하는 모습을 보면 사람들은 흔히 '부족한 것이 없는 사람들이 왜 저럴까?' 싶겠지만, 높은 자리에 있을수록 책임이 더 무거워 간혹 섣부른 일탈이 있을 수 있겠다는 생각을 해 본다. 내가 모든 대기업 총수를 대변하는 것도, 변명하는 것도 아니다. 다만 책임이 무거우니 더 많은 노력과 신념과 믿음이 필요하다는 점을 이야기하는 것이다.

당시 내가 회장일 때 가장 큰 회사는 그룹 모태로 목재 회사였던 대일목재공업의 후신이며 역시 무역과 건설, 목재를 주요 사업 단위로 갖고 있던 (주)삼미와 삼미종합특수강, 삼미금속이었다. 삼미금속은 기계, 자동차 부품, 단조, 광업, 유통 부문으로 나뉘었다. 별로 보고 싶지는 않았지만, 일부 신문 기사에 삼미의 부도와 관련해서 "젊은 회장의 무리한 확장과 문어발식 경영" 탓이라는 문구를 본 적이 있다. 우리 삼미만큼 전문 업종에 올인하고 한 우물만 판 기업이 별로 없다. 아버님 김두식 회장의 유훈을 받들어 앞으로만 나아갔기 때문이다. 그런 점에서 일부 기사에 대해 섭섭한 마음을 갖고 있다.

● 철강왕, 삼미그룹 김두식 회장

불교 사찰도 몇 군데 지었다

하나님은 누구나 사랑하신다. 우리 집안은 불교를 믿었다. 아버님, 어머님도 불교 신자였다. 불교 사찰도 몇 군데 지었다. 하나님은 조건 없이 우리 집안에 여러 가지 축복을 주셨다. 아버님은 대기업을 일궜고, 한국에서 가장 높은 건물을 지었으며, 어떤 해에는 세금을 가장 많이 낸 기업인이었다. 아버님은 다른 집안과 마찬가지로 불교를 믿었다. 많은 집안이 습관적으로 윗대에서 믿었기에 불교 신앙을 갖고 있다. 아직도 상당수의 집안이 불교를 믿는다고 알고 있다. 하지만 부처님오신날이나 월초에 절에 가는 것 말고는 불교 신앙이라고 말하기 민망할 정도의 믿음이 대부분이다. 그에 비해서 아내 이은혜 집안은 일찍 기독교를 받아들였다.

우리 부부가 결혼하기 전에 불교 집안인 것이 큰 걸림돌이 됐다. 그래서 "결혼 후 교회에 출석한다"는 조건을 수락했고 이은혜는 불교 집안에서 시집살이를 하는 것으로 합의가 되었다. 하나님을 믿는 이은혜의 삶이 얼마나 힘들었을까 싶다. 당시 자신이 부모를 설득해서 성사시켰던 결혼이기에 참고 지냈다고 말했다.

이은혜와 장모님의 끝없는 기도 덕분에 나를 시작으로 우리 가족은 한 사람씩 예수를 믿었다. 아버님은 1980년 소천하기 1년 전에 한경직 목사를 통해 세례를 받았고, 덕분에 얼굴에 평안과 안심의 미소를 띠고 세상을 떠날 수 있었다. 1989년 소천한 어머님도 하용조 목사가 장례를 인도했다. 여동생 중 하나는 결혼하여 목사 사모가 되었다. 그리고 워싱턴주립대학(University of Washington)을 졸업하고 신학교에 가서 목사가 됐다. 하나님은 누구나 사랑하신다는 것을 믿는다.

삼미그룹의 시작과 김두식 회장

아버님 김두식 회장은 1925년 8월 13일 서울에서 태어나 21세에 비누-식용유 공장을 운영했다. 6·25전쟁 때 부산으로 피난해서 우지와 화공 약품을 만들었다. 휴전 후인 1954년 서울 청량리에 삼미그룹의 모태가 되는 목재 가공 업체 대일기업을 세우고 미송 원목을 수입했다. 당시는 아무도 미국 나무에 대해서 관심이 없을 때였는데, 미국 나무를 수입해서 판매도 하고 제재도 해서 제재목을 일본으로 수출했다.

1959년에 인천 만석동에 제재업인 대일목재공업을 세우고 미송 원목 수입과 미송 제재를 시작했다. 1960년에 삼미사를 세워

무역업까지 확장했다. 당시 박하, 건어물, 수산물 등을 해외에 수출했으며 합판 수출 증가로 대형 무역 업체로 급성장했다. 미국에서 원목을 수입하기 위해서 동생인 김홍식 회장을 시애틀로 유학시켰다. 내게 삼촌인 김홍식 회장은 그래서 시애틀에 아예 정착했다. 처음으로 미국으로부터 원목 수입을 시작했고, 물량이 늘어나다 보니 선박을 아예 구입해서 해운업도 시작했다.

당시 자동차 산업에 참여하기를 원했지만 경쟁이 심해서 실패했다. 나중에 듣기를, 장관과 총리까지 동의했고 대통령과 국무회의 의결만 남았는데 중앙정보부에서 막았다고 한다. 대신 우리는 1966년 대한철광주식회사를 인수했다. 내가 미국에서 학교에 다니고 있을 때 아버님이 시애틀에 자주 와서 삼촌 김홍식 회장과 나를 데리고 원목 벌목장을 방문했다. 아버님은 삼미해운 선박이 항구로 들어와 원목을 싣고 가는 모습을 삼촌과 나와 함께 보면서 매우 자랑스러워했다.

아버님 김두식 회장 시기의 사업을 정리해 보면 이렇다. 1960년 중반에 시애틀에 삼일빌딩보다 조금 더 큰 건물이 들어서는 것을 보고서 1969년 종로구 관철동에 31층 삼일빌딩을 세웠다. 재계가 깜짝 놀랐다. 당시 서울 시내에는 10층 빌딩이 일반적이었다. 1969년 7월에는 삼양특수강에 합작 투자하는 등 당시 불모지나 다름없던 국내 특수강 사업의 기반을 마련했으며, 제3공화국 시절에는 방위 산업체로 지정되는 등 고속 성장을 했다. 1974년 7월에는 한국특수강공업 인수, 1975년 5월에는 삼미해운 설립, 1976년 4월에는 협신볼트를, 1977년 1월에는 한림통상을 각각 인수했다. 당시 총자산 기준 재계 26위로 부상했다.

아버님은 창의력, 도전 정신, 추진력 등이 탁월해서 매우 존경받는 기업가였다. 또한 오직 국가 기간 산업에 매진하여 낙후된 조국의 경제를 살리려고 좌고우면하지 않고 불철주야 헌신했던, 시대를 앞서간 기업인이었다. 나는 감히 미국 철강왕은 앤드류 카네기(Andrew Carnegie), 한국 철강왕은 김두식이라고 말할 수 있다고 믿는다.

아버님 김두식 회장의 약력을 정리하면, 선린상업 졸업, 대한철광 이사회장, 삼양특수강 대표이사, 전국경제인연합회(전경련) 이사, 대일목재공업 창립 대표이사, 삼미사 회장, 한국종합특수강 회장, 대한철강개발 회장을 역임했다.

특수강을 시작하다

삼미사가 목재와 무역으로 매출도 늘고 수익이 좋아지면서 아버님은 국가를 위해서 장기적으로 좋은 사업이 없을까 고민했다. 이미 대한철광을 인수했기에 모든 산업의 기본이 되는 산업재를 떠올렸다. 확장일로를 달리며 일본 마루베니와 합작으로 울산에 스테인리스 스틸 공장을 시작했다. 1973년 설비 확장을 추진 중일 때, 나는 울산 공장에서 생산 관리 과장 대리로 일을 시작하게 됐다.

어릴 때 인천 만석동에 가면 바다에 원목이 떠 있고, 또 제재 공장이 힘차게 돌아가는 모습을 볼 때마다 아버님이 얼마나 자랑스러웠는지 모른다. 그때부터 나도 커서 아버님처럼 훌륭한 기업가가 되겠다는 꿈을 꾸었다. 미국에서 공부하고, 캐나다에서 얼마간의 직장 경험을 하고 한국에 와서 하나님의 도우심으로 아버님에게 점수를 많이 따는 기회를 가졌던 것 같다. 당초 투자 예산 3천만 달러를 절반으로 줄여 공사를 마무리했던 적도 있다.

아버님은 앞을 내다보는 능력이 탁월했으며 인천 공장, 울산 공장, 창원 공장을 한 주에만도 여러 번 직접 방문해서 직원들을 격려하고 세세한 부분까지 신경을 써 주는 대단한 대기업 총수였다. 그런 바쁜 일정 중에도 우리 형제들을 챙기고 가족에게 신경도 많이 썼다. 원목의 개척자요, 삼일로의 왕이요, 해운업의 실력자요, 특수강 방산의 선두 주자였지만 매우 겸손하게 생활했다. 앞에서 언급했듯이 어느 해에는 우리나라에서 세금을 가장 많이 낸 기업가였고 삼미문화재단을 만들어 어려운 학생에게 장학금도 주었다. 소천 후 정부에서 각계의 의견을 받아들여 이례적으로 금탑산업훈장을 수여할 만큼 국가에 대한 기여가 대단했다. 짧았지만 굵었고 성공했지만 겸손하게 모범적으로 살았던 인생이다.

후계자로 낙점받다

삼미가 남미의 칠레에서 처음으로 원목을 수입해서 내가 몇 년간 칠레 명예영사를 맡았었다. 목재 부서 박 부장하고 칠레로 출장을 간 적이 있다. 오랜 시간 비행기를 타고 또 자동차로 몇 시간을 산속으로 들어가서 원목 작업 현장을 보고 생선튀김을 먹었는데 식중독에 걸렸다. 땀구멍이 시커멓게 변하고, 머리도 아프고, 열도 나고, 먹지도 못하고 며칠간이나 고생했다. 다음 행선지 아르헨티나에 가서도 아무것도 먹지 못했고, 다음 날 비행기로 브라질에 들리는 강행군이었다. 이어서 베네수엘라 공항을 거쳐서 로스앤젤레스에 도착했다. 다행스럽게도 로스앤젤레스에서 겨우 한식을 먹고 한국으로 돌아왔다.

출장은 그룹의 모태인 목재업에 대한 견문을 넓힐 수 있도록 기회를 준 아버님의 배려였다. 아버님은 목재 사업도 알아야 한다고 조금 무리한 일정임에도 경험차 출장 명령을 내렸던 것이다.

아버님 김두식 회장은 곧 세상을 떠날 것을 예견하고 1977년에 모회사 삼미의 대표이사 전무를 내게 맡겼다. 또한 계열사인 삼미특수강과 삼미금속의 대표이사로도 임명했다. 1980년 3월 12일에 하늘나라로 떠날 때 아버님의 나이는 불과 54세였다. 지금도 그렇지만 당시에도 너무 이른 나이라서 안타깝기 이를 데가 없다. 내 나이 불과 만 29세였지만 가족들이 뜻을 모아 아버님의 후계자로, 삼미그룹 제2대 회장으로 나를 추대했다.

●   아버님의 도전, 특수강을 맡다

박정희 대통령, 특수강 공장 떠넘기다
1차 오일 쇼크로 세계 경제가 뒤숭숭할 때인 1974년에 아버님 김두식 회장에게 큰 도전이 찾아왔다. 박정희 대통령이 창원 공단에 방위 산업 소재를 생산하는 특수강 공장을 맡아 달라는 요청을 해 온 것이다. 당시 KIST(현 한국과학기술연구원)에서 부산에 파일럿 공장을 세워서 천병두 박사를 비롯하여 여러 명의 서울대 공대 출신 기술자들이 시험 생산을 하고 있었다. 여러 기업에 맡아 달라고 타진해 보았지만 마땅한 데가 없었다고 전했다. 그래서 아버님에게 김종필 총리를 통해서 연락이 온 것이다.

앞에서도 언급했지만 아버님은 원래 1960년대에 자동차 사업에 대한 꿈을 갖고 새나라자동차를 인수하려고 했다. 박충훈 총리까지 결재가 난 상태였으나 다른 곳에 빼앗긴 뼈아픈 과거가 있었다. 그래서 대신 대한철광을 인수했는데 철광과 특수강이 비슷하다고 봤는지 이런 요청이 들어온 것이다. 당시까지도 우리 회사는 목재 같은 산업재만 생산했기에 무리해서 특수강 공장을 인수할 필요가 없었다. 전망이 좋아서 매출과 이익이 크고 누구나 군침을 흘리며 뛰어들고 싶은 사업이었다면 이렇게 국무총리를 통해서 일개 기업에 요청할 리가 없었다.

한동안 고민하던 아버님이 한번 해 보겠다는 결심을 하고 나를 한국 특수강 이사로 발령 냈다. 그래서 1974년부터는 서울과 창원을 거의 매일같이 오르내리며 특수강 공장 건설을 위해 열심히 뛰었다. 부지를 매립해 가며 공장을 건설하는 것이 쉽지 않은 일이었지만 아버님과 함께 피나는 노력을 했다. 또한 미래 시장 예측이 매우 불확실한 어려운 사업인지도 알았지만, 우리나라에 꼭 필요한 방위 산업 소재를 우리가 생산해야 한다는 사명감과 애국심으로 가득 찬 열정을 가지고 아버님도 뛰었고 나도 그 뒤를 따랐다.

지금 생각해 보면, 지프차를 타고 매일 서울과 창원을 오르내리면서 아버님의 피로가 누적되어 골수암이란 병이 생긴 것이다. 공장 건설을 위해서 불철주야 뛰어다닌 아버님은 당시로부터 6년 후인 54세에 소천했다. 그래서 지금도 아버님은 자신의 꿈인 세계 제일의 특수강 회사를 이루기 위해서 자기 생명을 남김없이 쏟아부었다고 기억한다. 내가 1989년에 캐나다 특수강 회사를 인수하게 된 것도 모두 이런 배경에서였다.

대통령에겐 특수강이 가장 중요했을 수도

특수강 공장은 삼미에게 큰 도전이었다. 모든 것이 쉽지 않았다. 또한 전문가가 거의 없어서 고민이었다. 하지만 수소문 끝에 독일 특수강 공장에서 일한 경험이 있는 윤직상 박사를 찾았다. 부산 특수강 공장에서 일하던 천병두 박사, 이성규 부장, 남시도 부장, 이효일 차장 등이 합류했다. 울산에 증설하려던 스테인리스 공장도 창원에 설치했다. 1977년 창원에 2차 스테인리스 스틸 공장과 특수강 봉재 공장이 준공되었다. 준공식에는 특수강 사업을 떠넘긴 박정희 대통령도 와서 축하하며 기념식수도 했다.

당시는 미국 지미 카터(Jimmy Carter) 대통령이 미군을 철수하겠다고 했던 터라 한국 전체가 '자주국방'이라는 말이 귀에 익숙하던 때다. 뒤에서 언급하겠지만 나는 박정희 대통령을 세 번 만났는데 준공식이 두 번째였다. 47년 전 일이지만 바로 어제같이 지금도 생생하게 떠오른다.

우리 공장에서 방위 산업 소재들이 생산되기 시작했다. M-16 소재, 박격포와 장갑차 소재가 양산되어 나오기 시작했고, 자동차 부품 소재도 대량 생산되었다. 당시 윤직상 박사는 우리가 아니면 현대자동차가 해외 수출 1호 자동차인 포니를 수출할 수 있었겠냐며 자부심이 대단했다. 설비는 대부분 미국, 유럽에서 들여오고 기술도 오랜 경험이 있는 영국의 오스본 회사로부터 도입했다. 특수강 대량 생산이 가능해졌지만, 당시만 해도 경공업 중심인 한국의 경제 구조상 국내 수요가 얼마 되지 않을 때였다.

독일 SKF사와 베어링 공장을 합작 건설했고, 스위스에서는 특수 용접봉 기술을 들여와 생산 설비를 갖추었다. 스페인에서는 압출 파이프 기계, 미국에서는 자동차 부품 기술을 도입했다. 프랑스로부터 스테인리스 스틸 파이프 기술을 도입하는 등 우리 공장에서 생산되는 소재의 부가 가치를 늘려서 시장을 개척하고 수출에 총력을 기울였다. 이렇게 우리 회사는 특수강 및 연관 소재 산업을 맡아서 일관된 체제를 갖춰 확고하게 자리를 잡게 되었다.

박정희 대통령은 자주국방과 무기 차체 생산에 초점을 두고 특수강을 독려했지만 결과적으로 산업화가 이루어지고 중공업이 중흥해 자동차 산업, 조선 산업 등이 오늘날같이 큰 성공을 거두게 된 것이다. 우리 삼미와 삼미 직원들의 피와 땀이 다음 세대에 좋은 결실을 맺었다고 믿는다.

삼미사 기업 공개를 맡다

1977년에 그룹의 기둥이며 모회사인 삼미가 기업 공개를 했다. 원래는 김종대 삼미 사장이 맡았는데 갑자기 내가 대표이사 전무가 되어서 주주 총회를 감당해야 했다. 남들 앞에 나서는 것이 불편한 것은 누구나 같다. 대기업 회장의 아들이고 대기업의 총수 후계자라고 해서 다르지 않다. 나는 며칠 동안 너무 떨려서 잠도 제대로 자지 못했다. 하지만 지금 생각해 보면 하나님의 은혜로 무사히 주주 총회를 치러 낼 수 있었다. 뒤에도 언급하겠지만 내가 2년 동안 100번의 간증을 하게 되리라고는 미처 생각하지 못하던 때다.

그때쯤 아버님이 골수암 진단을 받아서 회사도 집안도 매우 어려운 시기였다. 그래서 평소 아버님과 친분이 있었던 김종대 사장을 초빙했는데 오래지 않아 내 친구 조욱래 사장이 경영하는 대전피혁 회장으로 이직했다. 당시에는 무척 섭섭했지만 '일찍부터 경험을 하는 것이 좋다'고 생각해서 김종대 회장이 내게 기회를 준 것으로 믿는다.

앞에 짧게 언급했지만 아버님이 아직 젊은 나이에 갑자기 골수암 진단을 받아서 혼신의 노력을 기울여 치료하고자 했다. 시애틀 병원에 다니며 치료를 받았고, 의료진이 핀란드에 가면 인터페론이라는 신약을 구할 수 있다고 해서 핀란드까지 가서 약을 구해 오기도 했다. 아버님의 골수암 진단은 청천벽력 같은 상황이어서 우리 가족 모두가 혼돈에 빠지고 아버지의 부재에 대한 두려움에 휩싸였다. 지금도 다를 바 없지만 어느 순간부터 가족이 할 수 있는 일은 기도뿐이었다. 결혼 후부터 장모님과 온 식구가 기도를 계속했다. 장남인 나도 잘 알지도 못하면서 따라 기도했으며, 특히 아버님을 위해서 열심히 기도했다.

2

비켜 간 아웅산의 사신,
첫 죽을 고비 넘기다

삼미그룹 회장으로 4년째인 1983년
처음으로 죽을 고비를 넘겼다.
폭탄이 바로 옆에서 터진 것은 아니었지만
대통령을 수행해서 순방에 나섰던 고위 관료들,
아침까지만 해도 인사를 나눈 공무원들이
형체를 알아볼 수 없는 시신으로 나타났다.
귀국 비행기로 일행과 함께 돌아오면서 많은 상념이 지나쳤다.
죽음이 이렇게 갑자기 당연하다는 듯이 다가온 것에 매우 놀랐다.
나보다 나이가 많은 선배 기업인들도 마찬가지였던 것 같다.
현장에서 내가 보고 느낀 것을 중심으로 기억해 본다.

12·12 사태로 집권한 전두환 대통령과 신군부는 집권 첫해부터 매우 어려운 상황을 맞았다. 왜냐하면 세계 경기가 얼어붙고 있었기 때문이다. 가뜩이나 한국 정부를 바라보는 해외의 시선이 곱지 않던 시절이어서 해외 순방이 쉽지 않았다. 그래도 동남아 일대에서는 한국 대통령의 순방을 바라는 정권들이 많았다. 그래서 전두환 대통령 정부, 제5공화국 정부의 해외 순방은 매우 대대적이었다. 기업인들을 대동하는 것은 당연한 일이고 무엇이든 성과를 내야 하는 시기였다. 그런 와중에 아웅산 폭탄 테러 사건이 일어난 것이다.

● **아웅산 사건으로 전쟁이 날 뻔했다**

생사기로, 아웅산 폭탄 테러

이제 오래돼 기억도 잘 나지 않는다. 우리 기업인들이 방문할 나라가 정확히 어디였는지 떠오르질 않는다. 결과적으로 한 곳도 제대로 방문하지 못했다. 1983년 10월 8일 전두환 대통령의 동남아 순방길에 공식 수행원들과 다수의 기업인이 동행했다. 당시에는 그 나라를 '버마'라고 불렀다. 아웅산 사건으로 나라 이름을 '미얀마'로 바꾼 것이다. 이는 마치 우리나라를 '코리아'라고 부르다가 '한국'이라고 부른 것과 같다고 들었다. 고유의 나라 이름인 것이다.

순방은 버마에 이어서 스리랑카 등 처음 가 보는 나라들이 예정되어 있었다. 여러 명의 장관과 공직자들이 동행했다. 대부분 안면이 있었고, 또 기업인들이 함께하는 순방이었다. 스리랑카의 수도 콜롬보에서는 내가 양쪽 모임에서 발표를 하기로 되어 있었다. 지금도 마찬가지지만 많은 사람 앞에서 발표하는 것은 무척 어려운 일이다. 우리 직원이나 가족 앞에서가 아니고 고위 관료와 기업인 앞에서라면 더 말할 나위 없이 꺼려지는 일이다.

서울에서 출발할 때부터 약간은 긴장된 마음이었다. 한국 출발일인 8일 오후에 랑군호텔에 도착했는데 전체적으로 어두운 분위기가 흘렀다. 지금 기억에도 열대의 더운 날씨 때문이었는지 아니면 어떤 좋지 않은 기운이 있었기 때문인지 모르지만 상쾌한 아침 날씨 같은 신선한 느낌이 아니었다.

버마 도착 다음 날 아침에 버마의 독립 영웅인 아웅산의 묘소에 참배하는 공식 순서가 있었다. 이런 참배 행사는 외국 정상이나 사절단이 내한하면 서울 흑석동, 동작동 국립묘지에 헌화하는 것과 같은 행사다.

이날 오전 묘소에서 일어난 사건으로 인해 전두환 대통령을 수행했던 17명의 장관 등 고위 수행원들이 현장에서 순국했다. 그 중에서 개인적으로 가장 안타까운 관료가 서석준 부총리였다. 원래는 상공부장관이어서 최초 명단에는 포함되지 않았다고 들었다. 그런데 떠나기 2주 전쯤, 수행하기로 했던 김준성 부총리 집에서 악명 높은 대도 조세형이 물방울 다이아몬드를 훔쳤다고 신문이 대서특필했다. 김준성 부총리는 물러나고 서석준 상공부장관이 갑자기 부총리가 됐다. 따라서 서석준 부총리가 수행자 명단에 올랐다. 젊은 상공부장관으로 인기도 좋고 능력 또한 출중해 국가를 위해 많은 일을 하리라 기대됐던 인재다. 나와도 업무상 친밀하게 지냈는데 안타깝게 그곳에서 순국한 것이다.

나중에 알고 보니, 문제의 다이아몬드는 어떤 특수 기관 간부 집에서 훔친 것이었다. 김준성 부총리가 누명을 쓴 것이라는 사실이 추후 밝혀졌다. 결과적으로 대도 조세형 때문에 생사가 갈린 것이다. 삶과 죽음의 교차는 한낱 인간이 어찌 헤아릴 수 있는 것이 아니다. 오직 하나님이 주관하시는 일이라는 믿음만이 남는다.

그 밖에 전두환 대통령을 수행했던 김재익 경제수석도 잘 아는 선배였다. 그는 어려웠을 때 모두 힘을 합해서 국가 경제를 잘 이끌었던 인물이다. 재계, 관계, 학계에서 두루 매우 안타까워한 희생이었다. 이외에도 많은 훌륭한 인물이 폭탄 테러 현장에서 안타깝게 순국했다.

원래 이러한 사건이면 선전 포고로 간주하고 전쟁이 날 만한 일이다. 특히 대통령을 겨냥한 폭탄 공격이기 때문이다. 순국한 관료만 해도 함병춘 대통령 비서실장, 심상우 총재 비서실장, 김재익 경제수석, 이계철 주버마대사, 서상철 동자부장관, 김동휘 상공부장관, 이범석 외무부장관, 서석준 경제부총리, 이기욱 재무부차관, 강인희 농산부차관, 김용한 과기처차관 등이다. 이기백 합참의장은 중상이었다. 그래도 전두환 대통령이 사태 수습을 하고 이를 악물었기에 전쟁까지는 가지 않았다. 전면전까지는 아니어도 국지전이나 특수 작전 등으로 보복 공격을 했을지도 모르는데 군인 출신 대통령이어서 더 참은 것 같다.

기업인들은 모두 살았던 이유

순방단에 포함된 기업인들도 모두 아웅산 묘지 참배 명단에 들어 있었다. 그런데 버마로 가는 기내에서 정주영 당시 전경련 회장이 전두환 대통령에게 기업인들은 조금 쉬면서 골프를 치게 해 달라고 넌지시 건의했다. 따지고 보면 순방한 기업인들은 관료나 공무원도 아니므로 참배에 나서지 않아도 아무런 문제가 없었을 것이다. 하여간에 기업인들은 그날 묘지 대신 골프장으로 갔기 때문에 모두 살았다. 당시 나는 여러 가지 이유로 정주영 회장을 탐탁하게 생각하지 않고 있었다. 하지만 서슬이 퍼런 신군부 앞에서도 할 말은 하는 그런 모습에 그를 미워만 할 수는 없었다. 그 후부터는 정주영 회장을 '생명의 은인'으로 감사하게 생각하고 있다.

당시 상황을 조금 기록해 보면 이렇다. 기업인들이 골프장에서 골프를 즐기고 있는데 갑자기 비상사태라고 하면서 모두 빨리 철수하라는 연락이 왔다. 골프를 중단하고 버스에 올라타며 무슨 일인지 걱정하고 있는데, 아웅산 묘지에서 폭발 사고가 있었고 많은 사람이 순국했다는 이야기를 들었다. 그래서 우리는 대통령도 서거했다고 생각했다. 호텔로 돌아와서 모두 짐을 싸고 버스를 타고 공항으로 직행했다. 비행기에 탑승한 이후에도 모두 두려워하며 국가의 미래를 걱정했다. 얼마 후 비행기 창문으로 밖을 내다보니 전두환 대통령이 항공기에 시신을 싣는 현장을 진두지휘하고 있는 모습이 보였다. 그제야 안심이 되었다.

당시에 북한이 1차 시도가 실패하면 2차, 3차 공격을 준비했을 것이라는 분석과 경고가 흘러나왔다. 그래서 비행기를 타고 귀국하는 내내 혹시 비행기를 폭파하려는 시도가 있지 않을까 하는 걱정을 했다. 하지만 창밖을 보니 미군 전투기 몇 대가 우리를 경호해 주는 모습이 보였다. 전날만 해도 많은 사람이 떠들며 즐거운 마음으로 출발했는데 돌아올 때는 텅 빈 자리가 많았다. 돌아오는 내내 그 빈자리를 바라보며 너무 슬프고 마음이 아팠다.

테러 사건의 전말

많은 훌륭한 관료들과 군인들이 순국했지만 국가 원수는 다치지 않았다. 성남에 소재한 서울공항을 통해서 서울로 돌아왔다. 집으로 돌아와 가족들을 만나며 하나님께 감사했다. 정주영 회장의 재치로 살아 돌아올 수가 있었다는 것을 알고 있어서였다.

귀국하여 대통령 보좌관에게 들은 테러 사건의 전말은 이랬다.

그날 오전에 대통령과 대사와 몇 사람이 대통령이 연설할 원고 초안을 보고 조금 고쳤다고 한다. 그러는 동안 시간이 조금 걸리니까 대사에게 먼저 가라고 했던 것이다. 대사가 비슷한 차량으로 아웅산 묘지에 가고, 예행연습 음악이 울리는 것을 보고 북한 특수 요원들이 착각하여 폭탄물 기폭 스위치를 눌렀다는 이야기다. 얼마 전에 오래된 영상을 보니까 버마 외무부장관이 타이어 펑크로 인해서 조금 늦게 도착하여 전두환 대통령의 출발이 지연된 것이라고 하던데 확인하지는 못했다.

어쨌든 하나님의 은혜로 간발의 차이로 대통령은 살아 돌아왔다. 이후로 나는 덤으로 사는 삶이라는 마음으로 하나님께 감사하며 살고 있다. 그때 숨진 사람들과 그들의 가족들에게 진심으로 애도의 뜻을 표한다.

● **방위 산업체와 전두환 대통령과의 인연**

신군부와의 인연

자동차 부품은 물론 각종 무기를 만들 수 있는 튼튼한 철강을 만드는 회사가 우리 계열사인 한국종합특수강(삼미종합특수강 전신)이었다. 방위 산업체였기 때문에 군 장성들과 많은 인연이 있었던 것이 도움이 되었다. 1979년 10월 26일 박정희 대통령 시해 사건 전에 지인이 보안사령관 전두환 장군에게 인사를 가자고 해서 만날 기회가 있었다. 사무실에서 만나 대화를 나누는데 일본 경제에 대해 관심이 많았다. 우리나라 기업도 더 많이 배워야 한다는 이야기를 나누며 그 후 식사할 기회도 갖게 되었다.

우리 회사는 방위 산업 철강 소재를 생산하는 회사였기 때문에 군과 연결된 업무가 매우 많았다. 당시 육사 8기인 유삼석 장군도 퇴역 후 우리 회사에서 근무하게 되었다. 삼미금속 상무로 영입돼 나중에 사장, 부회장까지 역임했다. 다재다능하고 유머도 많고 출중한 리더십의 소유자였으며 덕분에 군대 내에 좋은 인맥을 많이 쌓을 수 있었다.

우리 회사 소재를 많이 사용하는 동양철관의 박재홍 회장(박정희 대통령 조카) 후임으로 회장에 오른 이선일 회장(박재홍 회장 동서)과도 매우 가깝게 지냈다. 그들도 군부 쪽에 많은 사람을 알고 있었고 우리 회사에 많은 도움을 주었다. 특히 이선일 회장은 친형같이 친해져서 매우 가깝게 지냈다. 허화평, 허삼수, 이학봉 같은 당시 실세들도 잘 알게 되면서 자연스럽게 친해졌다.

신군부 실세들과 친해서 당시 이학봉 중령이 머지않아 삼미가 재계 서열 수위 안에 들어가겠다며 농담 반 진담 반으로 이야기를 했던 기억이 난다. 그런 소리를 들을 때마다 항상 기분이 좋지는 않았다. 언뜻 잘 모르는 사람이 들으면 실력도 없으면서 친분으로 사업을 한다는 오해를 살 수도 있기 때문이다. 하지만 방위 산업체는 군부와 사이가 나쁘지 않은 게 좋다. 마침 군부가 힘이 세져서 신군부라 불리면서 정치를 좌지우지해서 그렇지 기업가들은 항상 같은 자리에 있다.

이런 점 때문에 나중에 우리 회사가 부도가 나면서 여러 가지 원인을 찾다가 나온 기분 나쁜 분석 중 하나도 이와 관련되었다. 우리에게도 유통이나 수입 소비재를 팔아서 비교적 쉽게 돈을 벌라는 제안이 없었던 것은 아닐 것이다. 우리는 우리의 역할을 하자는 다짐이 있었다. 그런 점에서 언론이나 일부 학자들의 평가는 아주 섭섭하다.

대명목재 인수

1982년 10월 부산의 대명목재를 인수했다. 우리 본사 건물인 삼일빌딩의 1층부터 몇 층을 외환은행에서 사용하고 있었다. 어느 날 당시 정춘택 외환은행장이 만나자고 하더니 대명목재 인수 건을 제안했다. 자세히 검토해 보니 나쁘지 않은 것 같고 대명목재가 소재한 부산에서도 발전 가능성이 좋은 곳에 자리한 회사라고 판단되어 좋은 조건에 인수하게 되었다. 나중에 아마도 우리 기업에 도움이 되었던 것 같다. 대명목재 외에도 관계 회사인 대명조선, 부산 유나백화점 등을 함께 인수했다. 당시 부실 기업 정리 대상 업체에 대명목재와 관계사들이 있었는데 외환은행에서 무슨 이유로 우리에게 맡으라고 했는지는 자세히 모르지만 인수 제안을 받아들였다.

대명목재 공장은 합판 제조를 하지 않고 원목 하치장으로 썼다. 인수 후에 직원들을 대부분 고용 승계했다. 지금도 그렇지만 회사라는 직장이 도산하지 않아야 하는 이유 중 하나는 바로 직원들의 일자리 유지 때문이다. 이렇게 은행이 나서서 부실 기업을 인수하게 한 것은 우리 삼미그룹이 충분히 잘 경영되고 있었다는 증거라고 생각한다.

● 정주영 회장에 대한 아픈 기억

사업 앞에서 신의 버린 정주영 회장

범현대가 창업주인 정주영(1915-2001) 회장은 나보다 한참 연배가 높다. 삼미그룹 본사는 삼일빌딩 29층에 있었다. 전경련 본부도 삼일빌딩에 있었는데 당시 현대 정주영 회장이 전경련 회장을 맡고 있었기에 가끔 30대 그룹 회장 모임을 주선했다.

기업 회장들이 모여서 각 그룹의 주력 공장을 시찰하는 전경련 행사가 열리곤 했다. 한번은 우리 삼미 차례가 되어 삼미 창원 공장을 방문했다. 여러 회장들이 방문하여 공장을 돌아보고 나서 식사 도중에, 과거 아버님과 친분이 깊었던 삼환기업 최종환 회장이 정주영 회장에게 "현대 인철제철에서 특수강 공장을 하면 안 됩니다. 잘 아시다시피 국내 시장은 아직 작아서 공급 과잉이 됩니다"라고 언중유골의 농담을 건넸다. 그랬더니 정주영 회장도 "물론이죠, 말이 안 되죠. (저와의 친분이 돈독했던) 고인을 생각해서라도 그럴 수 없죠"라고 대답했다. 하지만 공장 시찰 직후 현대그룹은 바로 특수강 사업을 시작했다. 당연히 기분이 좋지 않았다. 그래서 정주영 회장은 신의가 없는 사람이라고 생각하게 되었다.

그러나 앞에서 기술했듯이 1983년 버마 아웅산 폭탄 테러 사건 당시, 정주영 회장의 건의로 기업인들은 아웅산 묘소 참배 행사에 참석하지 않아서 나를 포함한 수많은 기업인이 사고를 당하지 않을 수 있었다. 그날부터 정주영 회장의 신의 없음을 탓하지 않고 감사한 마음을 갖게 되었다. 인간적인 신의 없음도 시간이 지나고 보니 사업가로서의 선택 문제로 이해했다. 물론 특수강 공급 과잉으로 무척 애를 먹었다. 나름 용서했는데 용서해야 하는 문제인지는 모르겠다.

정치 바로 세우겠다며 시작한 국민당

정주영 회장이 어느 날 정치를 직접 하겠다고 나왔다. 불가능할 것이라는 서울 올림픽 유치를 비롯해 왕회장 정주영은 우리의 신의를 저버리고 불도저처럼 사업을 해 왔는데, 어떻게 결심하게 됐는지 모르지만 직접 대통령이 되겠다고 출마했다.

대선 후보가 되기 위해서 국민당을 창당하고 국회의원이 필요하니 유명 인사들을 공천해 3당이 됐다. 취지는 정치를 바로 세우겠다는 것인데 국민들의 눈에는 어떻게 보였을지 모르겠다. 다만 범현대가가 해외에 있는 주재원까지 총동원해서 선거 운동을 했는데 기업가가 저렇게까지 하나 싶을 정도였다. 결과적으로 낙선한 정주영 회장은 원래 자리로 돌아갔지만 기업하는 사람이 정

치를 하려고 했다는 이유로 미운털이 박혀서 한참 동안 범현대가
가 어려웠던 것으로 알고 있다.

그런 이유로 우리 회사도 정상적인 사업을 하는 데 어려움이
있었다. 정치권에서 기업가들은 언제든 정치권으로 들어올 수 있
는 경계 대상이 된 것 같다. 서로 돕는 관계가 되어야 하는데 정
치권이 기업가들, 대기업들을 버튼만 누르면 돈이 나오는 현금자
동인출기(ATM)로 보는 것도 나쁘지만 돈만 아는 괴물로 보는 것
은 더 좋지 않다. 아무튼 정주영 회장은 생전에 험한 꼴을 다 보
고 2001년에 타계했다.

3

그룹의 상징 삼일빌딩과
야구단을 팔다

옛말에 "다섯 손가락 깨물어서
아프지 않은 손가락이 없다"는 말이 있다.
자식은 모두 귀중하다는 뜻의 속담이다.
기업가도 마찬가지다. 운영하고 있는 회사 중에
어떤 회사나 어떤 자산이 더 중요하고 귀중하겠냐 싶다.
회사나 자산에는 종사하고 있는 직원이 있다.
가장 아픈 것은 사업이 안돼 문을 닫는 것이고
다른 하나는 경영상의 선택으로
잘 키운 회사와 일 잘하고 있는 직원을 한꺼번에 넘기는 일이다.
특히 제대로 값을 받으려면 제대로 돌아가는
회사나 자산이어야 하므로 더 아프고 속이 쓰리게 마련이다.
아버님의 창의력의 상징인 삼일빌딩과
내 창의력의 상징인 삼미 슈퍼스타즈의 매각은
그래서 두고두고 아프고 쓰린 결정이었다.
하지만 다른 주인을 만나서도 잘 운영될 것으로 믿고
새 주인에게 보냈다.

신청 마감 전날이었다. 급하게 야구단 창단을 알렸다. 프로야구를 관장하는 KBO(한국야구위원회) 관계자는 의외라는 표정이었다. 소비재라고는 하나도 없는 삼미그룹이 밑 빠진 독이 될 수도 있는 프로야구단을 창단한다는 것이 믿기지 않았을 것이다. 그만큼 쉽지 않은 의사 결정이었다. 아마도 31층짜리 본사 사옥을 지은 아버님의 결정도 그렇게 보이지 않았을까. 나중에 우리는 삼미 슈퍼스타즈를 매각했다.

● 삼미그룹의 상징 삼일빌딩 매각

삼일빌딩 300억에 넘겨

1983년이 되면서 회사가 조금씩 어려워지기 시작했다. 특수강 공장에 새로 증설한 설비의 완전 100% 가동이 늦어지고, 새롭게 시작하는 특수강 공장은 가동이 지연되는 데다, 전체 수출도 줄어들고 해운업도 불황에 접어들며 고전을 면치 못하고 있었다. 기획실장인 허천구 상무가 어려움을 타개할 자구책을 만들어 가져왔다. 허천구 상무는 아버님도 총애하던 공인회계사 출신의 실력자로, 경기중학교 6년 선배이고 워싱턴주립대학에서부터 친분을 쌓아 왔던 지용희 박사의 소개로 회사에 영입된 인재였다. 자구책에는 고민할 수밖에 없는 것이 있었는데 그중에 아버님이 세운 삼일빌딩을 판다는 방안이 가장 마음에 걸렸다. 그 밖에도 슈퍼스타즈 야구단과 삼미해운을 매각하여 재무 구조를 개선하자는 것이었다.

그러나 돌이켜 보면, 하나님의 은혜로 모든 것이 준비가 되어 있었다. 결국 자구책은 실행에 옮겨졌다. 삼일빌딩은 산업은행에 300억 원(현재 가치 연이율 3.5%로 봤을 때 1,300억 원)에 매각하고, 삼미해운은 범양상선에, 슈퍼스타즈는 청보에 매각함으로 자구책은 성공적으로 마무리되었다.

사실 뼈를 깎는 고통이라는 표현이 맞을 것이다. 삼일빌딩은 아버님의 꿈과 비전을 보여 주는 삼미그룹의 상징이었고 서울 도심의 랜드마크였다. 삼미 슈퍼스타즈는 또한 삼미그룹을 세상에 알리는 표지석 같은 존재였는데 모두 삼미그룹의 품에서 벗어난다는 것이 우리도, 사람들도 다 의외였을 것이다.

벌크선 1위 삼미해운도 매각

자구책 실행 결과, 삼일빌딩에 있던 그룹 본부를 방배동에 있던 삼미광업(구 대한철광) 빌딩으로 옮겼다. 이렇게 될 줄 알고 하나님이 미리 준비하신 것이다. 친구인 조욱래 대전피혁 회장이 지은 건물인데 삼미광업에서 구입했었다. 지하에는 스크린 골프장을 만들어서 국내 최초로 실내 골프장 및 연습장으로서의 면모를 갖추기도 했던 곳이다. 후에 다시 한 번 삼미가 도약하는 기초를 다졌던 우리에게는 역시 뜻깊은 건물이다.

삼일빌딩을 매각하자 많은 사람이 놀라서 "어떻게 아버님이 세우신 삼일빌딩을 처분할 수 있느냐?"고 물었다. 그러나 나는 '누가 소유하냐'는 것보다는 삼일빌딩은 계속 그 자리에 남아 있을 것이며 아버님이 대한민국 최초로 가장 높은 빌딩을 지었다는 사실은 변함이 없을 것이기 때문에, 아버님이 살아 계셨다고 하더라도 회사를 먼저 살리는 것이 중요하다며 매각을 찬성했을 것이라는 당위성으로 위안을 얻을 수 있었다.

삼미해운의 경우도 벌크선 규모로는 국내 1위를 달리고 있었으며 보유 선박이 여러 척이고 중장기 임대 선박도 수십 대가 되는 등 연간 물동량이 가장 많았던 선사다. 범양상선은 벌크와 컨테이너 부문에서 우리와 선두를 다투는 큰 회사였고, 허천구 상무의 협상으로 1,700여억 원에 매각했다. 양도 후에는 이미 일본에 발주했던 선박 명명식에 박건석 회장 내외와 우리 부부가 함께 참석하기도 했다. 마지막으로 슈퍼스타즈 야구단을 청보 김정우 회장에게 매각하며 이태원에 있는 땅과 교환했는데 이 자리는 나중에 비바백화점이 세워진 곳이었다.

"리그 위해 한 팀이 모자라는데…"

삼미 슈퍼스타즈 창단 결심

프로야구단 삼미 슈퍼스타즈의 삼미그룹 내 역할은 잘 보이지는 않았지만 따지고 보면 실로 대단했다. 우리가 나중에 유나백화점을 경영한 적이 있지만 소비재를 취급하지 않는 기업인데도 삼미만큼 널리 알려진 곳이 드물다. 또한 우리 그룹의 역사가 1950년대부터라서 40년 넘게 사업을 했는데 불과 2년 반 남짓 운영한 프로야구단 덕분에 삼미를 모르는 사람이 없었다. 물론 요즘 젊은이들은 전설에서만 기억한다. 2000년대 초에 제작된 영화 "슈퍼스타 감사용" 덕분에 잊히기 어려운 전설이 됐다.

1981년 하반기에, 한국에서는 최초로 역사적인 한국 프로야구 출범을 준비하고 있었다. 앞에서도 언급했지만 우리 회사는 소비재를 생산하거나 판매하는 회사가 아니어서 야구팀 창단은 처음부터 아예 생각조차 하지 않고 있었다. 그런데 미국 메이저리그 야구를 즐겨 본 야구광인 내가 신문을 보니 프로야구 리그는 최소 6개 팀이 시작해야 하는데 인천과 강원도를 대표할 팀이 없어서 출범 원년인 다음 해에 5개 팀으로 리그를 시작한다는 기사가 눈에 들어왔다.

부산은 롯데, 광주는 해태, 대구는 삼성, 대전은 OB, 서울은 MBC가 이미 준비하고 있지만, 인천, 경기, 강원은 마땅한 스폰서 기업을 찾을 수 없으니 부득이 5개 팀으로 시작한다는 내용이었다. 특히 정주영 회장이 강원도 출신이어서 현대그룹에 의향을 물어봤지만 거절당했다고 알려졌다. 그런 식으로 프로야구 리그가 운영되면 한 팀은 나머지 네 팀이 경기 중이므로 상대 팀이 없어서 일정상 항상 쉬어야 하는데 그렇게 해서는 정상적인 리그 운영이 어렵다. 그래서 프로야구 성공이 쉽지 않겠다는 예상을 했다.

나는 마감 하루 전날에 이용일 KBO 사무 총장에게 전화를 걸어서 삼미그룹이 인천과 강원도를 대표하는 기업이 되겠다고 말했다. 곤경에 처했던 KBO는 쌍수를 들어 환영했다. 프로야구단은 사업으로 시작한 것이 아니고 좋아서 시작한 것이다. 나중에 손해 없이 매각해서 처음부터 그런 노림수가 있었나 오해할 수도 있는데 실상은 내가 워낙 야구를 좋아했다는 점이 크게 작용했다.

삼미그룹과 인천은 연고가 깊다. 원래 인천 만석동에서 목재 사업으로 출발해서 창원에서 특수강을 일으키며 30대 기업으로 성장했다. 하지만 막상 창단하겠다고 마음을 먹고 검토해 보니까다로운 조건이 많았다. 당시에 인천 지역의 선수 자원이 가장 빈약해서 다른 팀과의 전력 불균형은 불을 보듯 뻔한 것이었다. 출범 초창기라서 선수들이 해당 지역 출신이거나 타 구단에서 방출해야만 영입할 수 있다는 규정이 있었다. 인천, 강원 출신들은 프로 선수로 활약할 만한 실력을 가진 인원이 무척 적었다. 가장 늦게 시작했으므로 준비할 시간이 턱없이 부족했지만, 우선 박현식 감독을 초대 감독으로 초빙했다. 박현식 감독은 왕년에 홈런 타자로 유명한 선수 출신이다. 구단주인 내가 중학생 시절 가장 좋아했던 선수다.

준비 없이 뛰어든 1982년 시즌

어렵게 선수들을 모아서 1982년 2월 5일 창단식을 갖고 1982년 시즌을 시작했다. 역시 실력 차이는 예상대로 확연했다. 슈퍼스타즈의 경기 관전을 자주 했는데 매번 지니까 화도 많이 났다. 심지어는 관전하며 내가 구단주임에도 뒤에서 야유를 하기도 했다. 1985년에는 18연패라는 치욕적인 기록도 남겼다.

한반도에서 가장 먼저 야구를 받아들인 도시로 해방 직후 4대도시 대항 야구 대회에서 우승을 차지했던 인천고, 동산고 등 인천에 연고를 둔 고교 야구팀이 전국의 야구계를 평정했던 만큼 삼미 슈퍼스타즈에 대한 팬들의 기대가 컸다. 하지만 그런 기대는 한낱 꿈에 불과했다. 막상 팀을 꾸려 보니 기대치보다 훨씬 못 미치는 무명 선수들만 모을 수 있었기 때문이다. 원년 6개 구단들 중에서 유일하게 국가 대표 선수가 단 한 명도 없을 정도로 선수층이 양적, 질적으로 빈약했다. 물론 인천 출신 선수 중에 국가대표가 전혀 없었던 것은 아니었다.

당시 인천 출신 국가 대표 스타로 투수 임호균, 포수 김진우가 있었다. 이들을 영입하기 위해서 온갖 노력을 했지만 1982년에 하필이면 대한민국에서 세계야구선수권대회가 열린 탓에 임호균과 김진우를 데려오는 데 실패했다. 임호균과 김진우는 당시 국가대표팀에 차출됐고 프로에 입단한 선수는 국가 대표로 출전할 수 없다는 규정 때문에 우리 팀에 입단시킬 수 없었다. 결국 임호균과 김진우는 세계야구선수권대회 우승 직후인 1983년에 가까스로 데려왔다.

1982년 시즌이 끝나 갈 무렵, 이런 상태로 다음 시즌을 맞을 수는 없다는 것이 확실해졌다. 중간에 인천 팬들이 너무나 감독을 김진영 감독으로 바꾸라고 해서 할 수 없이 시즌 중에 박현식 감독이 물러나야만 했던 안타까운 일도 있었다. 하지만 갑자기 성적이 좋아질 수는 없는 노릇이다. 유일한 해결책은 선수 보강밖에 없었다. 최하위로 끝나고 구단주 회의에서 이렇게는 더 이상 못하겠으니 선수들을 나눠 주거나 대책을 세워 달라고 떼(?)를 썼다.

삼성 이건희 회장이 그중 마음이 넉넉해서 정구왕 선수를 양보했다. 다른 팀들은 경기에 지면 그날 자사 제품이 팔리지 않는다고 하소연했다. 우리는 소비재가 없으니 상품 판매나 매출과는 관계가 없지만, 인천, 강원 팬들의 아우성이 이만저만한 것이 아니었다. 원래 삼미는 그때까지 일반 소비자가 접할 수 있는 상품은 전무하다고 할 정도였다. 따라서 본사 수출부에 기획팀을 만들어 우리도 장래성 있는 소비재 개발 가능성을 타진해 보자고 지시해 놓은 상태였다.

어쨌든 이용일 KBO 사무총장과 새로 취임한 서종철 총재에게 해결책을 만들어 달라고 요청했다. 그런데 감사하게도 KBO 고문이었던 재일 동포 출신 장훈 고문이 우리에게 일본 교포 선수두 명을 보내면 어떻겠느냐고 제안해서 동의하고 받았다.

1983년 시즌 장명부와 백인천

두 번째 시즌인 1983년 유명한 너구리 장명부 투수와 이영구 내야수가 입단했다. 그래서 다음 시즌은 완전히 다른 게임이 되었다. 전반기에 1위로 달리고 있었으며 시합에서 계속 이기니 또한 매우 재미가 있었다. 잠실운동장에서의 한 경기에서, 끝날 무렵에 김진영 감독이 심판에게 심하게 항의했다. 포수 뒤에 있는 그 물망을 붙들고 반대편에 있는 심판 쪽으로 발길질과 주먹질을 했다. 이 일이 문제가 됐다. 그 장면이 TV 중계로 전국에 방영됐는데 하필 전두환 대통령이 그것을 봤고 프로 경기의 품위를 떨어뜨리는 잘못이라고 여겼던 것이다. 김진영 감독에게 무거운 징계가 내려졌다. 갑자기 감독이 유고 상태가 된 것이다. 선장이 없는 배가 된 여파로 전반기를 아깝게 2위로 마감했다.

우리는 후반기를 대비해서 백인천 감독 겸 선수를 새로 영입했다. 장명부 선수와도 호흡이 잘 맞고 40세라는 나이에도 불구하고 타격, 타율은 물론 발도 보통 빠른 게 아니었다. 3루에서 홈으로 도루하는 장면을 처음 봤을 때는 믿을 수 없을 정도였다. 감독으로도 훌륭해서 후반기에 계속 1위를 달렸다. 그때까지만 해도 당해 연도 우승은 따 놓은 당상이었다. 그런데 후반기가 끝날 무렵에 백인천 감독이 지금은 친고죄로 처벌 대상이 아닌 간통 문제로 구치소에 가면서 분위기가 깨지면서 또 2위로 끝났다. 지금 생각해 봐도 너무 아쉬운 두 번째 시즌이 아닐 수 없다.

삼미 슈퍼스타즈 팔고 본업으로

구단 매각과 연패 기록

앞에서도 언급했듯이 1983년부터 갑자기 얼어붙은 경기 때문에 자구책으로 삼미 슈퍼스타즈 구단 매각을 심각하게 검토하기 시작했다. 3년 반 동안 좋은 경험을 했고 회사가 일반 대중에게도 널리 알려지게 되었다. 소비재를 취급하지 않는 회사로 그만큼 선전했으면 됐다는 생각도 들었다. 당시 청보그룹 김정우 회장이 소비재를 시작하며 야구에 관심을 갖고 있어서 짧은 시간에 구단 매매가 성사되었다. 매각은 1985년 4월 30일 전격적으로 이루어졌다.

프로야구 구단을 창단하고는 구단주 모임이 가끔 있어서 재계 선배들과 자주 만나며 경영에 도움이 되는 시간을 많이 가졌다. 특히 두산그룹 박용곤 회장은 워싱턴주립대학 동문 선배이고 삼촌 김홍식 회장과도 시애틀에서 가까이 지낸 인연이 있었다. 그런데도 야구 선수 한 명만 달라고 했을 때 곤란하다고 해서 씁쓸했던 기억이 있다. 삼성 이건희 회장만 정구왕 선수를 보내 주었다. 롯데 신준호 구단주와도 친하게 지냈으며, 같은 연배였던 해태 박건배 회장과는 특히 가깝게 지냈다. 야구단을 경영했기에 얻었던 눈에 잘 보이지 않는 혜택이었다.

선교 센터에 방문하는 한국인과 삼미 슈퍼스타즈를 주제로 이야기꽃을 피울 때가 많다. 팬데믹 기간에 전화가 한 통 걸려 왔다. 한화가 18연패를 했고 다음 게임이 진행되고 있다는 내용이었다. 한화가 지면 19연패가 되고 이기면 18연패 동률이 된다는 것이다. 마침 그날 한화가 두산에게 4 대 3으로 지고 있었는데 비가 오는 바람에 다음 날로 연기되었다. 나는 한화가 지는 것이 좋은지, 이기는 것이 좋은지 바로 판단이 서지 않았다. 한화가 지면 삼미의 18연패 기록이 없어지니 앞으로 거론이 안 돼 삼미가 잊힐 터이고, 이기면 타이기록으로 남게 된다.

다음 날 한화가 9회 말 2사 3루에서 노태형 선수가 끝내기 안타를 치며 승리했다. 결국 타이기록으로 남았다. 김승연 회장에게 축하 인사를 하고 싶었다. 만약에 졌으면 김승연 회장은 별로 명예스럽지 않은 19연패라는 기록을 보유한 한화 구단주라는 명에를 져야 했을 것이다.

한국에 있을 때였다. 어느 날 한화 김승연 회장이 인사차 들렀다. 아버님이 별세하고 회장으로 취임한 지 얼마 지나지 않았을 때였다. 이야기를 나누다 보니 통하는 데가 있었고, 알고 보니 고등학교 3년 후배였다. 그 후로 자주 만나서 우정을 나누곤 했다. 우리보다 먼저 회사 경영에 뛰어든 쌍용그룹 김석원 회장에게도 연락해서 젊은 기업인들끼리 가끔 경영하면서 겪는 애로나 남들에게 하기 어려운 얘기를 나누기도 하고 때로는 쌍용에서 운영하는 용평리조트에도 갔다.

손해 없이 빠져나온 프로야구 시장
최근 신문에 삼미 슈퍼스타즈가 종종 거론되어 옛날 생각을 하며 감회에 젖기도 했다. 우리는 야구팀을 3년간 운영하면서 30억 원가량을 지출했다. 그리고 청보에서 70억 원가량 되는 이태원 땅을 받았으니 우리로서는 아주 좋은 투자였다. 덤으로 삼미를 널리 알리기도 했으니 구단 운영에 따른 광고 효과는 좋았던 것이다. 우리가 야구팀을 3년 반 만에 처분한 것은 처음 시작할 때부터 오래 운영할 계획이 아니었기 때문이다. 우리는 중공업 분야 기업이라 프로야구를 통한 자사 제품 광고가 필요하지 않았다.

앞에서도 말했지만, 우리가 참여하지 않았다면 5개 팀이 리그를 운영해야 하기 때문에 새로 출범하는 프로야구의 앞날이 순탄치 않을 것으로 보았다. 그러나 미국에 살았던 경험으로 보아, 프로야구 자체가 일정 기간이 지나면 수익을 낼 수 있다는 것을 알고 있었다. 우리는 짧은 시간에 많은 수익도 올리고, 프로야구 정착에 조금이나마 공헌했기에 아쉬움은 별로 없다.

1989년에 캐나다 특수강 공장을 인수한 직후였다. 캐나다에 본거지를 두고 있던 메이저리그 야구팀인 몬트리올 엑스포스(Montreal Expos)가 새 주인을 찾고 있다는 것을 알게 됐다. 삼미 슈퍼스타즈를 통해서 얻었던 경험을 살려 보고 싶어서 변호사에게 인수를 검토해 보라고 요청했다. 당시 크지 않은 자금으로도 인수할 수 있었지만, 외국 기업이라 안 된다고 했다. 이후 2005년 몬트리올 엑스포스는 미국 워싱턴DC로 본거지를 옮겨 워싱턴 내셔널스(Washington Nationals)가 됐다. 그리고 2019년 월드시리즈에서 승리해 처음으로 우승까지 성취했다.

여하튼 우리는 당초 프로야구 참여가 '밑 빠진 독에 물 붓기'라는 우려에도 불구하고 큰 손해 없이 빠져나왔다. 요즘 스타트업의 엑시트(투자 후 출구 전략)와는 다르지만 본업에 충실하기 위해서 게임의 주체에서 다시 팬으로 돌아온 것이다.

원래 도미니카공화국은 야구를 국기처럼 사랑하는 나라다. 그래서 주위에 메이저리거가 많다. 또한 프로야구 수준급의 연습장도 여러 곳 있다. 오래전에 토론토 블루제이스(Toronto Blue Jays)에 소속되어 있던 도미니카 사람이 소유하던 곳도 있다. 몇 년 전까지 시애틀 매리너스(Seattle Mariners)에서 중남미 스카우트 센터로 사용하던 곳도 있다. 도미니카공화국은 한국 프로야구팀들이 겨울 전지훈련을 하기에 매우 좋은 여건을 갖고 있다. 또한 한창 겨울인 10월에서 1월 사이에 도미니카 리그가 열린다. 우리 WGM 센터는 공항에서 25분 거리이고, 수준급의 숙소도 준비되어 있으며, 맛있는 한국 음식도 마련할 수 있다. 전지훈련을 동남아나 미국으로 가지 말고 도미니카공화국으로 오면 우리 센터에서 숙식이 가능하다.

4

캐나다 특수강 회사를
인수하다

대한철광을 맡으면서 우리 회사는 사업의 중심을
목재 산업에서 중공업 쪽으로 옮겼다.
다른 대기업들은 경공업이나 소비재 산업을 운영하면서
수입품을 싸게 들여와 비싸게 팔며 이익을 추구할 수 있는 구조다.
반면 우리는 국가 전체적으로 공업이 크게 발전하지 않았기에
제품을 내수에 의존할 수 없으므로
국제적인 경기를 많이 탈 수밖에 없었다.
그래도 특수강에 집중해서 특수강 전문 기업을 꿈꿨다.

내 인생 전반기에서 가장 행복했던 순간은 바로 캐나다의 아틀라스 특수강 회사를 인수해서 정상화시켰을 때다. 우리가 인수하고 매출액이 거의 1년 만에 1억 달러까지 올랐고, 매년 한두 번씩 현지 경영자들이 모여 다양한 현안을 상의하고, 전략 회의를 통해 세계 제일의 특수강 회사가 되는 목표를 지향했을 때다. 한국의 모든 직원에게 특별 보너스를 지급했다. 당시를 기억하는 사람은 지금 거의 없겠지만 나는 항상 가장 행복했던 때로 이 순간을 꼽는다. 회사가 잘되어서 노사가 협력하고 특별 보너스를 받아 갔다. 돈보다 해냈다는 보람이 인생을 움직이게 하는 동기라고 믿고 있다.

● 올림픽 앞두고 나타난 대어 아틀라스 특수강

특수강에 집중하자

자구책을 실행에 옮긴 후에 회사 경영은 다시 호전되었고, 우리가 세계에서 가장 크고 좋은 특수강 회사를 만들자는 새로운 목표를 세웠다. 때맞춰 증설된 공장이 완전 가동되고 특수강 시장도 되살아나면서 새로 시작한 특수강 가공 공장도 자리를 잡아가고 있었다. 태스크포스팀이 만들어져서 어떻게 하면 세계 제일이 될 수 있을 것인가에 대하여 집중적으로 조사, 연구, 분임 토의 등을 수행하기도 했다. 일단 스테인리스 열연 공장, 추가 냉연 공장, 제강 공장, 특수강 봉재 공장의 증설이 기획, 입안되었고, 새로운 제강 공장, 연속 슬라브 공장 등도 추가되었다.

우리 공장은 스테인리스 냉연 공장의 원료가 되는 핫코일을 일본 등에서 계속 수입해 왔다. 빨리 원료 문제를 해결해야 했고, 봉재 공장 쪽에서는 생산량을 늘리고 더 많은 특수강 소재들을 개발해야 했다. 한번은 스테인리스 원료로 크롬이 많이 필요하므로 원료 확보를 위해서 검토하다가 바레인 왕자 회사와 연결이 되어서 바레인에서 자가용 비행기를 타고 아프리카 수단에 가서 투자를 검토한 적이 있다. 그때 투자를 하지 않았는데 결과적으로 천만다행이었다.

삼미화인세라믹스와 삼미전자를 설립했다. 1987-89년에는 재계 17위(매출액 기준)까지 뛰어올랐다. 이때 삼성이 반도체 사업에 뛰어들었는데 우리도 반도체를 심각하게 고민했다. 하지만 우리에게는 특수강 업계 최고라는 자리가 더 시급했다.

특수강 사업 세계 3위권 도약
철을 흔히 '산업의 쌀'이라고 말한다. 그러면 특수강은 '중공업의 쌀'이라고 해야 할 듯싶다. 우리가 만드는 특수강은 무기를 만드는 데는 문제가 없었다. 하지만 항공 산업에 들어가는 특수 베어링 소재, 더 많은 방위 산업 소재 등에 있어서는 갈 길이 멀었다. 일단 특수강 봉강 소재를 대량으로 생산하면서 원가를 낮추는 시설이 필요했다. 더 큰 제강로를 비롯해서 연속 슬라브 제조 기계 등을 검토해서 대부분 독일에서 들여오기로 했다.

그렇게 되면 기존 압출 제품 3만 톤, 스테인리스 냉간 10만 톤, 봉재 공장 30만 톤에서 추가로 특수강 봉강 60만 톤이 늘어서 연간 생산량이 거의 103만 톤에 이르는 대형 공장이 된다. 그렇게 되면 세계 3-4위 특수강 회사가 된다. 국내 수요보다 우리나라의 산업의 기본, 즉 수출이 가능해진다. 안정적으로 수출이 가능해지면 경기 부침에 큰 영향을 받지 않고 계속 발전할 수 있을 것으로 내다봤다.

캐나다 특수강 회사가 매물로 나와

세계 3위를 바라보고 있던 1988년, 서울 올림픽 기간에 캐나다의 아틀라스 스페셜 스틸(Atlas Special Steel: 아틀라스 특수강)이 새 주인을 찾기 위해서 M&A시장에 나왔다는 뉴스를 봤다. 우리가 필요로 하는 스테인리스 핫코일을 퀘벡주 트레이시 공장에서 생산하고 있었으며, 온타리오주 웰랜드 공장에서는 특수강 봉재를 생산하고 있었다. 우리보다 더 고급 특수강 봉재까지 생산하고 있었다. 거기에다가 뉴욕 알바니에 100년이 넘은 알텍(Altech) 공장을 소유하고 있었다. 알텍에서는 톤당 1만 달러가 넘는 특수강도 생산하고 있었다. 누가 봐도 우리에게 꼭 필요한 공장이었다.

윤직상 박사, 이성규 사장, 박광보 사장 등으로 팀을 만들어서 자세히 조사했다. 스테인리스 핫코일은 시험 생산을 위해 우리가 수입하기 시작했다. 검토하면 할수록 우리 회사와의 시너지 효과가 매우 좋았다. 우리가 스테인리스 핫코일 공장을 운영하려면 투자도 많이 해야 하고, 또 원료인 니켈, 크롬 등을 수입해야 하는데 캐나다에는 원료가 많았고, 전기료도 한국에 비해 저렴해서 우리에게 매우 필요한 공장이었다. 물론 기계는 오래되어 우리가 인수하면 보수해야 하지만, 그곳에서 증설하면 더욱 좋겠다는 결론이 나왔다.

스테인리스 스틸 생산 업체로는 캐나다에 하나밖에 없는 유일한 공장이었고 미국에도 수출하고 있었다. 특수강 봉재 공장은 우리보다 더 다양한 고급 소재를 생산하고 있었다. 조금만 보수해도 원가를 많이 내릴 수 있었다. 역시 캐나다의 유일한 공장이고 미국에도 수출하고 있었다. 뉴욕 알텍 공장은 100년이 넘는 특수강 기술을 가진 공장이었다. 미국 방위 산업체에도 공급하고 있었고 항공 우주 산업으로 진출하려는 계획이 있었다.

몇 차례 방문 조사 후, 이것이 하나님의 선물인가 보다 하고 계속 인수를 추진해 나갔다. 인수하여 가동률을 조금 높이고, 스테인리스 핫코일 공장을 일정 부분 증설하고, 스테인리스 판재를 기존 7만 톤에서 30만 톤으로 늘리고, 웰랜드 공장의 특수강 봉재를 필요한 부분만 보수해 5만 톤에서 20만 톤으로 늘리고, 미국 알텍 공장은 양보다는 고급 기술을 가져오는 것으로 하면 대략 특수강 공장 전체 150만 톤으로 매상이 20억 달러가 되는, 세계 제일의 특수강 공장이 되는 것이었다.

● 미화 2억 달러로 최고 M&A 성사, 1등 도약

캐나다 특수강 회사를 미화 2억 달러에 사다

삼미 미국 지사장으로 있는 변광균 사장, 서울 본부 장동익 기조실장으로 자금팀을 만들어 준비에 들어갔다. 매입 금액은 협상결과 당시 캐나다 달러 2.5억 달러(미화 2억 달러)로 합의가 되었다. 미국에서 변호사팀과 공인회계사 등으로 인수팀을 만들었다. 자금은 5년짜리 신주인수권부사채(BW: Bond with Warrant)를 발행했다. 당시 우리 그룹의 재정 신용 상태가 매우 좋아서 특별히 은행에 부탁하지 않았음에도 순식간에 모두 팔렸다.

드디어 1989년, 캐나다 유일의 대형 특수강 기업을 인수했다. 2.5억 캐나다 달러 수표를 만들어서 지불하는데 너무나도 흐뭇했다. 당시 한국 기업으로서 가장 큰 해외 투자였다. 잘 알고 지내던 대한항공 조양호 회장이 미국 LA다운타운에 멋있는 호텔을 구입했는데, LA에서 만났을 때 서로 격려하며 잘해 보자고 했던 기억이 난다.

인수 후에 대부분의 현지 경영진을 그대로 고용 승계했다. 윤직상 박사와 변광균 사장이 기조실을 구성하여 기술 측면, 자금 관리 부분을 담당했다. 2천 명이 넘는 캐나다, 미국 직원들이 일하는 커다란 회사의 CEO라는 자긍심과 책임을 동시에 느낀 시간이었다. 당시에도 나는 교회를 다녔다. 많은 신자가 그렇듯이 믿음이 약해서 기도를 많이 못했던 것 같다.

인수하자마자 스테인리스 핫코일을 정기적으로 수입했고, 미국 시장도 우리가 갖고 있던 마케팅팀을 보강하여 미국 수출을 계속 늘려 나갔으며, 캐나다 공장의 사기는 덩달아 올라갔다. 삼미가 인수한 후 매출액이 3천만 달러에서 거의 1년 만에 1억 달러까지 올랐다.

미국 팜스프링스에 숙소를 하나 마련하여 매년 한두 번씩 현지 경영자들이 모여 다양한 현안을 상의하고, 전략 회의를 통해 더욱 건실한 확대 방안을 논의했다. 모든 것이 우리가 협력해서 세계 제일의 특수강 회사가 되자는 목표를 지향했다. 한국에서도 기념하고 축하하는 뜻에서 전 직원에게 특별 보너스를 지급했다. 나중에 노사 문제가 불거져 나왔을 때 어느 정도 도움이 되었던 것 같다.

개인적으로는 당시가 기업인으로서 가장 행복했던 때였다. 사람들이 가끔 삼미 회장으로 있을 때 어땠했는지 물어올 때가 있다. 기업인 생활 22년 동안 항상 스트레스가 많고 즐거운 시간은 별로 없었던 것 같다고 말하지만, 캐나다 공장 인수 후 이때가 가장 행복했었다고 대답한다.

세계 수준으로 올라선 100만 톤 특수강 공장

1991년에 창원 특수강 공장 증설이 완공되어 100만 톤 공장으로 도약하며 특수강 공장으로는 세계적인 수준이 되었다. 대한민국은 또 한 단계 발전하며 1987년 대통령 직선제로 바뀌었고 노태우 대통령 후보가 당선된 후 노사 문제가 어려워지기 시작했다.

회사 일이 더욱 바빠져 해외 출장도 더 잦아지면서 그룹에 도움이 필요할 것 같아서 KBO 총재를 지낸 서종철 전 국방부장관을 삼미종합특수강 회장으로 초빙했다. 서종철 장관은 육사 1기 출신으로, 국방부장관과 육군참모총장을 역임했다. 서종철 회장 덕분에 해외 출장을 마음 놓고 다닐 수 있었다. 시간이 많이 지난 지금 마음 든든한 뒷배가 되어 주어 정말 감사했다는 말씀을 드린다. 그분을 떠올리면 항상 애국자들은 이렇게 헌신하여 귀감이 되는구나 하는 생각이 든다.

5

스티브 김으로 다시 태어나
큰 세상을 보다

내가 태어났을 때로 이야기는 돌아간다.
한국은 6·25전쟁으로 많은 것을 잃고 폐허가 되었지만
결국 다시 일어났다. 우리 집안도 마찬가지다.
아버님 김두식 회장의 부지런함과 혜안, 추진력이
삼미를 다시 우뚝 서게 했다.
장남으로 태어난 나는 다른 사람과 다른 인생 코스를 가게 됐다.
조기 유학을 선택해 어린 나이에 넓은 세상을 보았다.
우물 안 개구리로 살지 않고 큰 세상으로 나아갔다.
그리고 유학을 하지 않았으면
도저히 만날 수 없는 사람을 만나서 결혼까지 했다.

교회에 다니겠다는 약속을 하면서 기독교 신앙을 3대째 지켜 온 집안의 막내딸 이은혜와 결혼했다. 신혼여행에서 돌아오자마자 불교를 믿는 집안에 신혼살림을 꾸린 이은혜는 견디기 어려울 정도로 힘들었다. 한국에 불교를 믿는 집안은 많지만 집에 불상까지 모셔 놓고 불공을 드리는 집안은 흔하지 않다. 불교 사찰도 몇 군데나 지었는데 이은혜의 마음이 복잡했을 것이다. 이 집안을 전도해서 복음화하는 데 얼마나 걸릴까 하는 마음이었다면 한숨이 나왔을지도 모른다. 하지만 하나님의 계획은 이렇게 시작됐다. 내가 경기고등학교 입시에 떨어지면서 말이다.

● 장남으로 출생, 경기고 입시 낙방

3남 5녀의 장남

1950년 3월 25일, 한국전쟁 발발을 3개월 앞두고 서울 종로에서 김두식 회장과 김순제 여사 슬하에 3남 5녀 중 장남으로 태어났다. 전쟁이 일어나자 모든 식구가 부산으로 피난했지만, 갓난아기였던 터라 특별히 고생한 기억은 없다. 사진조차도 그 시절에 물놀이하던 모습이 담긴 몇 장뿐이다.

우리 집안은 몇 년 후에 다시 서울로 올라와 종로에서 성북동으로 이사했다. 집 근처에 불교 사찰이 하나 있어서 그곳에서 자주 뛰어놀던 기억이 있다. 큰 전쟁이 끝나고 도심이 폐허가 됐고 어린이들에게 신경을 쓸 만한 여유가 없었을 때라서 나는 골목 어귀에서 친구들과 구슬치기, 딱지놀이, 물총 싸움 등을 하며 하루를 보냈다. 혜화국민학교에 입학했는데, 집에서 걸어가기에는 조금 먼 거리였다. 하지만 날마다 동네 친구들과 함께 다녀서 즐겁기만 했다.

비교적 젊은 나이인 20대 초반부터 비누와 식용유를 제조하는 공장을 운영한 아버님 김두식 회장은 전쟁 통에도 고철 장사를 할 만큼 근면하고 성실했고 사업 수완이 아주 좋았다. 일하기 위해 태어난 사람처럼 쉼 없이 일했다. 그로 인해서 훗날 삼미그룹을 세울 수 있었을 것이다. 아버님의 사업이 번창하면서 성북동에서 명륜동으로 이사하니 학교가 가까워져 등교하기가 한결 수월했다.

부모님의 정성 어린 뒷바라지 덕분에 경기중학교에 입학했다. 그때를 떠올리면, 친구들과 찜뿌(고무공을 가지고 야구처럼 노는 아이들 놀이. 투수와 포수가 없이 한 손으로 공을 공중에 띄워 다른 손으로 친다)나 야구를 하며 즐겁게 지낸 기억밖에 없다. 이때도 축구보다는 야구를 좋아했으니 나중에 삼미 슈퍼스타즈 구단주가 될 자격은 충분했던 것은 아닐까 싶다.

첫 실패, 경기고 낙방

한국의 베이비 부머 세대는 치열한 경쟁을 치러야 했다. 지금도 자주 인용하는 이야기지만, 한국은 국토도 작고 자원도 없는데 사람만 많다고 지적한다. 그나마 똑똑한 사람들이 있어 나라가 발전하고 있다는 것이다. 하지만 실상은 국민학교부터 입시에 시달려야 했고 중학교, 고등학교는 물론 대학까지도 내가 살려면 친구를 이겨야 하는 소름이 돋는 전제를 안고 밤새워 공부해야 한다. 한마디로, 남을 밟고 지나가야 내가 산다는 것은 매우 슬픈 현실이다.

나도 나름 열심히 공부했다. 그래서 그때까지만 해도 경기중학교와 경기고등학교를 나와 서울대학교에 가는 것이 일종의 성공 코스였는데, 나도 당연히 낄 것이라고 생각했다. 다행히 경기중학교에 입학하여 첫 단추를 잘 끼웠다. 하지만 밤샘 공부를 덜 했는지 아니면 어떤 문제 때문인지 모르지만 경기고등학교 입학시험에서 떨어지고 말았다. 첫 실패였다. 경기중에서 경기고에 진학하는 것이 그렇게 어렵지 않은 일인데 그렇지 못하니 너무 부끄러워 어찌할 바를 몰랐다. 통상 이런 경우 재수를 하거나 2차 고등학교에 가야 했다.

며칠 밤을 고민하고 있는데 아버님이 지켜보다가 딱했던지 삼촌 김홍식 회장이 있는 미국 시애틀로 유학을 가지 않겠냐고 물었다. 나는 두말 않고 바로 가겠다고 대답했다. 앞에서도 언급했지만, 당시 김홍식 회장은 아버님의 대일목재공업의 시애틀 책임자였다. 원목을 구입해서 한국으로 보내는 일을 했다. 목재 회사에서는 누구보다도 중요한 일이고 김홍식 회장은 미국에 뿌리를 내리면서까지 형인 김두식 회장을 돕고 있었던 것이다. 나중에 두 딸, 즉 사촌 동생들은 모두 의사 부인이 됐다. 이게 나중에 내게 큰 도움이 되었다.

● 조기 유학, '하면 된다'를 배우다

홀로 미국에 가다

1964년 4월, 별다른 유학 준비가 되어 있지 않았지만, 캐세이퍼시픽 항공편에 혼자 몸을 실었다. 미국으로 출발하는 날, 친구 유원호, 양재진과 지금은 고인이 된 최성근이 여의도 비행장으로 배웅을 나왔다. 당시에는 김포공항조차 없던 시절이다. 노스웨스트 항공 정도가 여의도 공항에 취항하던 시절이다. 나는 어린 마음에 헤어지는 아쉬움보다 설렘과 기대감에 들떠 있었다. 친구들과의 연락도 이제는 손 편지를 써야 할 터인데 공부하기도 바쁜 애들이 답장이나 해 줄까 싶었지만 이별의 순간은 순식간에 지나갔다.

당시 한국에서 시애틀까지 직행하는 항공편이 없어서 일본 도쿄를 경유하여 캐나다 밴쿠버까지 날아가야 했다. 그리고 자동차로 국경을 넘어 미국 시애틀로 들어갈 수 있었다. 도쿄 하네다 공항에서 기다리고 있던 아버님의 지인을 만나 며칠간 도쿄에 머물렀다. 어린 내 눈에 도쿄가 대단해 보였다. 올림픽을 개최하는 시기라서 도쿄는 매우 활기찼다. 당시는 어려서 한국전쟁으로 인해서 일본이 전쟁 특수를 맞아 올림픽까지 개최할 정도로 크게 재미를 봤는지도 몰랐다.

　항공편으로 캐나다로 향했다. 삼촌 가족이 밴쿠버까지 마중을 나왔다. 모두 함께 자동차로 이동하여 시애틀로 내려갔다.

스티브로 다시 태어나다

삼촌 집은 알카이 비치에 있는 아파트였다. 태평양이 바로 앞에 보이는 아주 멋진 곳이었다. 미국에 이민 와서 열심히 일해 성공한 한인 부부의 소유였는데, 그 집 아들 중에 찰리와 가끔 어울려 놀곤 했다.

　도착한 지 얼마 안 되었을 때, 삼촌이 영어를 배울 겸 여름 학교에 다녀 보라고 해서 가까운 학교에 등록했다. 알파벳만 알았지 말은 잘하지 못해서 말 못하는 사람처럼 어려운 시간을 보냈다. 학교에서는 친구들과의 대화도 필담으로 나눠야 했다. 말로 하는 것보다는 종이에 글로 써서 보여 주는 편이 의사소통이 한결 잘되었기 때문이다. 하고 싶은 말을 모두 하지 못한 채 집으로

돌아갈 때면, 태평양의 수평선을 바라보며 '아, 어쩌다 이렇게 됐
나?' 하며 서글퍼지기도 했다. 그래도 삼촌 가족이 따뜻하고 정답
게 대해 주어 그럭저럭 잘 지냈다.

삼촌 친구 중에 스티브(Steve)라는 아저씨가 있었다. 유쾌하면
서도 이런저런 조언을 잘해 주는 큰형님 같은 스타일이었다. 그
가 학교에서 친구를 잘 사귀려면 영어 이름을 갖는 게 좋다고 해
서 주저 없이 '스티브'라는 이름을 선택했다. 나중에 스티브라는
이름이 바로 초대 교회의 일곱 집사 중 한 사람인 "믿음과 성령이
충만한 사람 스데반(Stephen)"(행 6:5)에서 비롯되었다는 것을 알고
는, 내가 하나님을 잘 알기도 전에 하나님은 이미 내게 믿음의 이
름을 주셨다는 사실에 가슴이 벅차올랐다.

고교 생활에서 얻은 '하면 된다'

시애틀에 도착하고 영어 학교도 다니는 동안 수개월이 지나자 삼
촌은 거주지를 알카이 비치에서 노스이스트로 옮겼다. 9월에 시
작하는 새 학기부터는 새로 이사한 집에서 도보로 40분 거리에
있는 네이슨 헤일(Nathan Hale) 고등학교에 다니게 되었다. 생긴
지 몇 년 안 된 신생 학교였다.

자동차로 15분 거리에 있는 옆 동네에 나보다 2년 정도 먼저
온 마이크 전이라는 친구가 있었다. 그의 아버지는 항공기를 제
조하는 보잉사에 다녔다. 미국 생활에 적응하는 데 마이크가 많
이 도와주었다. 영어가 서투르다 보니 새 학교에서 적응하기가

쉽지 않았다. 나름대로 요령이 생기자 학교생활이 훨씬 수월해졌다. 역시 수학이나 화학 과목은 항상 점수가 좋았는데 영어와 역사 과목은 정말로 어려웠다. 그래도 선생님이 범위를 미리 알려주는 영어 단어 시험은 며칠 동안 외우며 준비할 수 있으니 괜찮은 점수를 받을 수 있었다. 영어 성적도 차츰 오르기 시작했다.

그러다 문득 운동을 해야겠다는 생각이 들었다. 당시에도 인기가 많았던 미식축구가 재미있을 것 같아서 팀에 들어가려고 공 받는 연습을 한 후 가입 테스트를 받으러 갔다. 그런데 코치가 나를 보더니 체구가 왜소해서 힘 쓰기가 어려울 것 같다면서 육상을 권유했다. 결국 육상팀에 들어가긴 했는데, 아무리 열심히 뛰어도 중위권에서 맴도니 흥미가 점차 없어지고 말았다.

2학년이 되면서 이번에는 테니스에 관심이 생겼다. 알아보니 테니스팀에 들어가려면 토너먼트 경기에서 12등 안에 들어야 한다고 했다. 마침 친구 마이크 전이 테니스를 잘하기에 그에게서 열심히 배운 덕분에 12등 턱걸이로 간신히 들어갈 수 있었다. 한국에서는 탁구나 해 봤지 테니스 라켓을 한 번도 잡아 본 적이 없었는데, 친구의 덕을 톡톡히 봤다.

테니스를 열심히 하다 보니 3학년 초에는 교내 6등 안에 들어서 학교 대항 경기에 출전할 수 있었다. 졸업할 때쯤에는 교내 1등이 되어 학교 대표로 대회에 나가기도 했다. 영어로 대화가 가능해지니 학교생활이 안정되었고, 테니스 대회에서 1등까지 했으니 비로소 미국 생활 적응에 성공한 셈이다. 그때가 열여섯 살이었다. 어린 나이였지만 '하면 된다'는 것을 알았다.

만약 육상팀에서 계속 뛰었다면 어떻게 됐을지 모르지만 아마도 1등은 어려웠을 것이다. 또한 코치의 실수(?)로 미식축구팀에 무사히 들어가서 수비팀에 들어갔다면 덩치 좋은 미국 선수들과의 몸싸움으로 몇 번은 골절상을 입고 결국 골병이 들었을지도 모른다. 그래서 내게 맞는 무언가를 찾아서 열심히 하는 것이 왜 중요한지를 알았다. 조금은 돌아서 나에게 맞는 운동을 찾았지만 보람도 있고 스스로가 대견해져서 만족했다.

고교 시절 절친들

열여섯 살이 넘으면서 혼자 운전을 할 수 있게 되자 삼촌이 소형 중고차를 사서 주었다. 친구들과 자유롭게 다닐 수 있게 되었는데, 특히 친구 마이크 전과 자주 어울렸다. 한국에서 온 또래 학생이 몇 명 있었는데, 이창걸, 이석인, 박지용 선배 등이 기억난다.

이창걸은 육군 대장 출신인 이주일 감사원장의 아들이다. 누구와도 잘 지내는 친화적인 성격인데, 나와 매우 가깝게 지냈다. 훗날 내가 결혼할 때 옆에서 많이 도와준 친구다. 그 후에 우리 가족이 캐나다로 떠나면서 한동안 연락이 끊겼다가 아이티 지진 때 이창걸의 친한 친구 조규창 장로가 알려 줘서 아들과 함께 선교를 위해 뉴욕에 온 친구와 해후했다. 옛날이야기로 회포를 풀었는데, 가난한 선교사가 된 친구에게 헌금을 많이 해 주어 얼마나 고마웠는지 모른다. 뉴욕에 갈 때마다 좋은 음식을 대접해 준다.

이창걸 부부가 친하게 지내는 윤정호 부부와 함께 도미니카에 방문하기로 했다. 만날 날을 설레는 마음으로 기다리고 있다.

조규창 장로는 오랫동안 선교를 많이 다녔는데 아이티 대지진이 나자마자 아들과 함께 와서 아이티에 구조도 갔다 왔고, 미국으로 돌아가기 전에 헌금도 많이 했다. 기회가 될 때마다 방문하거나 좋은 사람들을 많이 소개해 준다. 그리고 우리가 개최하는 SMTS(시니어선교훈련학교)에 꾸준히 참석했다. 최근 열린 7기에도 부부가 참여했다.

드디어 기나긴 고교 생활을 마치고 워싱턴주립대학교로부터 입학 허가를 받고, 고등학교를 졸업했다. 아버님이 한국에 한번 다녀가라고 해서 바로 비행기에 몸을 실었다. 1964년 4월 여의도 공항에서 집을 떠난 지 3년 반 만인 1967년 여름에 귀국했다. 마침 여름 방학이어서 친구들과 오랜만에 우정을 돈독히 하는 시간을 보냈다. 어떤 친구들은 대학에 입학해 있었고, 또 어떤 친구는 재수생이거나 여전히 고3이었다. 친구들과 어울려 맥주를 마시고 당구를 배우는 동안 3개월이 쏜살같이 지나갔다. 누구나 이때가 가장 행복하다는데 나도 마찬가지였다.

대학 입학, 입대, 의가사제대

워싱턴주립대학 학창 시절

일생 중에서 가장 행복한 시기는 대학 입학을 확정하고 고교를 졸업하고 맞는 여름 방학이라고 말하는 사람이 많다. 특히 미국에서 대학을 입학하게 되는 경우가 그렇다.

나는 미국으로 돌아가 워싱턴주립대학교에 입학했고, '파이 카파 프사이'(Phi Kappa Psi)라는 '프래터니티'(Fraternity)에 들어갔다. 프래터니티는 미국과 캐나다에 있는 독특한 대학 문화인데, 학부의 남학생을 위한 오랜 전통의 사교 모임이다. 여학생을 위한 모임은 '소로리티'(Sorority)라고 한다. 한국의 동아리와 비슷하지만, 결속력이 강하고 참여 학생들은 전용 기숙사에서 공동체 생활을 한다는 점이 다르다. 학교마다 다양한 프래터니티가 있는데, 대학 생활을 하는 데 있어 도움을 주고받을 수 있는 좋은 문화다.

내가 들어간 파이 카파 프사이 프래터니티는 신입생이 들어오면 상급 학생과 일대일로 형제를 맺어 주는데, 상급 학생을 '큰형'이라 부른다. 내가 만난 큰형은 2학년 빌 레너드(Bill Leonard)인데, 큰 도움을 받았다. 2학년에 올라가서는 칼 요건슨(Karl Jorgunson)이라는 신입생을 동생으로 맞았다. 나와 다른 고등학교를 졸업했지만, 테니스 선수라서 나를 알 뿐만 아니라 내가 자신의 롤모델이라는 말을 해서 깜짝 놀랐다. 공감대가 있으니 금세 친해져서 그에게 여자 친구를 소개해 주기도 했다. 하지만 칼 요건슨은 수년 후 바다 수영을 하다가 하늘나라로 먼저 갔다. 친동생을 잃은 것처럼 가슴이 아팠다.

이제 너무 오래돼 무슨 전공 수업을 들었는지 잘 기억이 나지 않는다. 성적표를 봐야 수강 과목을 기억할 수 있을 정도다. 하여간 국제경영학을 전공하고 졸업했다. 한국 대학 공부와 달리 열심히 하지 않으면 낭패가 많아서 열심히 공부했다. 경영학을 전공으로 한 것은 아버님의 영향을 받아 경영에 관심과 흥미가 있었던 덕분이다. 고교 시절 아버님과 항구에서 원목이 실리는 모습을 보면서 아버님을 존경했던 순간이 항상 오버랩됐다. 아버님이 경영학을 공부하라고 했던 것 같지는 않다. 하지만 자연스럽게 전공으로 선택했다.

대학에서도 테니스를 계속해 볼까 했지만, 실력이 예전 같지 않아서 배구팀에 지원했다. 신장은 상대적으로 작지만, 배구공 세팅을 잘해서 뽑히는 데 성공했다. 경기에 몇 번 출전하기도 했다. 얼마 후에는 캐나다로 원정 경기를 가야 하는데 유학생 신분이라서 캐나다 비자가 필요한 탓에 부득이 불참하게 되었다. 얼마나 실망스러웠던지 배구를 그만뒀다. 그래도 학창 시절에 프래터니티의 행사가 많고 한국 친구들도 만나야 해서 항상 바쁘게 지냈다.

미국 일주로 큰 세상을 누비다

대학 생활은 일생에 있어서 매우 중요한 순간이다. 성인도 아니고 학생도 아닌 중간계에 있는 상태인데 이때 배낭여행이나 무전여행을 하면서 세상을 경험해 보는 것도 좋다. 나에게도 그런 기회가 있었다.

일본에서 유학 온 토시 사이토라는 대학원생이 있었다. 제지 회사를 운영하는 부잣집 아들이었다. 하루는 그가 새 캐딜락을 샀으니 같이 미국 일주를 해 보자고 제안했다. 아무래도 유학 온 아시안 학생들이니 서로 잘 맞았던 것 같다. 아니면 토시 사이토가 아시안 학생만 꼬셨는지도 모르겠다. 그래서 말레이시아, 태국, 일본(토시), 한국(나)에서 온 유학생 네 명이 함께 여행을 떠났다. 미 대륙 북서부 끝에 위치한 워싱턴주 시애틀에서 출발하여 동부 뉴욕으로 향했고, 남동부 마이애미를 거쳐 중남부 텍사스 등으로 크게 원을 그리며 돌았다. 중간에 민박(host family)을 이용하며 저렴하게 여행했다.

어느 날엔 민박을 미처 구하지 못해서 마이애미 바닷가 공원에 주차하고 자동차 안에서 잤다. 그런데 새벽에 손전등을 든 경찰들이 다가와 우리를 깨웠다. 아시아계 젊은이 네 명이 고급 승용차 안에서 잠자고 있으니 수상하다고 누군가 신고를 했던 것이다. 경찰들이 운전면허증과 자동차 등록증 등을 확인하고는 다른 곳에 가서 잠을 자라고 권고한 뒤 떠났다. 흔치 않은 경험이라 오래도록 잊히지 않는 추억이 되었다. 아직도 그때 일을 얘기하면

웃음이 난다.

이렇게 추억을 공유한 우리 네 사람은 그 후에도 친하게 지냈다. 토시 사이토와는 일본에 갈 때마다 만났고, 1973년 내가 결혼할 때 일본에 살던 토시 사이토 부부가 한국으로 찾아와 축하해 주었다. 지금까지도 고마운 마음을 잊지 않고 있다.

입대 그리고 의가사제대

1970년, 대학 3학년이 끝날 때쯤 아버님이 "이쯤에서 군대에 다녀오는 것이 좋겠다"고 말했다. 귀국하여 논산훈련소에서 훈련을 받았다. 그때는 군대 내 폭행이 만연했는데, 다행히 훈련소 내 폭력을 근절하라는 사령관의 지시가 있었던 터라 별 탈 없이 훈련을 마칠 수 있었다. 훈련이 끝난 뒤 대전 소재 육군병참학교로 자대 배치를 받았는데, 막간을 이용해 고속버스를 타고 서울에 올라와 아버님께 인사하고, 대전으로 내려갔다.

그런데 논산훈련소에서 아껴 두었던 매를 갚으려고 그랬는지 입구에서부터 때리기 시작했다. 하지만 용돈(?)을 조금 나눠 주고 잘 부탁한다고 하니 다음부터는 별일 없이 지낼 수 있었다. 내무반에 들어가니 통상 있는 자대 배치 적응 기간도 없이 처음 온 병사들이 열심히 청소하고 있었다. 뭔가 잘못되었다는 생각이 들었다. 이번에는 고참들이 신입병들을 때리기 시작하는데, 많이 맞았다. 무조건 잘못했다고 빌고 용돈(?)을 조금 나눴다.

이렇게 다른 사람들처럼 적응해 가며 얼마 동안 잘 지내다가,

대구 5관구 사령부 비서실로 발령이 나서 복무지를 옮겼다. 이번에는 그곳에 혜화국민학교 선배도 있었는데 영어를 구사할 수 있다고 해서 통역 병사를 하게 됐다. 그렇게 몇 달을 잘 지내고 있다가 허리가 아파서 대구통합병원에 들어가서 치료를 받았다. 결국 의가사제대를 했다. 바로 학업을 마저 마치기 위해서 미국으로 다시 와서 학부 4학년에 복학했다.

● 복학생 스티브 김, 이은혜를 만나다

망가진 가방 돕다 만난 인연

1970년대는 군대가 매우 엄격했다. 기업체 오너의 자녀나 고위직 공무원 자녀는 특히 박정희 대통령이 청와대에 담당자를 두고 권력형, 뇌물형 면탈을 막고 있었다. 다른 분야는 몰라도 병역 문제는 관리가 잘되고 있었다. 이것을 누구보다도 잘 알고 있는 아버님은 대학을 졸업하기 전에 군대를 마치고 복학하기를 바랐던 것이다. 그런 점에서 호기롭게 입대했다가 허리 병으로 의가사제대를 했으니 주목을 끌 만도 했을 것이다.

이런 사실을 전혀 모르고 있던 나는 4학년 복학과 동시에 캠퍼스 안에 있는 기숙사에 들어갔다. 군 복무 1년으로 인해 대학을 쉬고 왔더니 공부도 잘되지 않아서 무력감을 느끼고 있었다. 그런데 이화여자대학교 글리클럽합창단 40명이 온다는 소식이 들려왔다. 1972년 5월 미국 시애틀에 있는 한국 총각들이 난리가 났다. 매일 저녁 박지용 선배 집에 모여서 맥주를 마시고 사진을 돌려 보며 즐거운 시간을 보냈다.

드디어 5월 초, 도착하는 날이 되어 여러 명이 차를 몰고 공항으로 마중을 나갔다. 특별하게 누구를 만날 수 있다, 그런 것은 아니지만 누구나 덩달아서 흥분되고 '나에게도 좋은 일이 생기지 않을까' 하는 막연한 기대가 있었다. 내가 간증을 하면서 이때 얘기를 하면 많은 사람이 큰 기대를 한다고 들었다. 지금은 아내가 된 이은혜 선교사와 매우 극적인 만남이 있었을 것이라고 예상하기 때문이다.

합창단이 도착한 날 공항 수하물을 찾는 곳에서 회전하고 있는 컨베이어 벨트에 여행 가방들이 돌아가는데, 그중에 지퍼가 망가진 가방이 하나 있었다. 보기에 불안했던 나는 그 가방을 들어 올려 내 차 트렁크에 실었다. 가방의 주인이 바로 이은혜 선교사다. 인연일까. 극적인 만남은 아닌 것 같지만 이런 우연이 어디 있겠나 싶다. 모든 것이 다 하나님의 계획이었다.

내 차에 실린 가방 주인은 내 차에 탈 수밖에 없었다. 다른 학생 몇 명과 함께 내 차를 타고 글리클럽이 묵을 기숙사로 가는데 지퍼가 망가진 가방 주인은 기분이 상해서인지 뒷자리에 앉아서 말이 별로 없었다. 나는 다른 학생들과 즐겁게 이야기하며 기숙사에 도착했다. 미국에 오기 전에 인솔자가 "남자들은 모두 도둑놈이니 조심해야 한다"는 특별한 교육(?)을 했다고 나중에 들었다. 우리 인연은 이렇게 우연을 가장해 다가왔다.

이어지는 우연이 인연으로

그날 저녁에 학생회에서 준비한 파티 모임에서, 나는 매우 수줍어하는 성격의 학생이었지만 맥주 한 잔을 마시고 용기를 내어 얼굴이 빨개진 채로 이은혜 학생에게 가서 "춤을 한번 추실까요?"라고 말했다. 그녀는 주춤하다가 친구들의 등 떠밂에 할 수 없이 춤을 추게 되었다. 훗날 말하기를, 내가 "나쁜 사람인 줄 알았다"고 했다. 인솔자가 특별한 교육(?)에서 경고한 것같이 '얼굴이 빨개진 도둑놈'이 춤추자고 했기 때문이다.

파티가 끝나고 학생들을 나누어서 시내 구경을 시켜 주는 시간이 있었는데, 이은혜 학생은 벌써 다른 사람들하고 나가 버렸다. 내 의도와 다르게 일이 진행됐지만 할 수 없이 남은 사람 몇 명에게 시내 구경을 시켜 주고 기숙사에 돌아왔다. 그런데 박지용 선배가 자기가 안내해 준 여섯 학생에게 아이스크림을 사 줄 수 있냐고 물어봤다. 이은혜 학생 팀에게 좋은 학생을 소개해 준다고 하며 나를 소개한 것이다. 그래서 그날 저녁 나는 도둑놈에서 좋은 학생으로 바뀌어 합창단원 세 명을 아이스크림 가게로 안내했다.

다음 날에도 여러 사람이 나누어 안내를 했다. 떠나는 날 아침에 시애틀 명소 중에 하나인 타워전망대 스페이스 니들(Space Needle)에 함께 올라갔을 때 내가 샀던 선물을 이은혜 학생에게 주었다. 그리고 기숙사로 돌아와서 버스를 타기 전에 함께 사진을 찍자고 했다. 나와 이은혜 학생, 지자혜 학생, 이렇게 세 명을 김경희 학생이 찍어 주었다.

김경희 학생은 나중에 시카고 미드웨스트(Chicago Midwest) 교회에서 오랫동안 피아노 반주를 했고, 얼마 전에 타계한 김광준 장로의 부인이다. 도미니카공화국에 교회를 4개나 세웠다. 지자혜 학생은 유태혁 정신과 의사의 선배로 도미니카에도 다녀갔다. 거의 50년 전 이야기다. 그렇게 글리클럽합창단은 떠났다. 바람처럼 지나간 그들의 방문 이후 얼마나 허전하고 아쉬웠는지 모른다. 오랫동안 총각들이 모여서 그때를 회상했다.

글리클럽이 시애틀에 온 이유

글리클럽이 시애틀에 오게 된 이유는 합창단원 중 한 명인 유은애 학생의 오빠가 워싱턴주립대학에 법학 연수차 왔던 유현 판사이기 때문이다. 그래서 우리는 항상 감사하게 생각하고 있다. 만약 유현 판사가 연수를 다른 곳으로 갔다면 이은혜 학생을 만나기 매우 어려웠을 것이다. 언젠가 한번 도미니카공화국에 방문하면 좋겠다고 부탁했다.

글리클럽이 돌아간 후에 허전하게 지내는데, 하루는 한국에서 이은혜 학생이 메이퀸이 되었다는 소식이 들려왔다. 나는 땅을 치며 후회했다. 다른 학생에게 주었던 관심과 배려를 이은혜 학생에게만 집중했어야 했다는 때늦은 반성을 했다. 역시 연애에서도 선택과 집중이 중요하다는 결론이다. 그런데 얼마 후에 이은혜 학생에게서 기대하지 않았던 감사의 편지와 사진이 왔다. 그 후로 몇 번의 편지가 왕래했다. 시간이 지나서 나는 졸업을 했다. 내 인생의 다른 페이지가 시작됐다.

● 마루베니에 취직, 귀국 그리고 결혼

마루베니 취직, 무역 실무 익히다

졸업과 함께 나는 캐나다 밴쿠버에 있는 마루베니라는 일본계 회사에 취직했다. 마루베니사에서 처음 맡은 일은 수산 회사에서 연어, 청어를 구입하여 냉동 창고로 보내고 연어알(이쿠라), 청어알(카즈노코)을 상자에 넣어 일본에 수출하고 생선을 냉동해 유럽에 수출하는 것이었다.

당시 연어알과 청어알의 가격은 매년 상승하고 있었다. 캐나다에서 버리던 상품이 일본에서는 금값이었다. 이런 이유로 마루베니사는 큰돈을 벌었다. 그래서 매주 몇 마리의 연어를 직원들에게 공짜로 나눠 주었다. 나는 한국 사람들과 나누기 위해서 백 목사 댁에 매주 가져갔다. 사모가 맛있게 요리를 해 주었다. 목사 댁을 매주 찾아간 이유 중 하나는 백 목사에게는 딸이 넷이나 있었기 때문이다. 아마도 마루베니에 계속 다녔다면 백 목사의 사위가 될 수도 있었다.

마루베니사에서 대학 전공인 국제경영학과 관련된 업무를 맡다 보니 무역에 대한 가능성을 볼 수 있었다. 나중에 삼미사를 운영하는 데 큰 도움이 됐다.

갑작스런 귀국, 이은혜와 재회

밴쿠버에서 시작한 새로운 삶을 한창 즐겼다. 좋은 직장, 좋은 아파트, 좋은 자동차로 시애틀도 오고 가며 좋은 사람도 만나며 잘 지내고 있었다. 그런데 어느 날 아버님이 와서 한국에 돌아가야 한다고 했다. 다른 사람에 비해서 군 복무 기간이 너무 짧았던 것에 대해 재검사를 받아야 한다는 것이었다. 당시에 기업체 오너들의 자녀 병역에 대한 특히 엄한 통제를 알고 있었기에 귀국하기로 결정했다. 혹시라도 부정한 방법으로 의가사제대를 했는지 확인하는 과정이 필요하다는 것이었다. 할 수 없이 마루베니도, 백 목사 댁 네 명의 딸들도 포기하는 등 모든 것을 깨끗이 정리하고 1973년 봄에 한국으로 돌아왔다.

여러 가지 의학적인 검사가 끝나고 결과를 기다리는 동안 이화여자대학교에 전화했다. 하나님의 은혜로 이은혜 학생의 전화번호를 알게 되었고 그 후로는 하루가 멀다 하고 그녀를 만나서 데이트하는 시간을 가졌다.

마침내 군대 문제가 완전히 해결되자 아버님은 큰아들이 자신의 회사에서 일하기를 원했다. 그래서 이제부터는 미력이나마 아버님을 도울 수 있겠다는 벅찬 마음으로 울산 공장으로 내려갔다. 울산 공장에서 생산 분야부터 배우고 싶었던 것이다. 그렇게 해서 그해 봄부터 울산 공장 기숙사에서 생활하며 일을 배우기 시작했다. 울산에 있다 보니 서울에서 대학원을 다니고 있는 이은혜와의 만남은 주말에만 가능해서 여러모로 불편했다. 또한 속히 가정을 이루고 싶었기에 내가 먼저 청혼했다.

까다로운 결혼 조건

이은혜와 시애틀에서 처음 만날 때에는 청혼까지 하게 될 줄은 미처 몰랐다. 그랬다면 집안 얘기도 하고 이상적인 남편감에 대해서 물어봤을 만도 한데 그렇지 않았던 것이다. 잘 알려져 있는 사실이지만 연인이 서로 종교가 달라도 자유롭게 결혼할 수 있는 나라는 흔하지 않다. 이슬람권이나 힌두권 나라들은 만약 그런 일이 일어나면 오빠들이 와서 여동생을 몽둥이로 때려죽이기까지 한다. 하지만 한국은 한 가정에 천주교 신자, 개신교 신자, 불교 신자, 무신론자까지 있을 수 있는 세계에 몇 안 되는 나라 중 한 곳이다. 내게 있어서도 종교는 큰 문제가 아니었다.

청혼 당시 이은혜 가정은 3대째 기독교를 믿어 온 집안이라는 것을 그제야 알았다. 우리 집안은 불교 집안이었다. 걱정했던 것처럼 장모님이 될 이신실 권사가 계속 우리의 결혼을 극력 반대했다. 내게 따로 만나자고 해서 "우리 딸과 헤어지라"는 말까지 했다. 하지만 이은혜가 부모를 계속 설득해서 내가 교회에 나오면 허락해 준다는 양보를 받아 냈다. 나는 9월에 처음으로 영락교회 예배에 참석했다. 처음 교회에 출석했을 때 박조준 목사의 설교를 듣는데 '이렇게 말씀을 잘하는 분이 있나' 하고 놀랐다.

다행스럽게도 우리 부모님은 내가 좋다고 하면 결혼을 해도 된다고 허락했다. 나중에 듣기로, 어머님은 '당연히 며느리가 시집에 오면 절에 다니겠지'라고 생각했다고 한다. 그도 그럴 것이 집안에 불상을 갖다 놓을 정도로 불교에 대한 자신감이 넘쳤기 때문이다.

길지 않은 교제 끝에 1973년 11월 5일에 신라호텔에서 정일권 국회의장의 주례로 결혼식을 올렸다. 모든 것이 다 하나님의 계획 안에 있었다. 신혼여행은 제주도로 갔다. 다른 신혼부부들처럼 행복한 신혼 사진을 여기저기에서 많이 찍었다. 돌아오자마자 불교 집안에, 그것도 집에 불상이 있는 집안에서 이은혜는 얼마나 마음고생을 했을까 하는 것에 생각이 미치면 지금도 마음이 편하지 않다. 나는 시간이 날 때 가끔 교회에 출석했지만, 기독교에 대해 아무것도 몰랐다. 요즘도 이은혜 선교사는 당시를 회상할 때면 자기 부모를 스스로 설득해서 결혼했기 때문에 모든 것을 참고 살았다고 말한다.

● 본격적인 경영 수업과 신혼살림

울산 공장에서 배운 생산 관리

신혼임에도 결혼 후 나는 주중에는 울산에서 근무했고 주말에만 서울로 올라왔다. 울산 공장은 스테인리스 스틸 냉연 공장이었다. 1969년에 일본 마루베니사와 합작으로 시작한 공장이었다. 1970년 초에 스테인리스 스틸의 수요가 크게 늘어나며 한국에 하나밖에 없는 공장이어서 공급이 미처 수요를 따라가지 못할 정도로 호황을 누렸다. 따라서 준비해 오던 설비 증설을 발주하려는 때였다. 내 직책은 생산관리부 과장 대리였다. 내 상사는 강신웅 생산관리부 과장, 정명환 차장, 공장장이었고 부하 직원으로는 봉관명 계장을 비롯해서 여러 계장, 평사원 직원이 있었다. 내가 하는 일은 생산 공정 및 생산 관리를 배우는 것이었다. 감사하게도 많은 일을 짧은 시간에 배울 수 있었다.

공장에 몇 달 있는 동안에 새로 입사한 차인석 씨가 공장에 노총각이 많으니 여학생들과 미팅을 해 보면 어떻겠냐고 해서 대구 계명대학 학생들과 미팅을 주선했다. 경주로 1박 2일 여행하는 즐거운 일정이었으나, 안타깝게도 혼인이 성사된 커플은 없었다. 공장에 있는 동안 특히 보람 있었던 일은 부하 직원들과 가능한 많은 시간을 보내며 서로 이해하려는 노력을 힘써 기울임으로 의미 있는 소통의 장을 열었다는 점이다. 길지 않은 기간이었지만 아주 귀중한 시간이었고, 나중에 최고 경영자가 된 후에도 유용한 좋은 경험이었다.

삼일빌딩으로 돌아와 아버님을 돕다

울산 공장에서 많은 것을 배우고 익히고 아버님이 세운 기업 삼미에 대해서 많이 알게 됐다. 어느 날 서울 본사 업무부 차장으로 발령이 났다. 회장 아들이어서 주어진 특별한 혜택이다. 빠른 승진이었다.

서울 본사는 아버님이 1969년에 건축한 삼일빌딩 27층에 있었다. 오랫동안 한국에서 가장 높은 빌딩으로 우리 삼미 가족에게는 큰 자부심을 주었던 일터다. 발령을 받고 일하게 된 업무부는 박광보 부장, 이수귀 과장 등 서울 상대 출신 엘리트들이 주축이었다. 일본과의 합작 회사이기에 사장, 전무, 부장이 모두 일본어가 능통하고 또 일본 출장도 빈번한 부서였다.

당시 현안은 공장 증설이었고 모든 설비를 일본에서 3천만 달러 정도에 들여오기로 거의 결정이 돼 가고 있었다. 그때 내가 부장에게 "왜 일본에서 모든 기계를 수입하느냐"고 물어봤다. 당시에는 너무나 당연시되던 일이다. 일본과의 합작 회사로 시작했고 (나중에는 100% 한국 소유) 미국이나 유럽과는 그다지 거래가 없던 시절이기 때문이다.

그래서 바로 시장 조사를 해 봤더니 놀랍게도 절반 값이면 미국에서 구입할 수 있다고 연락이 왔다. 미국 회사들도 조그만 회사가 아니라 일본이 시작할 때 기계를 팔았던 큰 회사들이었다.

아버님에게 알려서 박광보 부장과 함께 미국 회사를 방문하고 최종적으로 투자비를 50%만 들이고 증설할 수 있었다. 모든 것이 다 하나님의 은혜였다.

여기까지가 회장 아들로서 대학 공부를 마치고 생산 공장에 근무하고 업무를 익힌 과정이다. 이후에는 앞에서 언급했듯이 대표이사 전무가 되고 삼미그룹 회장이 되었다.

●

내 이야기를 정리하면서 전반기에 해당하는 얘기를 먼저 정리할까, 아니면 후반기에 해당하는 부분부터 시작할까 하는 고민을 했다. 대략 45세까지, 삼미그룹 회장으로 세계 제일의 특수강 회사를 이뤄 낸 얘기를 1부에서 나눠 봤다. 너무 오래됐고 사람들이 궁금해하지 않을지도 모른다는 생각에 당초 계획보다 줄였다.

지금은 외국의 대형 기업을 인수해서 운영하는 것이 일반화돼 있지만 우리가 아틀라스 특수강을 인수할 때는 매우 드문 일이었다. 대부분 매물로 나온 기업은 한계 기업이거나 어떤 문제가 있어서 경영이 어려운 경우다. 경영자는 그 문제점을 파악하고 자신이 해결할 수 있는지 따져봐야 하고 기존의 기업과 시너지 효과를 낼 수 있을 때 인수해야 한다. 그런 측면에서 삼미의 아틀라스 특수강 인수는 시의적절했다.

갑자기 경기가 어려워져서 아버님의 상징이고 한국 기업의 상징인 삼일빌딩을 당시 300억 원에 산업은행에 팔았다. 현재 시세로는 연이율 3.5%로 잡았을 때, 41년이 지나서 1,300억 원 정도라고 추정한다. 이런 거래로 인해서 우리는 특수강을 살릴 수 있었다.

모든 경영 과정은 항상 수많은 난제와 해결할 문제를 안고 있다. 그런 점에서 세상의 모든 경영자는 존경받을 만하다. 이제 되돌아보면, 내 전반기 인생은 2모작으로 선교 사업에 나서기 위한 훈련 과정인 셈이다. 다시 살게 된 삶을 2부에서 시작한다.

2

40대 김현철은 '삼미그룹 회장'을 버리고 미국에 왔다. 16년간의 회장 자리는 무한 책임을 어깨에 짊어져야 하는 삶이었다. 잠시만을 제외하고는 행복하지 않았다. 그래서 나보다 똑똑한 동생에게 기업을 맡겼다. 이제 대학 다닐 때까지 사용했던 이름인 '스티브 김'으로 돌아왔다. 캐나다 회사를 살리면 모두 살 수 있다는 희망을 안고 왔다. 비록 동생의 선택으로 회사는 사라졌지만 그것 또한 운명이다. 나는 죽음의 공포인 직장암에 흔들렸다. 직장암 수술을 받기 위해서 수술 침대에 누웠을 때를 떠올린다. 이제 선교사 스티브로 돌아왔다. 이제 제자리로 돌아오고 있는 것인가.

다시 살다

6

삼미를 떠나
캐나다로

아버님이 물려준 기업을 떠나야 할 때를 만났다.
철강왕 김두식을 있게 한 삼미는 한국 산업에 큰 기여를 했지만
우리 마음과 달리 세상은 동네북을 치듯
삼미가 포함된 30대 대기업을 겨냥해 인민 재판으로 내몰았다.
사람들에게는 분풀이거리가 됐지만 기업인들은 너무 힘들었다.
자기들의 허물을 누군가에게 돌려야 했던 사람들의
교묘한 술수라는 생각이 들 정도다.
우리가 모두 잘했다는 것은 아니다.
하여간에 힘들 만큼 힘들었다.
삼미가 있는 한국을 떠나야 했다.

영화 "삼체"의 첫 장면에 인민 재판이 나온다. 중국의 천문학자들은 말도 안 되는 누명을 쓰고 단죄된다. 젊은 홍위병들은 저마다 몽둥이를 들고 며칠 전까지만 해도 감히 쳐다보지도 못했던 교수들을 겁박한다. 그날 검찰에 출두하는 날도 그랬다. 사진 기자들의 카메라 플래시가 연이어 터졌다. 마치 몽둥이가 날아오는 것 같은 느낌이 들었다. 간음하다 현장에서 잡혀 와 고발당한 여인을 향해 "너희 중에 죄 없는 자가 먼저 돌로 치라"(요 8:7)고 하신 예수님의 말씀이 생각난다.

● **급격하게 변한 기업 환경과 풍전등화 삼미**

삼미그룹 전성기에 다가온 그림자

삼미그룹의 상징인 삼일빌딩과 프로야구단을 처분하고 위기를 이겨 내고 있었다. 또한 3저라는 호재로 1980년대 말은 서울 올림픽만큼 다채로운 세상이었다. 1988년 삼미화인세라믹스, 1989년 삼미전자를 설립하는 등 계열사가 14개까지 늘어났다. 앞에서도 기술했지만 여기에 아틀라스와 알텍을 인수해 한국 전 직원들에게 특별 보너스를 지급할 정도로 사정이 좋아졌다.

하지만 세계 경기라는 것이 항상 부침이 있게 마련이다. 전자 산업의 쌀이라는 반도체가 지금도 적자와 흑자를 반복하는 바람에 미국의 초거대 기업 GE가 불확실성을 견뎌 내지 못하고 가전 사업을 포기했다는 얘기를 들었다. 그만큼 한 국가의 경제가 아닌 글로벌 경제는 예측도 힘들고 대처도 어렵다. 우리가 미국과 캐나다의 회사를 미화 2억 달러에 인수하여 합리적인 경영을 시도하고 있을 때가 지나고 얼마 되지 않은 1990년부터 북미 지역의 특수강 시장이 얼어붙기 시작했다. 이런 경기 불황은 들어간 돈만큼 나오지 않으므로 적자를 야기했고 이래서는 안 되겠다 싶어서 1991년부터 8개의 계열사를 처분했다.

이런 상황이 모두 경기 탓만은 아니다. 내 경영 능력의 한계였다. 변명을 굳이 하자면, 당시 소비에트 연방(소련)이 갑자기 무너지면서 세계가 혼란에 빠졌다. 원래 경제는 불확실성을 가장 두려워한다. 그렇게 아무도 경험해 보지 않은 글로벌 경제에 당혹감을 느꼈다. 가끔 술도 먹고 골프도 치고 재미나게 사는 TV에 그려지는 재벌들은 그저 드라마 속 허구일 뿐이다. 실제로는 밤새 잠도 못 자고 회사 걱정을 하고 세상이 어떻게 돌아가는지 쫓아다녀야 하는 것이 대기업 총수의 일상이다.

아틀라스가 발목을 잡을 줄이야

1992년 민주자유당의 김영삼 후보가 대통령에 당선되었다. 문민 정부의 출범은 기업 환경에서 불확실성이 더욱 올라가고 있다는 것을 의미했다. 예상치 못했던 많은 변화가 사회 전반에 휘몰아 쳐 왔다. 우리는 물론 민주자유당 후보였던 김영삼 대통령의 선거 운동을 여러 가지 방식으로 도왔다.

우리 기업인들은 재계 10위권에 들었던 국제 그룹이 어떻게 하루아침에 공중분해 됐는지를 지켜본 경험이 있다. 그것이 누군가 혼자 잘못해서 혹은 누군가 혼자 결심해서 일어난 일이 아니라는 것을 잘 안다. 그래서 항상 우리를 포함하여 많은 기업인은 변화에 대비해야 할 필요성을 절감하게 된다. 김무성 장관은 친구 동생이었고, 평소에 잘 알고 지냈다. 얼마 후에는 나와 동명이인인 김현철(김영삼 대통령의 둘째 아들)도 소개해 주었다. 그즈음에 서종철 회장이 그동안 여러 가지로 회사에 큰 힘이 되었지만, 워낙 연세가 많아 그만 쉬고 싶다고 해서 물러났다.

1993년 들어서 회사가 조금씩 어려워지기 시작했다. 호황기에는 사업하느라고 자주 찾아다니지 않던 은행도 수없이 방문해야 했다. 이선일 회장이 최형우 장관과 가까웠던 서상록 부회장을 소개했고 서상록 부회장이 대관 업무를 맡아서 많은 사안을 해결했다. 매우 부지런하고 열심히 일해서 도움이 됐다. 미국식 유머도 좋아서 항상 회의 참석자들에게 웃음을 줬다. 젊어서 미국에 이민 가서 미국 연방의원 선거에도 나갔고 정치에도 관심이 많았다.

1994년 회사 사정이 조금 더 어려워졌다. 당시는 정치가 신문 지면을 장식하던 때다. 전반기에는 영변에 폭격을 해야 한다고 했고 미국의 지미 카터 전 대통령이 북한에 가서 김일성을 만나고 폭격을 막고 나섰다. 김영삼 대통령이 북한의 김일성을 만나는 방문 일정이 발표돼 소련 해체 이후 급변하는 세상에 모두 놀라고 있을 때다.

이렇게 세상이 급변하고 있어도 기업인은 손 놓고 팔짱 끼고 있으면 안 된다. 변화를 받아들이고 대처해야 한다. 그래서 삼미의 원활한 운영을 위해서 다시 한 번 자구책을 마련했다. 불과 10년 전 삼일빌딩과 프로야구단을 팔아서 우리의 의지를 은행권을 비롯한 대내외에 알려서 위기를 이겨 낸 것과 마찬가지로 베어링 회사와 왕십리 역사 사업을 한화 김승연 회장에게 넘겼다.

하지만 가장 큰 문제는 캐나다 공장을 인수할 때 발행한 5년짜리 회사채가 돌아오기 시작했다는 것이었다. 나는 당연히 자동으로 연장될 줄 알았다. 한국의 은행들은 대부분 채권의 일정 부분을 상환하면 연장이 가능했지만 외국 은행과의 협상은 쉽지 않았다. 세상이 급변하는 상황이라서 외국 은행들은 불확실성을 줄이기 위해서 까다롭게 굴었다. 다른 추가 보증을 원하는 것 같았다. 그래서 우리를 가장 잘 아는 한국에 있는 여러 은행을 더 많이 찾아다녀야 했다. 삼미종합특수강 주거래은행인 산업은행과 제일은행에 자주 찾아갔다. 세계 제일의 특수강 회사이며 투자한 회사가 매출도 몇 배씩 늘었고 증설도 준비 중이라고 현재 상황과

전망을 설명하며 재연장을 요청했다.

그러던 와중에, 1995년 봄에 일이 터졌다. 김영삼의 문민정부에서 30대 기업인 모두를 검찰에 소환해서 "왜 전두환 대통령에게 정치 자금을 주었냐"며 조사에 들어간 것이다. 그것도 모두가 검찰청에 들어가는데 TV로 방송까지 되었다. 그리고 나서 몇 달후에는 다시 "노태우 대통령에게 왜 정치 자금을 주었냐"고 조사를 했다. 위에서 시켜서 그러는 것일 테지만 검찰이 너무한 것 아니냐는 생각이 들었다. 억울해서 진담 반 농담 반으로 "김영삼 대통령에게도 선거 때 자금을 도왔다"고 말하려 하니 "그런 얘기는 하지 마세요"라고 정색을 했다.

● 회장 은퇴하고 캐나다로 이민

회장에서 물러나다

1995년 열심히 기업을 살리자고, 아버님이 남긴 기업 삼미를 살리고 발전시키자고 숱한 밤을 새워 노력했던 내게 이런 대우는 정말 참을 수 없는 일이었다. 우선 가족들에게도 미안했지만 회사 직원들이 나를 보면서 무슨 생각을 할까 싶었다. '회삿돈을 빼돌려서 정치권에 줄을 댔고 그래서 회사에 이익보다는 해악을 끼친 경영자로 보는 것은 아닐까?'라는 생각이 들었다.

매우 많은 이야기가 있지만 이제는 상당 부분 잊어버렸다. 기억에서 지우고 싶은 순간이 너무 많았다. 좋은 것만 기억하고 싶고 그들을 위해서 기도하고 있다.

마침내 '지금이 은퇴할 때'라는 결심이 섰다. 나는 결혼과 함께 아버님의 명령을 받아 삼미에 입사한 1973년부터 당시까지 22년 간 너무 많은 스트레스를 받았다. 1980년부터는 젊은 회장으로 긴장의 연속이었다. 박정희, 최규하, 전두환, 노태우, 김영삼 대통령을 겪으며 많이 힘들었다. 아버님도 암으로 54세에 타계하고, 할아버님은 뵌 적도 없다. 우리 집안의 가족력은 장수하지 못한다는 생각을 지울 수가 없었다. 그래서 더욱 결심을 굳혔다.

두 번째 검찰 조사를 받고 난 후에, 사장으로 있던 동생 김현배를 불러 내 뜻을 전하고, "오늘부터 김 사장이 회장일세" 하고 이유를 설명하고 동의를 구했다. 아버님에게 아들이 나 하나뿐이 아닌 것이 얼마나 다행스러운 일인가.

여덟 살 아래 동생 김현배 회장

아우인 김현배 사장은 나보다 나이가 여덟 살 아래다. 당시 만 37세였다. 그는 20대 중반에 삼미에 입사하여 내가 경험하지 못했던 목재 분야, 수입 수출을 익혔고, 특수강, 금속 모든 분야에 경험을 쌓았다. 이때는 매제 유헌상 사장이 부회장을, 김현배 사장이 모회사 삼미 사장으로 재직할 때다. 얼마 후에 모든 직원에게 사임 발표를 하고, 은행을 찾아다니며 회장직을 물러나 캐나다 공장을 맡아 동생 회장을 돕겠다고 전했다.

1995년 연말에 가족을 모두 이끌고 밴쿠버로 떠났다. 물론 보증을 섰던 것들은 모두 그대로 안고 가야 했지만 잘한 결정이었다. 이제야 생각하면, 만약에 한국에 계속 있었으면 스트레스로 바로 암에 걸려 틀림없이 하늘나라로 갔을 것이다. 그때는 교회에 출석하고는 있었지만 지금처럼 하나님의 품에 온전히 안겨 있지 않았으므로 지옥에 갔을 수도 있었다고 생각한다.

한 가지 떳떳한 것은, 김영삼 정부가 금융실명제를 실시했지만 나는 아무런 문제가 없었다. 차명으로 숨겨 놓은 계좌가 없었기 때문에 걱정이 없었다. 나중에 한국을 떠난 지 10여 년 후, 도미니카 선교사가 된 후에 우연히 미국 딸 집에서 TV를 보는데 한 방송에서 "그 옛날 그때"인가 하는 프로그램에, 검찰청에 출두하는 내 모습이 방영되었다. 순간 하나님께 저절로 감사가 나왔다. 만약에 그때 은퇴를 하지 않았으면 아마도 곧바로 지옥문으로 들어갔을 것이라고 생각한다.

물론 동생 김현배 회장에게 미안한 마음이 있다. 하지만 당시 환경으로 볼 때 동생이 나보다 더 잘할 수 있으리라 생각했다. 지금도 그 생각이 옳았다고 본다. 나는 공격적이고 회사를 세계 제일로 만들어 보려고 총력을 기울였지만, 동생의 생각은 달랐다. 세계 제일이 중요한 것이 아니고 좋은 회사로 만드는 것이 우선이라는 생각을 갖고 있었다. 그럼에도 내가 세계 제일로 목표를 세워서 했던 사업들을 잘 관리하며 따라와 주었다. 나는 그 점을 지금도 매우 고맙게 생각하고 있다.

7

미국에서 살길을
찾다

죽기 싫어서 한국을 떠났다면 과장이 심한 것일 테고,
한국 생활은 너무 과중한 책임감에
매일 영혼이 탈탈 털리는 기분이었다.
남들이 보기에는 부잣집에서 태어나
호의호식하고 조기 유학까지 갔다 왔으니
세상에 부러울 게 없을 것이라고 생각할 수도 있겠지만
한 집안의 장남이면서 대기업의 총수로서의 삶은 너무 고달팠다.
만나는 사람도 각양각색이고 요구하는 것도 천차만별이었다.
그래도 재벌 아들로 태어났으니 감수하라면 할 말은 없지만
운명이라고 하기에는 너무 가혹했다.
홀홀 벗고 떠났지만 현실은 그렇지가 않았다.
세계 경제가 어떻게 돌아가는지 보이는데
속으로 걱정이 안 됐다면 거짓말이다.
삼미의 침몰을 보고 많이 울었다.

서운하기도 하고 분하기도 해서 무작정 차를 타고 프리웨이를 달리기 시작했다. 한참 동안 우리 부부는 말이 없었다. 누구를 탓하기도 그렇고 누구를 미워할 수도 없었다. 상식적이지 않은 취재를 당당하게 보도한 방송사도 크게 탓하고 싶지 않았다. 하지만 오래전 일인데 이렇게 생생하게 기억나는 것을 보면 많이 속상했던 것이다. 일단 출발은 했지만 어디에 세워야 할지 몰랐다. 가도 가도 끝이 없는 것이 미국의 프리웨이라서 그렇다. 출발한 지 2시간이 지나서 프리웨이를 내려서 주유소로 갔다. 기름을 넣고 왔던 길로 돌아가기 위해서 차를 돌렸다.

● 해외에서의 새로운 삶

동생에게 모든 것을 일임

갑자기 그룹 회장직을 내려놓았고, 이주한 밴쿠버에서는 캐나다 공장 일만 잘 도와주면 그것이 서울에서 CEO직을 감당하는 동생을 도와주는 것이라 믿었다. 오로지 하나님의 은혜를 구하니 마음에 평안이 찾아왔다. 마침 12월에 도착해서 눈 속에서 가족과 함께 지냈다. 오랜만에 겨울왕국에서 동심으로 돌아간 듯 행복한 시간이었다.

결혼 전 마루베니에 다닐 때 살았던 밴쿠버와 크게 달라진 것은 없었다. 적응이 잘됐다. 가족들도 아버지인 내 얼굴을 자주 보게 돼 좋아했다. 삼미도 검찰에 불려 간 내가 빠져나왔으므로 김현배 회장이 더 홀가분하게 회사 경영에 전념할 수 있을 것이라 생각했다.

여름 방학이 되어서는 아이들과 유럽 크루즈 여행도 다녀왔다. 하와이로 한국의 친구들이 온다고 해서 잠시 들러 옛이야기를 하며 우정을 확인했다. 그중에 한 친구 이순형 부산파이프 회장이 말을 꺼냈다.

"야, 너 진짜 그만두었냐?"

"그럼, 관두면 관두는 거지, 왜?"

그랬더니 회사에 소위 김현철 라인 사람들이 모두 물러나고 동생이 모든 권한을 갖고 인사를 한다는 얘기를 꺼냈다. 사람은 내려올 때를 알아야 하고, 아버님이 세운 기업이니 동생에게도 기회를 주어야 한다고 대답했던 기억이 난다. 한국을 떠난 후에 회사에 있는 누구와도 연락하지 않고 지냈다. 책임지고 있는 동생 김현배 회장에게 부담을 주지 않기 위해서였다. 동생이 하나에서 열까지 모든 것을 다 알아서 하라는 뜻이었다. 그래서 이제는 기억도 희미하고 모르는 것도 상당히 많다.

중앙일보와의 인터뷰

한국을 떠난 지 1년도 안 되는 1996년 여름에 중앙일보 기자가 인터뷰하자는 요청을 해 왔다. 처음에는 별로 내키지 않았지만, 동생의 경영에 힘을 보태 줘야겠다는 것에 생각이 미쳐 인터뷰에 응했다. 당시에도 대기업 오너 일가는 형제들 간에 서로 자기가 지분을 차지하려고 싸우거나, 모자간에 경영권 다툼을 벌이거나, 오빠와 여동생 간의 소송 등이 신문지상을 장식하는 일이 잦아서 우리 삼미의 스토리가 낯설었던 것 같다.

기자가 "어떻게 회장직을 (큰 문제 없이) 내려놓을 수가 있었냐"고 물어서, 친구 이순형에게 해 준 것과 같은 대답을 했다. 앞으로 계획이 무엇이냐는 질문에는 캐나다 공장이 잘 운영될 수 있도록 최대한 도울 것이라고 말했다. 그리고 동생이 추천하는 적당한 사람이 나타나면 그마저도 내려놓고 뒤로 물러나 고문 역할을 하면 좋겠다고 대답했다. 또한 그즈음에 시니어 프로 골퍼가 되는 것이 목표라고 대답했다.

나중에 아이티 대지진을 취재 왔던 기자가 당시 선교사로 아이티 구호를 돕고 있던 나를 알아봐서 또 인터뷰를 했다. 기자는 "삼미그룹 회장 때와 선교사인 지금 중 어느 쪽이 행복하냐"고 물었고, 나는 "선교사가 되어 모든 것을 내려놓고 늘 행복하다"고 말했다. 덧붙여서 "비록 아버님이 이룬 삼미그룹을 끝내 지키지 못했지만 그마저 이젠 내려놨고 회사가 사라진 게 아니니까 꼭 내가 해야 한다는 욕심만 빼면 된다"고 말했다. 기자는 또 물었다. "경제적 어려움은 없냐"고. "회장직에서 물러난 뒤 1997년 그룹 부도 뒤에 연대 보증이 풀리지 않아 전 재산을 은행에 차압당했다"고 솔직히 밝혔다.

● 회사를 살리기 위한 자구책 승인

캐나다 공장 포항제철에 매각 제안

내려놓고 나니 건강도 많이 회복됐다. 앞에서도 언급했지만 내 경영 스타일은 공격적이고 성장 우선주의라면, 동생 김현배 회장은 안정적이고 내실을 기하는 경영관을 갖고 있다. 그런 동생에게서 연락이 왔다. 캐나다 공장을 포항제철에 매각해서 재무 구조를 획기적으로 개선하는 방안에 대해서 내 의견을 구했다. 아마도 특수강 세계 제일을 추구했던 핵심 사업이 캐나다 공장 운영이었는데 그것을 포기하는 것이므로 내게 양해를 구하는 것이었다. 나는 모든 것을 동생에게 맡긴 상태였기에 흔쾌히 동의했다.

그런데 공장 매각에는 또 다른 개인적인 문제가 있었다. 바로 내가 캐나다에서 거주할 수 있는 신분이 문제가 됐다. 캐나다 회사가 넘어가면 내 직장이 없어지기 때문이었다. 많은 한국 직원들에게 직장을 통해서 영주권을 받게 했지만 나는 그렇게 할 수가 없었기 때문이다. 만약 진작에 영주권을 얻었더라면 내 인생이 바뀌었을지 모르겠다. 그때야 서둘러 캐나다 영주권 신청에 들어갔다.

창원 특수강 봉재 공장 7천억에 처분

얼마 후에 다시 동생에게서 연락이 왔다. 창원의 특수강 봉재 공장을 처분하는 방안을 검토 중인데 내 승인을 구하려는 것이었다. 캐나다 공장 매각 제안 때와 마찬가지로 "모든 것은 네 판단대로 진행하라"고 다시 힘을 실어 주었다. 매각 협상은 순조롭게 진행되어 몇 달 후 7,194억 원에 타결이 됐다. 캐나다 공장은 그때까지도 계속 협상 중이었다.

동생의 목소리는 밝았다. 매각이 이루어지는 동시에 회사의 재무 상태는 한국에서 가장 좋은 회사 중 하나가 되는 것이다. 부실 자산도 모두 정리가 되는 좋은 거래였다. 그러더니 동생이 1997년 봄에 다시 한국으로 나와서 그룹을 이끌어 달라고 얘기를 꺼냈다. 나는 단호하게 "이제는 네 시대이니 네 경륜과 포부를 펼쳐 가라"고 격려해 주었다.

● 삼미 부도, IMF의 파고는 매우 높았다

IMF 직전 어이없는 부도

1997년 3월 어느 날 팜스프링스 회사 사택에서 쉬고 있는데 회사가 부도가 났다는 청천벽력 같은 소식이 들려왔다. 하늘이 무너진 듯 정신이 하나도 없었다. 동생 김현배 회장을 포함해서 6명의 사장단이 출국 금지되었고, 나도 출국 정지가 되었다는 소식이 들려왔다.

나중에 신문 보도를 보고 알게 된 것이지만, 그즈음 정경 유착 문제가 크게 대두되었고 김영삼 대통령이 한보철강 정태수 회장에게서 600억 원을 받았느니 안 받았느니로 문제가 불거져 신문이 계속 대서특필하고 있었다. 한보철강을 부도내면서 은행장 네명을 구속시켰으니 정부와 은행의 관계가 매우 좋지 않은 상태가 되었다.

바로 그때 동생은 창원 공장 특수강을 7,194억 원에 포항제철에 매각하여 삼미그룹은 재정 상태가 매우 좋은 회사가 되어 있었다. 주거래은행이었던 산업은행, 제일은행의 채무가 모두 포항제철로 넘어간 상태였다.

그때 다른 은행 채무 몇십억 원도 안 되는 것이 돌아왔는데 막아 주는 은행이 없었다. 아이러니하게도 만약 포항제철에 우리 공장을 매각하지 않았더라면 주거래은행들이 부도를 낼 수가 없었을 것이다. 당시까지 개발 도상국 산업 발전의 견인차 역할을 감당했던 소위 '대마불사'(大馬不死, 큰 말은 죽지 않는다는 뜻으로 규모가 큰 집단은 어떤 위기에도 결국 살아남는다는 뜻)론이다. 말도 안 되는 어처구니없는 사건이 벌어진 것이다. 부실 자산은 전혀 없고 부채 비율이 가장 좋은 회사를 부도냈고 누구 한 명도 도와줄 분위기가 아니었나 보다. 자기 은행장들이 구속되었는데 누가 부탁을 할 수 있었을까. 동생은 그 후에 캐나다로 이민했고, 이제 한국 쪽을 쳐다보지 않는다.

마치 대서양을 건너려던 타이타닉호와 삼미의 처지가 같았다. 조그마한 빙산 조각과 부딪혀 구멍이 나면서 거대한 여객선이 춥고 추운 겨울 바다로 침몰한 것과 같았다. 삼미도 전체 자산에 비하면 매우 조그마한 채무 때문에 최종 부도 처리됐다.

물론 우리 회사 부도에 대해서 언론이나 학자들이 여러 가지 학설을 주장할 수 있다. 하지만 허를 찔린 것이다. 수십 년간 은행들과 쌓아 온 신뢰 관계가 이렇게 무너졌다는 것이 안타깝다. 결국 주인은 바뀌어도 기업은 새로운 주인을 맞는다는 얘기다. 우리 부도 후 몰아닥친 IMF 때 한국의 수많은 은행이 문을 닫고 수많은 실업자가 양산됐던 것도 나쁘게 말해서 신뢰를 잃은 은행들의 자업자득은 아닌가 스스로에게 물어봐야 한다는 것은 결코 나만의 의견이 아니다.

미국 사는데 미국 은행 계좌 있는 게 죄인가

부도가 나고 회사가 문을 닫으면서 이미 2년 전에 그룹 회장직을 벗고 한국을 떠난 나에게 "줄행랑"이라는 표현을 쓴 기사를 본 적이 있다. 내가 회사의 재산을 빼먹고 달아난 것이 아니라는 것은 직접적으로 증명할 수는 없지만 간접적인 증거는 있다. 우리의 알토란 같은, 부채도 당시 다른 기업에 비해서 많지 않았던 삼미종합특수강의 경우 1999년 12월 현대자동차그룹 인천제철에 넘어갔다. 동부제강컨소시엄과의 치열한 경쟁 끝에 인천제철이 품에 안았다. 그리고 우여곡절이 있지만 회사는 현대비앤지스틸로 이름만 바뀌었지 직원 대부분은 같은 공장에서 일하고 있다. 지금 회사 웹사이트의 "회사 연혁"에 보면 내 젊은 시절의 사진이 남아 있다.

　나도 갑자기 이런 상황을 맞닥뜨리다 보니 무엇을 어떻게 해야 할지 아무런 생각이 나지 않았다. 그런데 며칠 후에 신문과 TV 뉴스에 우리 이름이 나왔다. 미국에서 은행 계좌를 가지고 있다고 MBC 기자가 보도한 것이었다. 우리 우체통에서 은행으로부터 온 명세서를 꺼내 자기들 마음대로 열어 보고 TV에 보도한 것이다.

　말도 안 되는 일이 벌어진 것이다. 나는 은퇴하고 미국과 캐나다 회사에서 월급을 받으며 살았으니 당연히 미국 은행 계좌가 있는 것이다. 마치 회삿돈을 빼돌려서 미국에서 호의호식하는 악덕 기업주로 만들고 싶었던 것 같다. 만약 그렇게 구린 돈이 있다면 은행 계좌에 넣겠는가. 더 꽁꽁 숨길 수 있는 계좌를 만들었을 것이다. 소위 말하는 역외 계좌, 무슨 케이맨 제도에 유령 회사를 만들어서 넣어 두었을 것이다. 상식이 없는 기자라고밖에 볼 수 없다.

　한때는 말이 안 되는 짓이어서 고소를 해 볼까 하는 생각도 했다. 하지만 모든 국민은 아니겠지만 생각이 있는 사람들이라면 상식적으로 말이 안 된다는 것을 알 것이라고 생각하고 참았다. 남의 집 우체통을 무단으로 열고 우편물을 도둑질해서, 그것을 가지고 가서 기사화한 기자가 오히려 불쌍하다는 생각이 들었다.

절도한 문서를 특종이라고 기사로 올리고 그것을 게재하라고 승인한 부장도 마찬가지다. 아무리 사실보다는 독자가 좋아할 만한 기사만 만들어서 쓴다는 얘기를 들었지만 한국 언론도 정치권만큼 4류가 아닌가 하는 생각이 든다. 실제 당해 보니 왜 그렇게 언론사 출신들을 기업 홍보부에 배치하고 관리했는지 이해가 갔다.

어쨌든 처음 당하는 일이고 언론에 보도되니까 세상이 무서워졌다. 막막한 심정으로 아내와 차를 타고 목적지도 없이 무작정 떠나기도 했었다. 갈 곳도 없고 어디를 가든 사람들이 모두 우리만 쳐다보는 것 같아 무척 힘이 들었다. 갑자기 무슨 엄청난 범죄자가 된 기분이었다.

8

직장암 수술과
재기

삼미그룹 회장 김현철이라는 인생 1막을 내려놓고
인생 2막을 시작했다.
2막을 시작하는 데 큰 변화가 필요했는지
하나님은 직장암이라는 고난을 주셨다.
욥의 고난에 비하면 내게는 많은 것이 남아 있었다.
가족이 있고 명백하게 할 일도 남아 있었다.
새로운 내 이름은 '스티브 김 선교사'가 될 것이다.
직장암 수술을 처음 받을 때는 하나님의 계획을 몰랐다.
두 번째 기회를 어떻게 주실지도 몰랐다.
하지만 두 번째 직장암 수술을 받고서는 어렴풋이 알았다.
두 번째 생사의 고비를 지났다.

수술을 마치고 눈을 뜨니 영화에서 나오는 한 장면처럼 그렇게 극적이지 않았다. 마취가 제대로 풀리지 않았는지 약간은 몽롱한 상태였는데 주치의가 매우 근심스러운 표정으로 나를 쳐다봤다. 아무래도 내가 실망할까 봐 걱정했던 것 같다. 왜 그런지 싶어서 다리도 팔도 움직여 봤다. 다리도 팔도 그대로 있었다. 주치의는 재수술을 하다 보니 항문이 완전히 없어졌다고 했다. 그래도 실망하지 않았다. 재수술을 들어가기 전에 '이것이 끝이구나' 했는데 새로운 시작임을 알았기 때문이다.

● 갑자기 국제 고아가 되다

출국 정지가 항상 발목을 잡아

한국을 떠난 지 거의 2년 된 사람에게 내려진 조치는 출국 정지였다. 일단 한국에 입국하면 출국은 못하게 된다는 것이다. 그런데 잘 진행되어 가고 있던 캐나다 영주권에 문제가 생겼다. 1997년에 갑자기 회사가 부도나서 회사를 스폰서로 신청한 캐나다 영주권

발급이 어려워진 것이다. 나중에 도미니카공화국에서 영주권, 시민권 문제가 해결되었지만, 그전까지 여러 가지 어려움이 있었다.

미국 비자도 방문 비자라 3개월 이상 있을 수가 없다. 그리고 출입이 잦다 보니 미국 공항에서 입국할 때마다 공연히 걱정했다. 그래서 기도를 많이 했다. 나중에 자세히 언급하겠지만, 하와이의 코나에서 DTS(Discipleship Training School: 예수제자훈련학교)를 공부하던 중 장모님의 장례식에 참석하러 캐나다에 며칠 입국했다가 다시 미국에 들어오는 과정에서 어려움을 겪었다. 공항 이민국 사무실에 불려 가서 이것저것 보여 달라는 요청을 받았다. 어떻게 운전면허증이 있느냐, 사회보장카드(social security card)가 있느냐, 코나에서 무엇을 하느냐 등 아주 까다롭게 물어보며 힘들게 했다. 하나님의 은혜로 코나에 다시 돌아와서 무사히 훈련을 끝낼 수 있었다.

원래 한국 여권이 있으면 캐나다에 입국하는 데 아무런 문제가 없다. 하지만 나는 캐나다 영주권을 신청한 상태였는데도 계속 시간을 끌며 결정이 나지 않고 있었다. 몇 번 미국에 왔다 갔다 했는데, 한 번은 캐나다 국경에서 입국을 거절당했다. 한국에서의 출국 정지 문제를 해결할 때까지 못 들어온다는 것이었다. 그래서 얼마 동안 캐나다에 들어갈 수가 없었다.

도미니카 여권을 받아

2001년에 도미니카공화국 여권을 발급받았다. 그리고 캐나다 비자를 신청해서 2년짜리 복수 비자를 받았다. 처음으로 도미니카 여권으로 들어가는데, 이민국에서 면접하던 중국 여성 이민 관리가 이상하게 여겼다. 아시안이 도미니카 여권을 가지고 입국하는 것이 평범하게 보이지 않았던 것이다. 사무실에 들어갔다가 한참 있다 나오더니 입국을 허가해 주었다. 그래서 장모님 장례식에도 갈 수 있었고, 큰아들 결혼식에도 참석할 수 있었다.

다시 2년 후에 도미니카 여권으로 캐나다 비자를 신청하는데 연락이 왔다. 한국의 출국 정지 문제가 해결되지 않으면 비자를 줄 수 없다는 결정을 알려 줬다. 그래서 20년 넘게 캐나다에 입국하지 못하고 있다.

이로 인해 안타까운 적이 두 번이나 있었다. 동생들이 내가 캐나다 입국이 어려운지 모르고 부모님의 유해를 한국에서 캐나다로 옮겼는데 아직까지 가 보지 못하고 있다. '얼마 후면 하늘나라에서 만나 뵐 텐데' 하고 안타깝게 기도만 하고 있다. 또 한 번은 큰아들 정준이가 많이 아파서 병원에 몇 달간 입원한 적이 있다. 그때 캐나다에 입국하려고 의사에게 탄원 편지를 받아 첨부해서 신청했는데 비자 발급이 안 되었다. 이은혜 선교사만 가서 몇 개월간 간호하고 돌아왔다.

그래서 요즘은 캐나다에 대한 생각이 바뀌었다. 캐나다를 위해서 그렇게 열심히 투자하고, 일하고, 한국-캐나다 경협위원장을 하며 캐나다 투자를 위해서 열심히 뛰었었다. 그런데 상황이 바뀌었다고 이렇게 인도적인 상황에서도 무정하게 거절했다는 것에 매우 섭섭한 마음이 들었다. 1989년에 아틀라스를 인수해서 큰돈을 투자해 길바닥에 나앉을 많은 직원들을 먹여 살렸고 다음에 몰아닥친 대규모 적자로 삼미가 그로기 상태까지 갔던 것을 생각하면 무정하고 무심하다는 생각이다.

이제는 나에게 남은 시간은 한정되어 있고 갈 곳은 많으니 가지 않아도 좋다는 생각도 하고 있다. 그런데 요즘 캐나다에 있는 여러 한국 교회에서 도미니카로 선교팀이 많이 온다. 캐나다에 가서 선교 보고도 하고 해야 할 하나님의 사역이 있는데 갈 수가 없으니 안타깝기도 하다. 하나님께 무슨 계획이 있을 것이라고 믿고 기도한다.

어머니의 사랑은 시간의 흐름도 바꿔

아내 이은혜 선교사도 미국 비자 때문에 몇 번을 고생했다. 내가 미국에서 직장암 수술을 받고 얼마 후에 혼자 캐나다에 갈 일이 생겨서 방문했다가 미국으로 돌아올 때였다. 미국 이민국에서 입국을 시키지 않고 심지어는 미국 비자 위에 줄을 그어 비자를 무효화시켰다. 이은혜 선교사가 그 자리에서 놀란 것은 말할 나위도 없지만, 남편하고 생이별하나 싶어서 크게 걱정했다.

그 소식을 들은 나도 매우 놀라서 급하게 워싱턴DC에 근무하고 있던 척 카트만 과장에게 전화해서 도움을 요청했다. 그는 한국 주재 미국 대사관에서 근무했던 외교관이다. 다행히 다음 날 이은혜 선교사는 밴쿠버 미국 영사관에서 10년짜리 비자를 받아서 올 수 있었다. 이제까지 내가 잘못 살지는 않았구나 싶었다. 또한 외교관과 금세 연결이 가능했던 것도 모두 하나님의 은혜다.

또 한 번은 도미니카에 있을 때인데 큰아들이 캐나다의 병원에 입원해 있어서 아내가 비자를 신청했다. 비자를 당일 받을 줄 알고 항공권을 다음 날 출발하는 것으로 구입했다. 그런데 여권을 우편으로 부쳐 준다는 것이다. 그렇게 되면 적어도 일주일이 늦어지니, 입원한 아들을 만나기 위해 하루라도 빨리 캐나다로 가려던 이은혜 선교사가 그만 땅바닥에 주저앉아 울었다. 감사하게도 창구 안에 있던 영사가 나와서 이야기를 듣고는 다음 날 아침에 꼭 준비해 놓겠다고 약속을 했고, 다음 날 아침에 여권을 찾아서 캐나다에 갈 수 있었다. 어머니의 사랑은 시간의 흐름까지 바꾸었다. 캐나다 영사의 마음을 움직여 주신 하나님의 은혜에 감사한다.

이렇게 우여곡절을 겪으며 도미니카에 정착하게 되었지만, 지금도 하나님이 오래전부터 도미니카 선교사로 계획하여 이곳으로 보내 주셨다고 믿고 있다.

● 큰 수술 앞두고 미리 준비하신 하나님의 은혜

수술 비용도 1년 전 가입했던 보험으로 해결

혼신의 노력을 기울이며 잘 운영하려고 노력했지만 무너진 아버

115

님의 기업 삼미그룹을 떠올리며 한동안 속을 태웠다. 당시에 한국에서 대기업, 혹은 재벌이라고 불렸던 기업체가 IMF를 전후해서 200곳이 무너졌다는 통계를 본 적이 있다. 수많은 실업자가 거리에 쏟아졌고 그렇게 대단하게 콧대를 세우던 은행들도 대부분 통폐합되면서 역사 속으로 사라졌다.

대우의 침몰 과정을 누가 학문적으로 연구한다면 흥미로운 사실이 많이 발견될 것 같다. 대우는 한국 금융계에 짐을 지우기 싫어서 해외 금융권에서 대출을 받아 세계 경영을 했다. 우리 삼미도 아틀라스 인수 대금을 위해서 미화 2억 달러를 해외에서 조달했었다. 그런데 두 회사 모두 해외 금융권에서는 문제가 없었는데 한국 금융 기관들이 한 치 앞도 보지 못하는 조치를 취했다고 생각한다. 내가 이미 내려놓은 처지에 이래라저래라 할 수 없지만, 결국 그렇게 부실했고 실력도 없었던 우물 안 개구리식 경영으로도 아무 문제가 없었던 한국 은행권을 주거래은행으로 삼고 대출을 받았던 우리도 특히 잘했다고 말할 수 없다.

삼미가 무너지고 얼마 동안 시간이 지난 후에는 팜스프링스에 머물면서 전에 중앙일보 기자와 인터뷰한 대로 시니어 골프 선수가 되어 보려고 열심히 노력했다. 하지만 기본이 안 되어 있었고 마음이 안정이 안 되니 잘될 수가 없었다. 그래도 주일마다 현지 교회를 다니며 마음에 평안을 찾기 시작했다.

당시 주위에 같이 있던 지인들이 많은 도움을 주었다. 대한제당 설원봉(1948-2010) 회장의 장인 되는 박용학(1915-2014) 회장도 그 시기에 자주 와서 아버지처럼 모셨다. 이선일 회장 부부도 자주 왔고 임정근 사장 부부도 있었다. 삼촌, 매형 등도 많은 도움을 주었다.

그중에 창혜 누님뻘 되는 분이 한번은 의료 보험이 있냐고 물어봤다. 없다고 하니 미국 사회보장카드 번호만 있으면 된다고 했다. 옛날에 시애틀에서 공부할 때 운전면허를 받기 위해서 받아 둔 것이 있어서 의료 보험에 들게 되었다. 지나고 보니 하나님이 이미 예비하신 일이었다. 보험에 들고 나서 1년이 채 안 되어 엄청난 비용이 들어가는 직장암 수술을 받았으니 말이다.

물질의 축복, 하나님의 은혜, 이은혜의 축복

미국과 캐나다 회사를 그만두며 퇴직금이나 비슷한 것을 받을 수 있지 않을까 싶어 알아보았다. 캐나다 회사에서는 어려워졌으니 타고 다니는 자동차를 퇴직금으로 주겠다고 알려 왔다. 나중에 자동차를 받았다고 세금을 냈으니 별로 도움이 안 되었다. 미국 회사 사장으로 있던 변광균 사장에게서 연락이 왔다. 공인회계사와 상의하여 퇴직금을 받았다. 하나님의 은혜였다.

그때 받은 돈으로 1998년에 주식을 시작했다. 막내아들을 학교에 데려다주다가 서점에서 우연히 주식 관련 책을 보았는데 웬일인지 한번 해 보자는 마음이 들었다. 그날로 증권 회사를 찾아가서 계좌를 열고 거래를 시작했다. 그때 만난 주식 브로커와 마음이 잘 맞았고 그의 도움으로 상승세 흐름을 잘 탔던 것 같다.

얼마 후부터는 인터넷으로 직접 거래할 수 있게 되어 하루에 몇 시간씩 거래에 전념했다.

잘 알지 못하고 시작했고 경험이나 정보가 별로 없음에도 불구하고 거래는 대부분 계속 성공적이었다. 생소한 회사의 주식을 사고 나면 큰돈이 되는 식으로 운이 좋았다. 예를 들면, 딸이 대학 다닐 때 페루 아마존에 같이 갈 기회가 있어서 아마존 주식을 샀다. 코스트코 마켓에 아내와 자주 다녔는데 잘될 것 같다는 감이 와 코스트코 주식을 모으기 시작했다. 네토(NETO) 주식을 3달러에 사기 시작했는데 6개월 만에 55달러까지 올라갔고 결국 40여 달러에 팔기 시작했다. ATHM이라는 인터넷 회사가 있었는데 그 주식으로도 많이 벌었다. 어느 날은 TV에서 주식 공개를 하는 회사 주식을 오전에 샀다가 오후에 팔았는데 엄청난 수익을 올렸다. 하나님의 축복이라고 생각할 수밖에 없었다.

어느 시기가 되니 아내가 이제 그만하면 어떻겠냐고 말했다. 하나님이 순종하는 마음을 주셔서 대부분의 주식을 매도하고 정리했다. 그리고 나서 보니 몇 달 후부터는 모든 주식이 바닥을 치기 시작했다. 계속했더라면 수중에 있던 모든 돈을 털리고 빈털터리가 되었을 것이라는 생각이 든다.

그때 얻은 돈으로 하나님이 도미니카공화국에 부동산을 구입하라는 비전을 주셨다. 그래서 WGM센터를 짓고 지금까지 선교사로 살아가고 있다. 모든 것이 하나님의 은혜다. 주식 거래를 성공적으로 하게 된 것도 은혜이고, 큰 욕심 없이 그만두게 된 것도 은혜다. 모두 아내를 통해서 이끌어 주셨다. 모두 하나님의 은혜, 이은혜의 축복이다.

● 단명하는 집안 장남, 직장암에 걸리다

"내가 직장암이래!"

도미니카공화국으로 이주를 결심하고 멀쩡하던 뉴욕 세계무역센터(World Trade Center)의 붕괴를 지켜보면서 21세기 세상이 매우 예상 밖의 방향으로 흘러간다고 느끼고 있었다. 2002년 2월 23일 캘리포니아 풀러턴에 사는 딸 집에서 첫 손녀 예린이가 태어났다. 아버님의 첫 증손주가 세상에 태어난 것이다. 너무도 감사했다.

그해 4월 삼촌 김홍식 회장의 권유로 팜스프링스 병원에서 대장 내시경 검사를 받았다. 앞에서 언급했듯이 김홍식 회장의 두 딸은 외과 전문의의 배우자로 이런 분야에 대해서 잘 알고 있었다. 그래서 50세가 넘는 남성은 대장 내시경 검사를 받아야 한다는 권유가 있었던 것이다. 몇 시간 후에 마취에서 깨어나니 검사했던 의사가 빨리 수술을 해야 한다고 소리를 질렀다. 직장암의 크기가 크고 항문에서 아주 가까이 있다고 설명했다. 가족들은 듣고서 매우 놀랐지만 당사자인 나는 '올 것이 왔다'는 생각이 들었다. 아버님도 52세에 골수암을 발견했고 54세에 타계했다. '나도 50세가 넘었으니 암이 왔구나' 하는 생각이 들었다.

마침 친한 동창 유원호 사장이 LA에서 팜스프링스를 방문해 다음 날 골프 약속이 되어 있었는데 그 이야기를 하니까 "누가 직장암이냐"고 물었다. 왜냐하면 올 것이 왔다는 생각을 가진 탓에 내가 너무 담담하고 아무렇지도 않게 얘기를 했기 때문이다.

"내가 직장암이래!"

수술과 재수술, '이것이 끝인가'

그날부터 우리 가족은 모여서 매일 기도하기 시작했다. 삼촌 김홍식 회장의 두 사위가 모두 위와 장의 전문의였다. 닥터 빌 김과 상의하니 인근 다우니와 로스앤젤레스에 닥터 밍크스(Dr. Minks)라는 훌륭한 외과의사가 있다고 소개해 주었다. 그와 만나서 상담했더니 지금은 암이 너무 크고 항문 가까이에 있으니까 키모 치료와 방사선 치료를 받은 다음, 7월경에 수술하자고 했다.

키모와 방사선 치료를 몇 달간 받고는 수술에 들어갔다. 처음 수술에서 잘되었다고 하며 8일간 입원해 있었는데 퇴원하자마자 수술 부위가 터졌다. 다시 응급실로 들어가야 했다. 다행히 닥터 밍크스에게 바로 연락이 되었다. 다시 수술실로 들어갈 때는 정말로 이번이 마지막일지 모른다는 생각을 했다.

마취가 되는 몽롱한 와중에 '이제 끝이구나' 싶었다. 그때 하나님께 매달렸다. "저를 살려만 주신다면 남은 인생 당신을 위해 살겠습니다"라고 기도했다. 아버님은 54세에, 할아버님은 그보다 더 일찍 별세했기에 그랬다. 그때 내 나이가 52세였다. 이것이 운명인가 싶어서 내심 매우 슬펐다. 하지만 모든 가족이 병원에 찾아와 격려하고 기도해 주니 한편으로는 마음이 든든하고 감사했다.

두 번째 죽을 고비에서 살아나다

첫 번째는 아웅산에서, 두 번째는 직장암 수술대에서 고비를 넘겼다. 나는 눈을 뜨면서 수술이 무사히 끝났다는 것을 알았다. 마취가 깨고 제정신이 들었다. 하지만 수술을 마친 의사가 내 배에 항문을 대신하는 장루 주머니를 평생 차고 살아야 한다고 조심스럽게 이야기했다. 다시 살아난 것만으로도 기뻐서 장루 주머니야 무슨 문제가 될까 싶었다. 그저 감사했다. 또 8일간 병원에 더 있다가 퇴원했다. 몸무게가 20kg쯤 빠졌던 것 같은데 뼈만 남고 잘 걷지도 못했다. 요즘도 장루 주머니를 매일 바꾸어 차야 하니 불편하지만, 하나님이 거두지 않고 살려 주셨다는 생각에 항상 감사한다.

그날 이후로 하나님의 사역에 혼신의 노력을 다할 수 있도록 해 달라고 기도하고 있다. 아울러 함께해 준 아내에게 너무 감사하다. 구원을 받은 것도 감사, 아내가 옆에 같이 있어 준 것도 감사, 부모님 모두 구원받고 하늘나라에 가서 감사, 아이들이 잘 커 주어서 감사한다.

9

하용조 목사와의 만남,
파송

세상을 멀리 보고 넓게 보려면 거인의 어깨에 앉으라는 말이 있다.
우리에게 거인은 바로 하용조 목사다.
그의 선교 사역에 대한 비전은
세상 사람들이 모두 알고 있듯이 크고 높았다.
우리 부부와 하용조 목사의 만남은 몇 번 안 되고 길지 않았지만
뜻이 깊고 강렬했다. 우리 부부는 매우 깊은 영감을 받았다.
특히 하와이 코나의 DTS(Discipleship Training School:
예수제자훈련학교)를 추천한 것과 선교사로의 파송은
하용조 목사가 우리 부부에게 준 최고의 선물이다.

아내 이은혜 선교사와 나는 결혼 30주년을 맞아 하용조 목사의 추천으로 하와이 코나에서 DTS 과정에 참가했다. 이제까지 교회는 열심히 다녔지만 예수님의 제자가 된다는 것은 생각해 본 적이 없었던 것 같다. 그래서 모두 내려놓고 참가한, 오로지 예수님의 제자가 되기 위한 과정, 행복한 3개월은 천국 체험이었다. 또한 제자로서 2개월 동안의 선교 여행은 왜 전도를 해야 하고 이 땅에 천국을 어떻게 건설할 것인지에 대한 비전을 깨우칠 수 있는 기회였다. 코나 같은 베이스가 많은 곳에 세워진다면 얼마나 좋은 일인가. 지상 천국이 더 많아지기를 기도한다.

● 선교 사업을 꿈꾸다

하용조 목사와의 첫 만남

내게 친형 같은 하용조 목사와의 인연은 결코 우연이 아니고 예정된 일이었다. 너무 오래되어 첫 만남은 기억조차 나지 않지만 그 만남 이후 내 인생의 전환점에는 꼭 나타나 길을 인도해 준 은인이기도 하다. 하용조 목사 자신도 병마와 싸우고 있었지만 나를 포함해 수많은 사람을 하나님께로 바르게 이끈 큰 지도자다.

원래 우리 집안은 한국의 다른 집안과 다를 바 없이 전통적으로 불교를 믿어 왔다. 기독교 신앙이 중국을 통해 북한으로 들어왔기에 아무래도 남쪽에 있는 집안들은 나중에 받아들일 수밖에 없었고 하나님을 알기 전에는 누구나 부처님오신날에 연등을 다는 것이 신앙생활의 전부였기 때문에 그랬다고 생각한다.

우리 집안이 하나님을 알게 된 것은 앞에서도 밝혔지만 내 아내인 이은혜 선교사 덕분이다. 3대에 걸쳐서 기독교 신앙을 갖고 있는 집안의 딸을 며느리로 받아들이면서 우리 집안은 하나님을 만날 수 있게 된 것이다. 우여곡절 끝에 며느리를 들였지만 그것이 얼마나 큰 축복이었는지 당시에는 몰랐던 것 같다.

50세를 갓 넘긴 아버님이 갑자기 불치병에 걸린 것도 무려 40년이 넘은 이야기다. 아버님을 살리기 위한 각고의 노력에도 병세는 좋아지지 않았다. 불치병이니 타계를 생각하지 않을 수 없었고, 그래서 하나님께 매달렸다. 1978년 한경직 목사, 박조준 목사, 하용조 전도사가 아버님의 마지막 병상에 자주 찾아와 함께 기도해 주었다. 아마도 몇 달 동안 이어진 것으로 기억한다. 당대 최고의 교계 지도자인 한경직 목사가 아버님 병상을 찾은 것은 결코 아버님이 대기업 회장이라서가 아니었다. 이은혜 선교사의 가족이 목회자 가족이고 장인 이만섭 장로와 장모 이신실 권사가 한경직 목사가 담임목사로 섬기는 영락교회 장로와 권사였기 때문이다.

독실한 기독교 집안 출신 며느리 덕분에 1979년에 아버님은 한경직 목사에게 세례를 받고 차츰 하나님의 말씀을 알아 가며 평안을 찾아 가는 모습을 보였다. 아버님이 감당했던 골수암이라는 병이 암 중에서도 가장 통증이 심하다고 들었다. 아버님은 무척 힘들어했고 이를 곁에서 지켜보는 가족들도 매우 힘든 시간이었다.

수년간의 투병 끝에 아버님은 1980년 3월 12일 하나님의 품에 안겼다. 운명하는 순간 아버님의 얼굴에 어려 있던 평강의 미소를 보고 하나님께 깊은 감사를 드렸다. 지금도 그 모습을 가슴속 깊이 간직하고 있다. 우리 모두 하늘나라에 갈 때 그런 평강의 미소를 갖고 가게 해 달라고 항상 기도한다.

어머님의 소천

하용조 목사와의 인연은 이후 어머님 김순제 여사가 소천할 때로 이어진다. 하용조 목사가 서빙고 온누리교회를 개척했을 때 한강변에 거주하던 우리 가족은 자연스럽게 온누리교회에 출석했다. 그러다가 아버님이 타계한 지 불과 10년도 안 된 시점인 1989년 10월 12일 어머님도 지병으로 소천했다.

어머님은 원래 불교 사찰을 몇 군데 세울 정도로 오래된 불교 신자였는데 내가 기독교인과 결혼하며 교회로 인도했고 타계 전

1년간 한강 신동아아파트에 거주하면서 우리 부부와 함께 온누리교회를 다녔다. 비록 몸은 불편했겠지만 하나님을 알고 기도하며 보냈기에 아쉽지만 아버님과 같이 평강의 미소를 띠고 소천했다고 알고 있다.

나는 어머님의 임종을 지키지 못했다. 당시 삼미그룹 회장으로 캐나다 출장 중이었는데 소식을 듣고 급히 귀국해서 5일장으로 장례를 치렀다. 이번에도 하용조 목사가 모든 장례 예배를 인도했다. 한경직 목사도 장례 예배에 와서 기도했다. 어머님 소천 소식을 듣고 돌아오는 비행기 안에서 무척 슬펐지만 아버님과 어머님 모두 하나님의 품에 있다는 것을 알고 있기에 평정심을 잃지는 않았다. 모든 것이 하나님의 계획 안에 있다는 믿음을 갖고 있기 때문에 하늘나라에 갈 때까지 열심히 순종하며 살아가겠다고 다짐할 수 있었다.

하용조 목사는 옥한흠(사랑의교회), 홍정길(남서울은혜교회), 이동원(지구촌교회) 목사와 더불어 한국 교회 '복음주의 4인방'이라 불렸다. 하용조 목사는 1976년 연예인교회(현 예능교회)를, 1985년에는 온누리교회를 설립했다. 문화 사역에도 힘써 1980년에는 기독교 출판사의 대표 격인 두란노서원을 만들었고 영상과 선교를 접목시킨 위성방송 CGNTV를 세웠다. 또한 기독교 학교를 세우는 일에도 앞장섰다. 횃불트리니티신학대학원대학교 총장, 신동아학원 이사장을 맡으며 전주대, 한동대, 횃불트리니티신학대학원대학교 운영에 직간접으로 참여해 한국 교계에 기독교 학교 운동의 저변 확대에도 크게 이바지했다.

하지만 하용조 목사 자신은 건강이 좋지 않았다. 대학교 3학년 때 처음 앓기 시작한 폐결핵을 시작으로 당뇨, 고혈압 등을 앓았고 2000년대 중반 이후에는 신부전증이 악화되어 일주일에 4회씩 투석을 할 정도였으며 간염으로 시작된 간질환이 간암으로 악화되어 간암 수술을 일곱 차례에 걸쳐서 받았다. 지나고 보니 하용조 목사 자신도 누구보다도 많이 아프고 힘들었을 터인데 다른 사람들에게 용기와 힘을 주었고, 선교 사역, 목회도 늦추지 않았다. 그런 그의 모습을 항상 롤모델로, 형으로 기억할 수밖에 없다.

선교하며 살겠다

1989년 어머님의 소천 이후 한참 동안 하용조 목사와는 멀리 떨어져 있었다. 1995년 삼미그룹 회장에서 물러서고 한국을 떠나면서 온누리교회에 출석하지 못했기 때문이다. 그리고 2000년이 지나 미국에서 직장암 수술을 받고 몸과 마음이 많이 쇠약해져서 요양하고 있던 캘리포니아 얼바인에서 다시 만났다.

그날 "나는 남은 인생 선교하면서 살겠다"고 밝혔다. 당시 하용조 목사는 매우 놀란 것 같다. 1978년 아버님이 병상에 있고 하용조 목사가 전도사로 사역할 때 처음 만난 김현철은 사장이었기에 '이 사람은 나중에 회장이 되겠구나'라고 생각했고 이후 선교사가 된다는 것은 상상도 하지 못했던 것이다. 사실 나 자신도 기업가로서의 사명, 집안을 이끌어야 한다는 의무감에 하나님의 사업,

선교 사업은 꿈에도 상상하지 못했다. 아마도 김현철 회장이 아닌 스티브 김 선교사로서의 쓰임이 믿기지 않았을 수도 있겠다.

당시 하용조 목사를 만났을 때는 나는 몸이 너무 아프고 힘들었기에 수술 후 얼마나 더 많은 시간을 살 수 있을지 알 수 없었다. 암이라는 병마는 다른 곳으로 전이도 쉽고 예후도 좋지 않아서 수술 후 5년만 더 살아도 완치됐다고 말한다. 만약 수술 후 6년이나 7년을 생존했다면 완치 통계에 잡힐 것이다. 그러니 당시 내게 기도 말고는 다른 무엇이 있었을까 싶다. 하용조 목사 앞에서 선교 얘기를 꺼낸 것은 내 입을 통해서였지만 이후 하나님이 내게 주신 말씀이었다고 믿고 있다.

천사를 키우는 세상 천국 하와이에서

선교사 간증으로 새로운 세계를 알다

선교사로 파송되는 것은 쉬운 일이 아니다. 또한 최소한의 조건이 있다. 신학교를 나와서 안수를 받으면 좋겠지만 우리는 그렇지 않았다. 2002년 7월 두 번의 직장암 수술을 받은 후에 심신이 매우 쇠약해져 있는데 얼바인 온누리교회가 문을 열었다. 서울 온누리교회를 다녔었기에 회복도 미처 되지 않은 몸을 이끌고 출석했다. 온전한 몸이 아니기에 담요를 두르고 교회에 갔다.

어느 날 온누리교회에서 페루로 파송한 김주태 선교사의 간증을 들었다. 저녁 식사를 함께 했고, 이제까지 선교사들의 사역에 대해서 자세히 알지 못했는데 많은 감동이 있었다. 특히 어려운 여건임에도 선교라는 일념으로 극복하는 모습이 완전히 다른 세계에 있는 사람들 같았다. 내게는 새로운 세계가 열리고 있었다.

이런 와중에 하용조 목사를 거의 10년 만에 다시 만났다. 바로 선교의 뜻이 있다는 말을 한 바로 그 만남이다. 반태효 목사도 참석한 조찬 자리에서 하용조 목사가 하와이 코나에 좋은 학교가 있다고 추천해 줬다. 코나에 있는 예수전도단(Youth With A Mission: YWAM) 베이스였다.

우리 부부는 결혼한 지 30주년이 되는 2003년 11월부터 3개월간 코나에서 DTS 프로그램에 들어갔다. DTS의 모토는 "하나님을 알고 하나님을 알리자"로, 프로그램은 총 6개월 동안 진행된다. 첫 3개월은 교육을 수료하고 나머지 3개월은 현장 실습을 위해서 아웃리치(outreach)를 해야 한다. 내가 직장암 수술을 받은 후 1년 정도밖에 안 된 시점이어서 3개월에 한 번씩 병원에 가서 혈액 검사를 비롯해 여러 가지 수술 후 검사를 받아야 하는 처지라 교육만 받을 요량으로 귀국 항공권도 3개월짜리를 갖고 프로그램에 참가했다.

태평양 한가운데 있는 미국의 50번째 주인 하와이는 대략 6개의 큰 섬으로 이뤄져 있다. 이 중 커피로 유명한 섬이 동쪽 끝에 있는 가장 큰 하와이섬이다. 이 섬의 서쪽 지역에 코나라는 곳이 있다. 커피 산지로 유명해서 '코나 커피'라는 커피 품종 명사가 있을 정도다. 이곳에 처음 방문한 것은 1965년 고등학교 2학년, 삼촌 김홍식 회장과 함께였다. 호텔 방이 바로 바다 위에 있어서 경치가 매우 훌륭했다. 나중에 하와이로 신혼여행을 오고 싶다는 생각이 들 정도였다.

사전 지식이 부족한 가운데서 숙소를 배정받고 훈련이 시작돼 교실에 들어가 보니 참가자가 100여 명이나 있었다. 결혼하고 자녀들까지 데리고 온 가족이 80명, 젊은 학생들이 20명쯤 됐다. 알고 보니 18세 이하 자녀가 있는 가정은 자녀도 함께 참가해야 했다. 아이들 20명은 별도 클래스가 마련돼 있었다. 나중에 보니 가족들이 모두 제자 훈련을 받는 것이 정말 좋았다. 우리 가족도 미리 왔더라면 좋았겠다는 아쉬움이 있었다. 수업은 매주 강사가 바뀌었으며 좋은 강의를 들을 수 있었다. 코나 베이스에서는 항상 월요일 전체 모임, 지역 주민을 초대하여 열리는 목요일 저녁 모임이 있다.

기독교계의 훌륭한 지도자 중 한 사람인 로렌 커닝햄(Loren Cunningham, 1935-2023) 목사는 부인 다린 커닝햄과 함께 YWAM을 1960년 스위스 로잔 베이스에서 시작했고 코나로 옮긴 지도 40여 년이 됐다. 현재 YWAM 베이스는 전 세계에 200여 개나 있고 사역자도 수만 명을 헤아리고 있다. 역시 로렌 커닝햄 목사가 설립한 열방대학(University of Nations)도 정규 대학으로 성장해 나가고 있다. 열방대학은 졸업하려면 몇 군데에서 공부해야 하니 언어도 몇 가지씩 익히는 등 많은 것을 배울 수 있다.

예수전도단과의 첫 만남

20년이 훨씬 지나간 지금도 기억에 남는 것은 당시 모든 것을 내려놓고 훈련에 임했기에 오로지 하나님에 대해서만 공부했다는 것이 정말 좋았다는 것이다. 또한 함께 공부하는 동기들이 내가 건강 상태가 좋지 않은 것을 알고 매일 함께 기도해 주고 위로해 줘서 고마웠다. 당시 잘 알지 못했던 성경에 대해서도 많은 것을 알게 됐다. 매일 기도해 주고 찬양하니 행복했다. 지금 이렇게 좋은 베이스가 도미니카공화국에만도 5-6곳, 아이티에도 2군데가 있다. 3개월, 총 12주를 이렇게 행복하게 지낼 수 있는 곳은 그리 많지 않다. 마음을 열고 받아들이면 공부가 되면서 누구나 사람이 바뀐다. 먹고 자고 함께하는 동안 새로워진다.

DTS의 모토는 하나님을 알고 알리는 것이므로 3개월 동안 배운 것을 실제 선교로 실천하는 3개월짜리 아웃리치가 중요하다. 6개월 동안 전도도 하고 배우기도 하면서 훈련이 돼 한 사람의 제자가 되는 것이다. 이때 같이 제자 훈련을 받고 제자가 된 형제자매들과는 지금도 연결돼 있다.

김호근-김정숙 선교사 부부는 캘리포니아에서 거주하다가 코나에서 만났고 도미니카공화국 선교사로 왔다. 우리 WGM 선교사로서 2년간 함께 일하다가 온누리교회의 파송 선교사도 되고, 그 후 얼마 전인 2019년 코나로 돌아가서 선교사는 그만두고 또 다른 의미 있는 일을 하고 있다. 동기생 절반은 나중에 선교사나 목사가 됐다. 이 과정에 들어온 사람들은 대부분 모두 내려놓고 새로운 삶을 살아야겠다는 생각을 가졌다. 정영백 목사 부부는 코나에서 선교사로 남아서 사역하며 자녀도 모두 키웠다.

결론적으로 모든 사람의 삶이 많이 바뀌었다. 선교사로 가는 사람들이 가장 많고 우리 부부도 그렇게 된 것이다. 우리가 세운 비자 메야 베이스에도 열방대학 졸업생이 많이 나오기를 기도하고 있다.

매주 좋은 강사가 전하는 말씀을 듣고 함께 모여 매일 기도하고 찬양하며 좋은 시간을 가졌다. 특별히 직장암 수술을 받고 온 사람인 줄 아니까 나를 위해서 기도를 많이 했다. 그때의 감사한 마음을 계속해서 품고 살아가고 있다. 몇 주 지나고 보니까 아무리 아파도 전도 여행을 같이 가는 것이 좋겠다는 마음이 생겨 병원 약속을 미루고 전도 여행을 함께하기로 결정했다. 만약 그때 가지 않았다면 선교사가 되지 못했을지 모른다.

3개월 천국에서 만난 천사들 (1)

코나에서의 생활은 정말 행복한 나날이었다. 모두 내려놓고 오니 세상에 근심이 없었다. 오로지 하나님의 말씀과 같은 믿음을 가진 신앙인들과의 만남, 어우러진 사랑만이 있는 그곳은 지상에서 가장 천국과 가까운 곳이었다. 이미 회사도 없고 건강도 잃었지만 하나님을 되찾은 천국이었다. 하와이에 오는 많은 관광객이 하와이는 천당 바로 아래인 '999당'이라고 한다는데 정말 코나에서의 3개월은 천국 경험이었다.

코나에 있는 동안 8천 달러짜리 중고차를 하나 구입했다. 3개월 후에 7,500달러를 받고 되팔았으니 500달러로 잘 쓴 셈이다. 물론 걸어갈 수 있는 곳도 있었고 학교 밴이 있었지만 자동차가 있어서 많은 일을 할 수 있었다. 운전기사 역할도 해 주고 동기생들에게 필요한 쇼핑도 함께 하고 아이들에게 아이스크림도 사 줄 수 있었다. 그때 아이들이 '아이스크림 삼촌'이라고 하며 많이 따랐다. 회사에선 회장으로, 집에선 큰형으로 지시하고 시키는 일에 익숙했는데 운전기사로 아이스크림을 사 주는 좋은 아저씨가 됐다. 누군가를 섬기면서 많은 것을 배울 수 있었다. 만약 DTS에 참여하지 않았다면 얻지 못했을 배움이다.

얼마 전에도 동기생 공혁 형제의 딸인 공진이가 성인이 되어 우리 SMTS(시니어선교훈련학교) 간사로 와서 두 번이나 봉사했는데 아직도 나를 '아이스크림 삼촌'이라고 불렀다. 김호근 형제의 둘째 아들 데이비드 김은 현재 선교사가 되었는데 도미니카에 와서 간사로 봉사하기도 했다.

3개월 천국에서 만난 천사들 (2)

가깝게 지냈던 동기생 중에서 아직도 코나에서 사역하는 경우도 많다. 공혁-조은주 부부는 과정이 끝나고 블라디보스토크에 선교사로 몇 년간 있다가 신학교를 졸업하고 목사가 됐다. 코나로 돌아와 사역하고 있고, 우리 베이스에서 시작한 SMTS를 위해 처음 시작할 때부터 3년여간 찾아와 많은 도움을 주었다. 조은주 자매는 마더와이즈 사역을 이끌었는데 덕분에 SMTS가 뿌리를 잘 내렸다.

미국에서 오랫동안 거주한 장남호-이민옥 부부도 있다. 마음이 넉넉해서인지 무엇이든지 부탁하면 다 들어준다. 지금도 코나에 머물며 많은 사람을 돕고 있다. 우리 부부가 도미니카공화국에서 선교 사역을 시작했을 때 코나에서 학교 간사를 하면서 전도여행팀을 이끌고 방문했다. 너무 기쁘고 감사했다.

또한 정영백-이영복 부부는 우리와 함께 DTS를 인도하고 있다. 또 도미니카를 방문했던 동기생 중에 한광득 형제가 있다. 과정을 함께 마친 후 밴쿠버 베이스에서 사역하며 목사 안수를 받고 도미니카에도 다녀갔다. 지금은 과테말라에서 열심히 사역하고 있다.

이정란 자매는 과정을 끝내고 인도에 선교사로 갔다. 인도에서 DTS 출신 정일재 선교사를 만나서 같이 사역을 하다가 결혼했고 그 후에 정일재 선교사는 목사가 됐다. 정일재 목사는 켄터키주에서 청소년 목회를 할 때 선교팀을 데리고 우리 베이스에 왔다. 현재는 콜로라도에서 한인 교회 담임목사로 목회하며 매달 선교비를 보내 주고 있다.

이렇게 우리 부부를 포함한 모든 DTS 동기생들은 하나님의 제자로서, 자녀로서 그 역할을 열심히 실천하고 있다. 이외 다른 동기들도 친분 관계가 있지만, 도미니카공화국의 우리 베이스를 방문해 최근 소식을 아는 사람들만 소개했다.

코나에서 만난 사람 중에 정규식 목사를 빼놓을 수 없다. 그는 울산에서 담임 목회를 하고 코나에 왔다가 나중에 우리 비자 메야 베이스로 아웃리치를 왔는데 사람들에게 성경 공부가 필요하다는 비전을 발견하고 도미니카를 선교지로 삼았다. 아이티인과 도미니카 사람들을 위해서 선교사가 됐고, 한인 교회 담임목사로도 사역하다가 현재는 모두 내려놓고 성경 공부를 위해서 미국 시애틀과 LA, 콜롬비아를 다니고 있다. 뒤에서 더 자세하게 얘기하겠다.

코나에서 만난 크리스틴-헤릭 콜비 가족

코나에 머무르며 만난 모범적인 가정인 크리스틴-헤릭 콜비 가족은 지난 2013년 이전에 도미니카에 왔는데, 남편인 헤릭은 음악학교 캠프를 열고 영어도 가르쳐 주고 딸 애나도 시간을 내서 음악학교 캠프를 돕고 있다. 또한 헤릭 형제의 소개로 영국에 거주하는 펠릭스-낸시 허른(Felix and Nancy Hearn) 부부와 문정아 선생도 와서 수업을 이끌어 주었다. 크리스틴은 내 멘토이기도 하다. 지역사회 개발(Community Development) 분야의 유명한 강사인데 지금도 세계 곳곳을 돌며 가르치고 있다. 언젠가 은퇴하면 우리 베이스에서 함께 사역할 수 있기를 기도하고 있다.

크리스틴 자매의 소개로 와이워머(YWAMer, 예수전도단에서 훈련받은 사람)인 캐티 마우어(Kathy Mauer) 자매를 소개받았다. 또한 캐티를 통해서 오하이오주에 있는 교회 2곳을 소개받았다.

그중 한 교회인 뉴호프(New Hope) 교회의 척 샤프(Chuck Sharp) 목사는 수년째 단기 선교팀을 이끌고 방문한다. 척 샤프 목사는 또한 부흥 집회(Crusade)에 관심이 많아 3년 넘게 여러 지역에서 대규모 부흥 집회를 이끌었다. 그의 후배 마크 터너(Mark Turner) 부흥사도 항상 동행하여 부흥 집회를 이끌고 있다. 두 사람은 명콤비로 아프리카에도 부흥 집회를 위해 자주 방문하고 있는데, 우리가 지은 교회들과 지역의 현지 목사들과 협력하여 부흥 집회를 준비한다. 서로 합력하여 선을 이루는 것이다. 첫해에는 수백 명이 모였고, 지금은 과누마 지역은 2천여 명이, 비자 메야 지역은 1천여 명이, 파티마 지역도 거의 2천여 명이 모이고 있다.

우리 부부의 기도는 더 많은 사람이 모여서 모두 구원을 받는 것이다. 부흥 집회를 요청하는 현지 목회자들을 많이 만나는데, 앞으로 더 많은 현지 목회자들이 참여하여 도미니카공화국의 전 지역을 아우르는 대규모 부흥 집회를 통해 도미니카공화국 전체가 구원의 땅이 되기를 기도하고 있다. 하나님이 이끌어 주실 것을 믿고 기도하고 있다.

캐티 자매가 소개한 또 다른 교회는 빅토리 힐스(Victory Hills) 교회다. 수년 전부터 아론 비글리(Aaron Begley) 목사가 도미니카에 와서 '홈즈오브호프'(Homes of Hope)라는 가난한 이들에게 집을 지어 주는 사역을 지원하고 있다. 우리 역할은 이들 팀이 오기 전에 기초 공사를 끝내고 필요한 자재를 구비하는 것이고, 때맞춰 건축팀이 도착해서 3일 만에 집을 완성하면 필요한 가구를 구입한 다음, 마지막 날에 집 열쇠를 가난한 집주인에게 넘겨주면서 서로 사랑과 은혜를 나누는 사역이다.

이 사역이 계기가 돼 우리도 우리 센터에서 가까운 마타 고르다 지역에 홈즈오브호프 사역을 시작했다. 첫 번째 집은 뉴저지 온누리교회 마크 최 목사가 지었고, 두 번째 집은 캘리포니아 오렌지카운티 BEDTS(독수리예수제자훈련학교) 전도 여행으로 왔던 알렉스 김 형제가 지었다. 마타 고르다에 다섯 채의 홈즈오브호프 집이 건축됐다. 이런 기적 같은 일은 모두 하나님의 은혜로 이뤄졌다.

첫 아웃리치 선교 여행: 예수님이라면 어떻게 하셨을까

DTS에서 3개월간 천국을 경험했으므로 이를 전도나 선교로 돌려야 한다는 것이 이 프로그램의 하이라이트인 아웃리치 선교 여행이다. 우리 부부가 운영하는 WGM센터에서는 여러 가지 프로그램이 운영되는데, 모든 프로그램을 마치면 선교지가 바로 눈앞에 있다. 아이티와 도미니카공화국이다.

앞에서 기술했듯이, 우리 부부는 3개월에 한 번씩 받아야 하는 건강검진 때문에 과정만 마치고 떠나려고 했다. 하지만 마칠 때쯤 마음이 바뀌었다. 무리를 해서라도 아웃리치에 참여하기로 했다. 너무 힘들고 아프면 중단하더라도 시작하기로 했다. 만약 아웃리치를 가지 않으면 DTS를 온전하게 마칠 수 없었다. 그랬다면 나중에 하용조 목사가 우리를 선교사로 파송할 수 없었을지도 모른다.

코나 DTS는 아웃리치를 동남아나 일본 쪽에서 진행했다. 선교 여행은 미혼이나 싱글인 경우 일본과 캄보디아 쪽으로 가고, 부부와 가족은 모두 태국으로 가기로 했다. 태국은 불교가 중심인 국가다. 그래서 영어를 가르쳐 주고 교회도 방문하고 돌아다니면서 전도하는 훈련이 되는 것이다.

태국으로 가는 인원이 제법 많아서 세 팀으로 나눴다. 우리 팀은 배광모-윤계순 부부(자녀 승환, 하영), 장정권-김지영 부부, 전진현-조혜진 부부(찬형), 정영백-이영복 부부(찬희), 김현철-이은혜 부부, 이영림 자매(한진현), 우리보다 1년 전에 DTS를 마치고 자녀 때문에 뒤늦게 전도 여행을 같이하게 된 박재하 형제 가정(자녀 3명)으로 구성돼 있었다. 박재하 형제는 막내 돌잔치를 선교 여행 중에 했다.

배광모 형제의 자녀인 배하영 양이 우리 팀의 이름을 지었다. 'WWJD'(What Would Jesus Do: 예수님이라면 어떻게 하셨을까). 그때부터 나는 은혜를 받고 항상 무슨 일을 하기 전에 'WWJD'를 떠올리려고 노력하며 살고 있다.

당초 계획은 모두 버스로 이동하는 것이었으나 장시간 버스 여행은 내 건강 상태로는 무리였다. 이때 준비 과정에서 배를 탈 기회가 있었는데 이영복 자매가 어렵게 임신한 둘째에게 문제가 생겼다. 이영복 자매는 오랫동안 버스를 타는 것이 힘들어서 나와 함께 항공편으로 이동했다. 다른 사람들은 오랫동안 버스를 타고 이동했다. 현지가 더울 것이라는 정보를 듣고 몇 사람이 짧은 바지를 입고 버스를 탔다가 추워서 힘들었다는 이야기를 들었다. 우리 팀은 2개월 동안 태국을 돌아다녀야 해서 돈을 아끼기 위해 여러 끼니를 쌀국수로 때웠다. 여러 학교에서 영어를 가르치며 같이 놀아 주고 가가호호 방문해 전도하는 시간을 가졌다. 비록 종종 배를 곯았지만 기쁘고 보람찬 시간이었다.

태국 국경에 가까운 버마 트라이앵글(미얀마, 라오스, 태국 국경 지대)도 둘러보며 여러 토착 부족을 만나는 좋은 경험을 했다. 개인적으로 20년 만에 버마 수도 랑군(당시)은 아니었지만 버마 땅을 밟은 것이었다. 2개월 동안 우리 팀은 정영백 형제의 멋진 기타 연주와 찬양으로 매일 예배를 드렸다. 또 일행 모두가 항상 우리 부부를 위해서 기도해 주었다. 앞에서 언급했던 의사인 박재하 형제는 이후에 많은 시니어를 SMTS에 추천했다.

5개월 동안 함께한 코나 DTS 동기생들과 아쉬운 작별을 고하고 미국으로 돌아왔다. 지나고 보니 가장 행복하고 다시 가고 싶은 은혜로운 과정이었다. 우리 베이스를 찾는 수많은 사람의 경험도 이랬으면 좋겠다.

DTS에서 배운 교훈

코나 DTS는 내게는 정말 훌륭한 배움의 시간이었다. 특히 마지막 프로그램인 아웃리치는 3개월 동안의 수업과는 전혀 다른 배움을 제공해 주었다. 우리 부부는 태어나서 한국과 미국, 캐나다에서만 살았다. 선진국에서만 살았기에 이후 정착하기로 예정했던 도미니카공화국에 대해서 완벽하게 이해한 것은 아니었다는 뜻이다. 그런데 태국 선교 여행을 하면서 많은 것을 배우고 깨달았다. 선진국이 아닌 나라의 사람들이 어떻게 사는지에 대해 더 많이 알게 됐다. 사람들과 실제 피부를 맞대고 만났고 선교도 하고 어려움도 깊이 이해하는 기회가 됐다.

이후 도미니카공화국에 와서 코나에서 배운 많은 것을 실천해야겠다는 생각이 들었다. 사무실을 만들고 2008년에 선교 센터를 짓고 나서, 코나에서 우리가 DTS를 할 수 있었던 것처럼 열방대학에 대한 비전을 받았다. 땅도 더 넓어지면서 그곳과 비슷하게 따라가야겠다는 생각을 품게 됐다.

특히 중요한 것은, YWAM의 성공 요인을 따져 봤는데 그중 하나가 팀을 이루는 사람 중에서 봉급을 받는 사람이 없다는 것이었다. 참가자는 모두 자원봉사자이고 오히려 참가비를 낸다. 대개 코나 DTS에 간다고 하면 한 달에 얼마씩 비용을 낸다. 학생은 학비를 내고 스태프 간사도 간사비를 내므로 전체 베이스 운영이 가능하다. 교회같이 헌금을 받거나 선교단체같이 후원자들에게 매달리지 않고 누구나 자신의 비용을 내고 떳떳하게 사역하고 교육받을 수 있다. 물론 학비를 내지 못하는 학생의 경우 장학금이라는 제도적인 지원이 가능하다. 마치 미국 대학에 등록한 학생들이 학비 때문에 그만두게 하지 않는 것과 같은 이치다. 특히 아웃리치로 오는 단기 선교팀의 베이스 캠프로 이용할 수 있기에 운영 비용이 나와 현지 사역을 계속할 수 있다.

최고 후원자 장모님의 소천

2003년 DTS를 공부하는 동안 장모님 이신실 권사의 건강이 좋지 않다는 연락을 받았다. 그해 여름 장인어른 이만섭 장로가 타계해서 혼자 지내던 장모님이 위독하다는 연락을 받고 아내 이은혜 선교사와 많은 고민을 했다. 전화 통화로 장모님은 아내에게 걱정하지 말고 공부를 끝내라고 말했고 내게는 '김 선교사'라고 불러 주었다.

하지만 크리스마스에 동서의 연락을 받고 임종을 위해서 급히 캐나다로 갔다. 원래 DTS 공부 중에 외출은 하지 못하는데 이런 경우는 예외였다. 바쁜 시즌인데도 항공권을 구했고 특별 허락을 받아서 외출이 가능했다. 12월 26일 도착하자마자 병원으로 갔지만 이미 장모님은 의식이 없었다. 아마도 내가 손을 잡았을 때 손을 꼭 마주 잡아 주며 "김현철 선교사, 열심히 하게나!"라고 말했을 것이다.

내게 있어서 절대 후원자였던 장모님 이신실 권사는 보통 사람이 아니다. 우리 살림도 하고 애들도 키워 준 대단한 어른이다. 앞부분에 언급했듯이 처음 만났을 때는 자기 딸을 만나지 말라고 계속 쫓아다녔다. 우리 집안이 불교라서 반대했던 것이다. 기독교 집안의 아들과 결혼을 시키고 싶었는데 내가 갑자기 나타나서 2남 3녀 중 막내인 이은혜를 뺏으려고 했으니 그럴 만도 했다. 특히 구체적으로 사위를 삼으려고 눈여겨봤던 어떤 장로의 아들이 있었고 그 집안에서도 이은혜를 며느리 삼으려고 서로 간에 사전 왕래가 있었다고 하니 만나지 말라고 극렬 반대했던 것은 어쩌면 당연한 일이었을 것이다.

하지만 일단 결혼하고 내가 교회에 열심히 출석하는 모습을 보았는지 장모님은 우리 부부를 위해서 많은 기도를 했다. 사위의 절대 후원자였다. 지금도 누구라도 보이지 않는 곳에서 누군가를 위해서 기도하는 것을 나는 좋아한다. 여러 번의 죽음의 고비를 넘기고 선교사로 20년이나 사역할 수 있었던 것도 알고 보면 장모님의 기나긴 기도가 있었기 때문일 것이다. 장모님의 기도 덕분에 우리 부부가 바뀌고 아버님도 한경직 목사의 세례를 받고 신앙을 갖게 되었다.

● 얼바인 온누리교회 1호 파송 선교사

선교사로 파송되다

2004년 신생 교회였던 얼바인 온누리교회에서 첫 번째 선교사가 됐다. 앞에 언급한 것과 같이, 하용조 목사는 당시 온누리교회 담임목사였는데 지교회인 얼바인 온누리교회 행사로 2002년 캘리포니아 얼바인을 방문했다가 다시 만날 수 있었고, 투병 중인 스티브 김이 얼마나 될지 모르지만 남은 인생에 선교하겠다고 하자

하와이 코나에 좋은 학교가 있다고 추천했다. 그리고 2004년 다시 만났을 때 선교사로 파송한 것이다. 모두 하나님의 은혜라고 생각한다. 하나님이 하용조 목사를 통해서 코나 DTS로 인도하시고 또 선교사로 파송까지 해 주신 것이다. 우리 부부가 지금까지 20년이나 선교지에서 축복을 받은 것도 하나님의 은혜다. 더구나 하용조 목사가 인도하지 않았다면 지금 어떻게 살고 있을지 알 수 없다.

파송 과정도 매우 극적이다. 토요일 갑자기 파송 결정이 나고 주일에 파송식을 가졌다. 다음 날인 월요일에 선교지로 출발했다. 나는 이미 도미니카공화국으로 갈 생각을 하고 있었기에 자연스럽게 파송지는 도미니카공화국이 됐다. 다른 사람도 아니고 하용조 목사가 직접 결정한 파송이니 책임감이 매우 무거웠다. 어려운 일이 있을 때마다 계획하고 지켜봐 주시는 하나님과 하용조 목사의 믿음에 대한 보답을 생각하지 않을 수 없었고, 그래서 더 열심히 노력했다.

결과적으로 파송된 선교사였기에 20년이 넘는 시간 동안 앞만 보고 선교 활동을 할 수 있었다고 고백할 수밖에 없다. 하용조 목사는 하나님의 계획을 알고 있었던 것은 아닐까. 일단 파송을 해 놓으면 하나님이 알아서 일꾼도 보내 주시고, 선교 사업이 진행되고, 그만두지 않고 계속 추진될 것을 믿었던 것 같다. 하용조 목사는 파송 이외에도 실질적인 금전적 지원도 했다. 2010년 아이티에 대지진이 났을 때는 고아원을 짓는 데 3만 달러를 보내 줘서 큰 도움이 됐다.

　삼미그룹 회장에서 물러나면서 캐나다로 왔기에 하용조 목사가 개척한 교회와 목회가 크게 성장하는 모습을 옆에서 직접 보지 못했다. 어머님의 장례 예배를 이끌어 줘서 항상 감사하고 응원했지만 미국에 지교회까지 세우고 캘리포니아에 선교 위성방송 지사를 설립하는 것은 상상하지 못했다. 교회가 이렇게 성장한 것을 잘 알지 못했는데 '파송 선교사'는 정말 생각하지도 못했던 일이었다. 나중에 이야기를 들으니 '낙하산 선교사'라고 말하는 사람도 있었다고 한다. 감사하게도 교회 10주년 행사 때 우리 부부를 초대해 주어 선교 보고도 하고, 지금도 온누리교회에서 많은 도움을 받고 있다. 모든 것이 하나님의 섬세한 계획이라고 믿고 감사할 뿐이다.

하용조 목사와 "러브 소나타"

2009년에 하용조 목사가 일본 고베 "러브 소나타"(Love Sonata)에 우리 부부를 초대했다. "러브 소나타"는 온누리교회와 두란노, CGNTV가 함께 개최하는 행사다. 2007년 평양 대부흥 운동 100주년을 맞아 한국에 부어 주신 하나님의 큰 부흥의 축복을 일본 교회와 함께 나누기 위해서 시작된 행사다. 한류라는 문화 코드에 맞춰 각종 퍼포먼스와 영상, 노래와 감동의 메시지가 어우러진 '문화 전도집회'로 믿지 않는 사람들에게도 거부감 없이 복음을 전할 수 있는 기회다. 올해 2024년에도 일본의 효고에서 행사가 열렸다. 하용조 목사의 비전은 이렇게 계속되고 있다. 나도 파송 20주년이 됐지만 흔들림 없이 사역에 나서는 것도 "러브 소나타"가 계속 개최되는 것과 다를 바 없다는 생각이다.

하용조 목사와는 2004년 얼바인 온누리교회에서 열렸던 선교사 파송식 이후 고베에서 처음 다시 만났다. 당시 하용조 목사와 사모는 세상에서 가장 맛있는 햄버거집이라며 롯폰기 식당으로 초대했다. 요코하마에서 열렸던 "러브 소나타" 장소도 보여 줬다. 당시 하용조 목사의 건강이 별로 좋지 않아 보였다. 오랫동안 여러 번의 수술을 받았고 당시에 이미 일주일에 2-3회 신장 투석을 해야 한다고 들었다. 그래서 "도미니카에 가고 싶어도 갈 수 없다"고 말했다. 그리고 2011년 하용조 목사는 소천했다. 한국에서 열린 장례식에는 직접 갈 수 없어서 지교회인 뉴욕 인투(IN2) 온누리교회에서 2011년 8월 3일에 열린 장례 예배에 참석했다.

10

내가 만난
사람들

한국에서 대기업을 경영하면서 많은 사람을 만났다.
개인적으로 좋은 사람도 있고
그렇지 않은 사람도 많았을 것이다.
70세가 넘고 보니 스쳐 간 많은 사람을
일일이 기억할 수는 없지만
기록으로 남기고 싶은 이들이 있다.
몇 사람을 소개하고 싶다.

사람이 살다 보면, 가장 인상 깊었던 만남의 순간은 대부분 생사가 엇갈리는 순간이 아닐까. 나는 결정적으로 세 번 죽을 뻔했는데 그때마다 하나님의 은혜로 오늘에 이르고 있다. 그때 만났던 사람이 가장 중요했던 것은 아닐까 싶다. 박정희 대통령, 정주영 회장, 전두환 대통령 등이 있고 삼미그룹에서 일한 슈퍼스타 같은 임직원들도 있다. 특히 경기고등학교 63회로 구성된 신우회를 빼놓을 수 없다.

● 한국 기업인

대우 김우중 회장

기업 회장으로 현장에 있다 보니 아무래도 기업인을 많이 만났다. 가장 기억에 남는 인물 중 하나가 바로 대우그룹 김우중(1936-2019) 회장이다. 경기고 선배라는 점 말고도 먼 사돈이 된다. 김우중 회장의 세계 경영은 모르는 사람이 없을 터이니 내가 더 이상 언급할 필요는 없지만 내 생각엔 그런 기업인은 역사상 처음이고 아마도 다시는 나오기 쉽지 않을 것이다. 회사 이름인 '대우'는 한 자로 '큰 대'(大), '집 우'(宇)인데 지금 생각해도 그만한 기업은 어렵다. 회사가 없어진 지 20년이 넘었는데도 아직 그 이름으로 외국 기업으로부터 로열티를 받는다는 것만 봐도 글로벌 기업 어디에 내놔도 손색이 없었을 것이다.

꽤 친하게 지냈기에 김우중 회장을 자주 만났다. 사업 영역이 크게 부딪히지 않았고 국내 기업끼리 경쟁할 상황도 아니었기에 일로 만난 적은 별로 없다. 내 동생 김현배의 장인어른이 김우중 회장과 고교 동기이고 김우중 회장의 부인 정희자 여사의 사촌 오빠다. 김우중 회장과 정희자 여사의 결혼도 대략 그렇게 연결된 것으로 안다. 나중에 김현배 회장이 기업을 경영하는 데 사돈으로 도움을 준 것으로 알고 있다.

김우중 회장은 대우 계열사인 남산 힐튼호텔에서 젊은 기업인들의 모임을 항상 주선했다. 아무리 바빠도 한 달에 한 번은 모여서 강연도 듣고 경제에 대한 의견을 나누기도 했다. 나중에 김우중 회장이 정치에 관심을 가졌던 것도 아무래도 한국에서 기업을 경영하면서 정치나 사회, 경제 시스템이 선진국에 비해서 낙후됐다고 보고 좋은 방향으로 개선할 길을 찾았던 것은 아닐까 싶다. 아마 정치를 했다면 아주 잘했으리라고 본다.

너무 오래돼 자세한 기억은 나지 않지만, 김우중 회장이 자신의 기업이나 개인적인 이익을 위해서 그런 모임을 이끈 것은 아니고 21세기 한국 기업들의 미래를 위한 것이었다고 생각한다.

당시 강사진은 유명한 학자나 현장에서 일하는 전문가들을 주로 초청했고 적당한 토론도 있었다고 기억한다.

미국이나 캐나다에 있는 동안 베트남에 한 번 찾아가 보려고 했으나 뜻대로 안 됐다. 하지만 부인 정희자 회장이 몇 년 전에 도미니카에 왔다. 집으로 초청해 식사도 하고 선교 센터도 소개했다. 짧은 시간이었지만 많은 대화를 나누고, 김우중 회장에게 안부도 전해 달라고 했다. 그 전해에 부산파이프 이운형 회장이 같이 여행하는 중에 별세한 소식을 듣고 안타까웠다. 한국에서 같이 친하게 지낸 선배이고 동생 이순형 회장하고는 친하게 지낸 동기였다. 정희자 회장은 내 삶을 보고 아주 행복해 보인다고 하며 부럽다는 말까지 했다.

만약 한국에 김우중 회장 같은 사람이 한 명만 더 있었어도 대한민국은 훨씬 빨리 선진국이 됐을 것이다. 김우중 회장만큼 스케일이 큰 기업을 경영한 사람은 세계 역사상 없을 것이다. 특히 아무것도 없었던 한국에서 수출입해서 대규모 기업 군단을 이룬 것은 전무후무한 일이다. 지금도 조 단위 투자는 큰 편인데 20세기 말 Y2K(1990년대 말부터 2000년대 초)를 앞둔 한국에 그런 비전과 실행력을 가진 인물이 있었다는 것이 기적이다.

옆에서 지켜본 김우중 회장의 모습은 기업가로 최고의 모습이다. 정치권에 의해서, 정치권의 무지가 저지른 만행이지만 지금도 수십만 대우맨들은 누구나 김우중 회장의 사심 없이 앞장섰던 기업가 정신을 존경할 것이다.

청보 김정우 회장

우리 야구단인 삼미 슈퍼스타즈를 인수했던 인물이 김정우(1944-2005) 풍한산업 회장이다. 삼미그룹은 일반인들이 사용하는 소비재 상품이 없어서 앞에서도 얘기했듯이 프로야구단을 운영할 필요가 없었다. 하지만 풍한방직 회장이었던 김정우 회장은 달랐다. 1980년 사업 다각화로 출범한 청보식품(오뚜기라면의 전신)에서 라면 사업을 했으며 핀토스 브랜드 청바지의 공격적 마케팅을 위해서 프로야구단이 필요했다.

내가 프로야구를 좋아했고 한국 프로야구의 발전을 위해서 무리를 해서 프로야구단을 시작했지만 기업 홍보를 통한 시너지 효과를 거두는 데 아쉬움이 있었는데 딱 야구단이 필요한 곳이 청보였고 그래서 인계했다. 타이밍이 맞아서 삼미에게도 도움이 됐다. 청보에 넘어가서는 '청보 핀토스'(Cheongbo Pintos)가 됐다. 야구단을 인수한 김정우 회장은 나와는 특별한 관계였고 훌륭한 기업가였다.

쌍용 김석원 회장

쌍용그룹 김석원(1945-2023) 회장과도 친분이 좋았다. 김석원 회장도 미국에서 대학을 나왔고 선친의 이른 타계로 젊은 나이에 기업을 물려받았다는 점도 나와 비슷했다. 김석원 회장도 1996년에 동생에게 회사를 맡기고 국회의원에 출마해 정치에 나서기도 했다. 하지만 역시 중도 사퇴해 기업으로 돌아갔지만 2000년 해체의 비애를 맛보기도 했다. 김석원 회장은 해체 후 야인 생활을 하다가 2023년 노환으로 별세했다.

김석원 회장이 한국보이스카우트 총재를 할 때 우리 젊은 기업인들이 독일까지 출장을 가서 보이스카우트 국제대회를 한국에 유치하는 것을 조금이나마 도와줄 수 있었던 것은 지금도 뿌듯한 기억으로 남아 있다. 지난 2023년에 한국에서 비슷한 대회를 열었는데 아주 엉성했던 것 같다. 그런 모습을 보면서 그가 보이스카우트를 기업 경영을 하듯이 잘했던 것을 알 수 있었다.

1980년대 한국 정치계에 큰 거목들이 있었다. 바로 '3김'인데 김영삼, 김대중, 김종필을 말한다. 그런데 말 짓기를 좋아하는 언론이 '재벌 3김'도 만들었다. 바로 쌍용의 김석원 회장, 한화의 김승연 회장, 삼미의 김현철이다. 우리는 모두 29세에 선대 회장의 타계로 회사를 물려받아 가업을 승계해 그룹 회장이 된 공통점이 있었는데 아마도 언론은 그것에 착안해 작명한 것 같다.

● 한국 정치인

박정희 대통령

1967년 고교를 졸업하고 일시 귀국했다. 한국에서의 일정이 끝나 갈 무렵, 지금은 어린이대공원이 된 서울컨트리클럽에 혼자 골프를 치러 갔다. 원래 운동을 좋아하다 보니 고교에서 골프를 배울 기회가 있어서 배웠던 덕이다. 골프장에서 어떤 어른과 조를 이뤄 골프를 쳤는데, 18홀 마지막 티샷을 하려던 참이었다. 갑자기 뒤에서 경호원과 함께 박정희(1917-1979) 대통령이 나타나 티 그라운드로 올라왔다. TV나 신문으로만 봤던 대통령을 실물로 보게 되다니 나는 너무 놀랐다. 현직 대통령이다 보니 어린 마음에 두려움도 있었다.

우리와 조를 이룬 사람들도 놀라기는 마찬가지, 저도 모르게 차렷 자세로 경례를 하고, 먼저 치라고 양보하고 뒤로 물러섰다. 그런데 박정희 대통령이 "아니, 먼저 치세요" 하고 의자에 앉는 것이었다. 나와 동행하던 어른들도 긴장했는지 드라이버 샷을 잘못 쳐서 땅볼이 되었는데, 내가 친 공은 공교롭게도 멋진 포물선을 그리며 날아갔다. 그러자 박정희 대통령이 "나이스 샷!" 하고 칭찬해 주었다. 우리는 연신 "감사합니다"를 외치며 정신없이 그 자리를 떠났다. 내 골프 인생에서 가장 인상적인 순간이었다. 현직 대통령에게서 육성으로 칭찬을 들은 청년이 얼마나 되겠나.

박정희 대통령을 평생 세 번 만났다. 두 번째 만남은 1977년 창원 특수강 공장 준공식에 참석차 왔을 때 인사를 한 것이고, 마지막은 1979년 6월 어느 행사에 영애 근혜 씨를 대동하고 참석한 박정희 대통령과 악수한 것이다. 바로 그해 10월 26일에 중앙정보부장 김재규에 의해 서거하여 18년 통치를 마감하고 말았기 때문에 네 번째 만남은 없었다.

박정희 대통령을 먼발치에서 봤으므로 잘 알지는 못하지만 카리스마가 대단하다는 느낌을 받았다. 많은 산업 현장을 방문했겠지만 특수강은 방위 산업의 초석이 될 수 있는 분야이니 더 챙긴 것이다. 자주국방의 한 부분을 맡고 있는 삼미는 그래서 더 자부심을 가질 수 있었다.

전두환 대통령

한국 현대사의 풍운아 전두환(1931-2021) 대통령을 여러 번 직접 만났다. 한국에서 대기업을 운영하다 보면 정치인을 많이 만날 수밖에 없다. 내가 만나기 싫다고 만나지 않을 수 있는 것이 아니다. 특히 우리 삼미의 업종이 방위 산업과 관련이 있으므로 국방부, 청와대 등과 소통이 없을 수가 없다. 1970년부터 특히 국방부와 사이가 좋았다. 그런데 허화평 같은 경우에는 무엇을 주고받는 관계가 아니었다. 굉장히 친하게 어울리다 보니 형 아우처럼 지냈다.

1979년 여름에 전두환 보안사령관을 소개받았다. 군에 있는 지인 중 한 명이 인사나 나눠 달라는 요청을 해 와서 만났다. 막상 만나 보니 당시 세간에 떠도는 조금 '무식한' 그런 사람이 아니었다. 이런저런 주제로 여러 가지 얘기를 나눴다. 사령관이니 거만할 만도 했는데 내게는 그렇지 않았고 굉장히 똑똑했다. 특히 일본 경제에 대해서 얘기를 많이 나눴고 우리나라는 조금 고칠 게 많다는 식으로 대화를 마쳤다. 비서실장 허화평도 그때 만났다.

그러다가 10월 26일 사건이 일어났다. 자주 왕래했던 허화평

대령이 연락을 해 왔다. 갑자기 "도와 달라"는 것이다. 이전에 무언가 달라는 요구를 한 적이 없는데 무슨 일인가 싶어서 상당 액수를 위문 기금으로 전달했다. 일선에서 장병들을 위해서 위문도 가고 부하들에게 용돈도 쥐여 주는데 일반 기업체에도 간혹 있는 일이기에 아무것도 묻지 않고 요청에 응했다. 그런데 나중에 보니까 그것이 12·12 때 아주 유용하게 쓰인 모양이다. 회장 취임 전이라 아버님과 상의했다.

이런 인연으로 12·12로 성립된 국가보위비상대책위원회(국보위) 전두환 상임위원장이 내게 저녁 식사를 한번 낸다고 해서 만났다. 전두환 위원장은 나보다 스무 살이 많았고 다른 장교들은 큰형님뻘이었다. 저녁 식사를 하는데 전두환 위원장이 "그 자금이 5억, 아니 50억의 효과를 냈다"며 아주 고마워했다.

사실 나는 그때까지도 어떤 용도로 쓰였는지 전혀 몰랐다. 크리스마스가 다가오고 연말이니까 부하들에게 인심을 쓰는 것이라고 생각했다. 케이크라도 하나씩 돌리는 것으로 생각했다. 또한 그 자리에 있으면 보안사령관 비서실장에게 그 정도의 돈을 주지 않을 수 있는 사람이 있을까 싶다. 원래 무슨 덕을 보려고 건넨 돈이 아니기에 다른 사심은 없었다.

그런 일이 있었나 싶을 정도로 시간이 지난 어느 날 청와대에서 기업인들, 이병철(1910-1987) 회장, 정주영 회장, 구자경(1925-2019) 회장과 함께 저녁 식사를 하는 자리에 나도 초청됐다. 갑자기 삼미의 젊은 회장이 끼게 되니까 의심의 눈초리도 있을 법했다. 당시 이학봉 실장이 "이번 정권에 삼미가 클 것"이라는 얘기를 했다는데 나는 사실 그런 생각을 미처 하지 못했다. 오래전부터 형 아우 하면서 사귄 인연이 있고 전두환 위원장이 직접 치하는 했지만 그것을 빌미로 무엇을 해 달라고 할 만큼 내가 타산적이지 않았다. 굳이 기업 운영이 잘되는데 무언가를 하나 더 받아 골칫거리를 만들어서 머리가 아플 이유가 없었다.

이어서 12·12 주도 세력을 중심으로 민주정의당(이하 민정당)이 창당됐다. 나중에 김대중 정권에서 안기부장을 역임한 육사 출신 이종찬 씨가 사무총장이 됐다. 어떻게 알았는지 나를 찾아왔다. "돈을 조금 빌려 달라"는 것이다. 내가 순진했는지, 나는 있는 그대로 돈을 빌려줬다. 빌려 가서 나중에 떼어먹을 상황이 아니므로 가능하다는 판단이 들어서 그렇게 했다. 왜냐하면 그 돈으로 민정당 당사를 산다고 했기 때문이다. 12·12 주도 세력이라고 해 봤자 육사 출신들인데 아는 기업체라고는 육사 출신인 포항제철의 박태준 회장과 삼미의 김현철 정도였던 것 같다. 얘기를 들어 보니 많이 딱해서 정식으로 빌려줬다.

민정당과 이종찬은 지금 서울 지하철 3호선 안국역 앞에 인사동과 종로2가로 가는 쪽에 있는 건물을 하나 샀다. 원래 건물 주인은 이상순 회장인데 군부가 강제로 뺏은 것은 아니고 돈을 줘서 산 것이다. 빌려 간 15억은 1년 안에 모두 갚았다. 개인적으로 빌려준 셈인데 시간을 끌었다면 우리도 어려움을 겪었을지도 모르지만 소위 신군부는 그런 점에서는 매우 깔끔했다.

전두환 위원장과 저녁 식사를 따로 하고 대기업 오너들과의 모임에 참여할 수 있는 위상이었지만 별다른 혜택이나 특혜를 요구하지는 않았다. 그래서였나, 전두환 대통령이 임기를 마쳐 가는 1987년 청와대 수석들과의 회의에서 "김현철 같은 사람이 더 있으면 좋았겠다"는 얘기를 했다고 들었다. 우리의 기업 운영이 매우 합리적이었다는 평가를 받은 셈이다.

나도 이렇게 정권 실세들하고 친한데 내 일만 열심히 하고 크게 욕심부리지 않고 딴짓을 하지 않는다면 다른 문제가 없을 것이라고 생각했다. 잘되게 돕지는 않더라도 누가 해코지를 하는 일은 없을 것이라고 생각했다.

● 삼미의 슈퍼스타들

흔적을 찾아보기 어렵지만 프로야구 원년 팀인 '삼미 슈퍼스타즈'를 아직도 기억하는 사람들이 의외로 있다. 최근에는 한국의 TV 방송사인 SBS에서 프로야구단과 관련하여 나와 인터뷰를 나눈 적도 있다. 하지만 우리에게는 야구단에만 프로 선수들이 있었던 것이 아니다. 삼미그룹 자체가 슈퍼스타들의 모임이었다. 시대를 앞서서 해외 기업을 인수해서 운영한 것도 그렇고 해외에 여러 네트워크를 열어서 한 분야에 집중해 전문성을 인정받았던 기업이었다. 여기에는 수많은 슈퍼스타가 있었다. 이들을 몇 명 소개해 본다.

서종철 총재

손꼽히는 슈퍼스타 중 한 명이 바로 일본 학도병 출신으로 KBO(한국야구위원회) 총재를 맡은 서종철(1924-2010) 장군이다. 서종철 총재는 육군 대장으로 육군참모총장을 마친 후 박정희 대통령의 국방부장관을 1973년부터 4년간 역임했다. 한국프로야구 KBO를 시작할 때부터 총재를 맡았고 1988년에 물러났다. 혈기 왕성한 야구인들을 다독여 KBO를 튼튼하게 조직한 것이다. 또 서종철 총재는 육군 대장 시절 전두환 대령과 노태우 대령을 부관으로 두었다는 인연이 있다.

나와는 삼미 슈퍼스타즈를 운영할 때 첫 인연이 있었는데 김종필 씨의 자유민주연합으로 정계에 다시 불려 나갈 때까지 수년간 함께 삼미를 운영했다. 아버님과 연배가 같았다. 오랜 기간의 군 복무로 행정 및 조직에 조예가 깊은 덕분에 뛰어난 지도력과 판단력을 발휘해 젊은 총수의 회사 운영에 큰 도움을 주었다. 서종철 총재의 아들인 서승환 경제학 교수는 박근혜 정부 당시 국토교통부장관을 역임했고 나중에 연세대 총장을 맡기도 했다.

서상록 부회장

1992년에 영입한 서상록(1937-2014) 부회장도 또 다른 슈퍼스타다. 김영삼 대통령의 심복인 당시 실세 신한국당 최형우 상임고문과 친분 관계로 인해 삼미와 정치권의 밀착설이 제기되었지만 이미 1992년 삼미 북미 법인인 삼미 아틀라스의 부회장으로 일했다. 원래 경북 경산 출신으로 고려대 정외과를 나와서 직장 생활을 하다가 미국에서 '콜맨 상록'이라는 이름으로 연방 하원의원 선거에 세 차례 출마한 이색 경력을 갖고 있다. 1995년 2월 그룹 부회장으로도 일했다. 동양철관 사장을 역임한 이선일 씨의 추천으로 영입했다.

서상록 부회장은 최형우 고문과의 친분 관계도 있지만 오로지 그것 때문에 영입한 것은 아니다. 미국 내 발이 넓어 북미 법인의 영업에 자문역을 해 왔으며 그룹 부회장으로 옮긴 후에도 직함은 부회장이지만 실질적으로는 자문역으로 일했다. 최형우 고문과 오랜 친구지만 공직자였던 그가 삼미그룹에 큰 도움을 준 적은 없다. 삼미그룹이 해체되지 않았으면 많은 성과를 낼 수 있었을 것이라는 아쉬움이 있다. 하지만 특이한 그의 이력이 삼미 슈퍼스타즈 이래 가장 크게 언론의 주목을 끌었다.

송충원, 윤직상, 박광보

삼미는 초창기에 목재를 수입했다. 그래서 해운업에도 진출했다. 그 해운업을 키운 사람이 바로 송충원 씨다. 해양대학 출신인 송충원 씨는 삼미사 해운부에 들어와서 삼미해운으로 키운 슈퍼스타다. 미국 시애틀에서 구입한 목재를 한국으로 옮기려면 해운 사업이 필요한데 그것을 그가 맡아서 키웠다. 선박을 사거나 때로는 임대를 해야 하는데 그 모든 일을 맡겨 놨더니 너무 잘했다. 당시 삼미해운의 규모는 벌크로는 한국 해운업계에서 1위를 달리고 있었으며 보유 선박이 여러 척이고 중장기로 임대한 선박은 수십 척이 되는 등 연간 물동량이 가장 많았던 선사였다. 범양상선에 1,700여억 원에 매각했는데 이렇게 크게 키울 수 있었던 것은 바로 송충원 씨 덕분이다.

삼미의 특수강은 특성상 방위 산업과 관련이 깊은데 그런 분야에서 슈퍼스타가 바로 윤직상 박사다. 1975년부터 7년간 근무했는데 기술적으로 난관에 부딪히면 모두 해결했다. 특히 방위 산업과 관련이 있다. 나중에 현대에서 자동차 제조를 시작해 해외에 포니를 수출하는 데 있어서 큰 힘이 됐다. 사람들은 우리 삼미가 후에 포니든 뭐든 자동차 제조의 주춧돌이 됐다고 평가한다.

기술 분야에서 또 다른 삼미 슈퍼스타가 바로 박광보 실장이다. 상대 출신임에도 뚝심 있게 일본 회사와 협력해 스테인리스 분야를 키웠다. 1936년생인 박광보 실장은 내가 입사할 당시 직속 상사였는데, 내가 임원이 되면서 추월했지만, 나중에 일본만이 아닌 미국, 유럽에도 진출했다. 윤직상 박사와 박광보 실장은 모두 20대 초반에 입사해서 29세에 회장이 된 나보다 10년이나 20년이 연배가 위임에도 매우 열심히 일해서 큰 역할을 했다.

허천구 전무

또 한 명의 슈퍼스타가 허천구 전무다. 서강대 지용희 교수가 소개한 사람으로 공인회계사였던 허천구 전무는 회사를 키워 갈 때 굉장한 역할을 맡았다. 지용희 교수 덕분에 요즘 정치권 해결사로 자주 등장하는 김종인 씨도 소개를 받은 적이 있다. 허천구 전무는 나중에 업황이 안 좋아져서 선택과 집중 자구책을 내서 그대로 실행했다. 그는 특수강 분야 세계 1위로 가자고 주장한 사람이다. 모두 정리하고 집중하자고 했다. 그래서 자구책으로 삼일빌딩도 매각하고 해운업도 범양상선에 팔았다. 허천구 전무의 추진력 덕분에 1989년에 세계 제일의 특수강 회사가 되기 위해서 캐나다 회사를 미화 2억 달러에 살 수 있었다.

박영원, 김봉수, 전창일

박영원 씨도 기억에 남는 슈퍼스타다. 1973년에 입사했는데 20년 동안 열심히 일하다가 먼저 캐나다로 갔다. 그는 매년 1월이면 우리 베이스에 와서 1-2개월씩 도움을 주고 있다. 밴쿠버에서 도미니카로 찾아오는데 5년째 방문하고 있다. 20년간 삼미를 다니면서 어땠는지는 모르지만 삼미를 대표하는 슈퍼스타임에는 의심의 여지가 없다. 박영원 씨의 소개로 도미니카에 교회도 여러 곳을 지었다.

비서실장이었던 김봉수 씨도 특수강 회사 때문에 캐나다로 갔는데 회사가 넘어가는 바람에 눌러앉았다. 부탁하지도 않았는데 얼마 전부터 몇백 달러씩 헌금하고 있다. 자신도 사업이 잘되는 것 같지는 않은데 정성에 항상 감사한다.

전창일 지사장도 열심히 헌신했다. 일본 지사장으로 일했는데 매우 열심인 산업 역군이었다. 삼미해운에서도 일했고 특수강도

해 보고 이것저것 여러 분야에서 활약을 했다. 우리 회사를 그만 두고 캐나다에서 파이프 공장을 인수해서 운영하고 있다. 매년 헌금을 하고 있는데 전창일 씨 이름으로 54번째 교회를 지었다. 전창일 씨와 박영원 씨는 연락이 오는데 나이가 거의 90에 가깝 다 보니 도미니카로 오지는 못하고 헌금만 하고 있다.

경기고 63회 변광균, 이영규 목사

나는 경기고에 입학하지 않고 미국행 비행기에 몸을 실었지만 경 기중 출신들은 나를 1967년에 졸업한 63회와 동기로 취급해 준 다. 그래서 경기고 63회 중 20명이 삼미를 다녔다. 그중 끝까지 다녔던 친구 중에 하나가 변광균 사장이다. 원래 미국에서 지사 장을 역임하고 캐나다 인수 때도 미국에 있었고 계속 끝까지 해 준 친구다. 나중에 내가 퇴직했을 때 퇴직금도 챙겨 줬다.

이영규 목사도 동기다. 원래 체신부에서 과장을 하고 국장이 되기 전에 나와서 우리 회사로 왔다. 10여 년간 같이 마카오 지사 장도 하며 헌신했는데 내가 떠난 후 신학 공부를 해서 목사가 됐 다. 63회 신우회에서도 일하면서 우리를 꾸준히 도와주고 있다. 매년 오가고 있는데 자신 이름으로도 교회를 세우고, 또 다른 사 람들을 연결해 주고 있다.

이외 삼미 사우인 63회 김창도 동문이 박경배, 최병철, 이승휘 와 매년 연말에 헌금을 모아서 보냈다. 박경배, 최병철은 타계했 다. 서울공대를 나온 박경배 동문은 일본 지사장이었고 서울고와

서울상대를 나온 최병철도 헌신했다.

이장우 박사

지금 와서 조금 후회되는 것이 한 가지 있다. 한국에서 핸드폰, 반도체가 시작될 때 미국 특수 반도체 회사에서 경험이 많은 이 장우 박사가 한국에 오기로 했다. 삼성전자에 갔으면 유명해지고 큰 부를 누렸을 텐데 대신 우리가 삼미전자를 시작한다고 해서 우리를 도우러 왔다. 이장우 박사하고는 같이 성북동에 살면서 혜화국민학교도 다니고, 중학교도 다녔다. 서울공대 다니던 시절 에 동기들인 유인태, 이철 등과 학생 운동에 많이 개입하다 보니 유학하는 데 어려움이 있었다. 그래서 유학 갈 때 조금 도왔는데 빚 갚는다는 심정으로 우리 회사에 왔던 것이다.

당시 세계 제일의 특수강 회사를 목표로 뛰어왔고, 1990년대 초에 어려움이 생기며 삼미전자에 투자를 많이 하지 못했다. 반 도체를 할 수 있었는데 아쉽다. 그러다가 1995년에 내가 은퇴하 고 한국을 떠나는 바람에 이장우 박사가 어떻게 지내는지 몰랐 다. 지금도 미안하고 죄송한 마음을 갖고 있다. 나중에 친구들을 통해서 목사가 됐다는 말을 전해 들었다. 그리고 5천 달러의 헌 금을 보내왔다. 아직도 감사의 말씀을 전하지 못했다. 요즘은 동 기생 신우회 모임에 나가서 말씀을 전하고 있다고 들었다. 언젠 가는 도미니카에 와서 함께 사역을 할 수 있기를 기도한다.

채희경, 김실동, 백종용, 곽영균, 한종명, 이영주, 장동익

오래전에 같이 근무했던 채희경 사장, 김실동 사장과 LA에서 식사할 기회가 있었다. 한국을 떠난 지 아마도 20년쯤 지난 후였을 것이다. 두 사람 모두가 내게는 대선배다.

백종용 집사는 2천 달러의 헌금을 보냈다. 곽영균 씨도 500만 원을 헌금했다. 캐나다 회사에서 사업을 시작한 한종명 씨는 매년 헌금을 1천 달러씩 보낸다. 목재 사업부에서 오랫동안 근무했던 이영주 씨는 거의 매일 카카오톡으로 좋은 글과 사진을 보낸다. 옛날에 같이 근무했던 사람들의 소식도 가끔 전한다. 캐나다 공장을 인수할 때 세계를 돌아다니며 인수 자금을 모으고 비서실장으로 근무했던 장동익 실장이 많은 도움을 주고 있다. 요즘은 아프리카, 동남아를 다니며 좋은 일을 많이 하고 있다고 전한다.

● 헌신한 친구와 지인들

조욱래와 유기형

동갑내기로 조욱래 DSDL 회장과 친하다. 내가 경기고를 무사히 입학했으면 63회인데 조욱래 회장이 63회다. 조욱래 회장은 조홍제 효성그룹 창업주의 막내아들이다. 경기고를 졸업하고 학부부터 대학원까지 미국에서 공부해서 합리적이고 경영 능력이 있다. 또한 젊은 나이인 27세에 대전피혁 이사가 되면서 경영에 참

여해 가업을 이은 것도 비슷해서 어려서부터 좋은 관계를 유지하고 있다. 경영 수완도 좋아서 8개 계열사를 보유하고 율산 신선호 회장의 알루미늄 회사를 인수하기도 했다.

원래 같은 동네에 살면서 국민학교와 중학교도 같이 다니고 미국에서 시애틀에 있을 때도 만나는 등 계속 왕래를 해 왔다. 물론 친한 친구지만 아쉬운 점이 있다. 2024년 3월 29일에 타계한 큰형 조석래 회장도 기독교식으로 장례를 치렀는데 내 친구 조욱래 회장은 기독교를 받아들이지 않고 있다. 그래서 계속 기도를 하고 있다.

조욱래 회장은 또한 은둔형이다. 형들과 달리 전혀 얼굴을 내놓지 않는다. 하지만 나를 만나러 도쿄까지 온다. 선교 센터의 운영 자금이 부족했는데 조욱래 회장과 상의했더니 같이 친하게 지내는 삼환기업 최용권 회장, 동창 유기형 회장, 이건수 회장에게 부탁해서 해결이 됐다. 지금까지 갚지 못해서 미안한 마음이 있지만 조욱래와 유기형은 계속해서 많은 도움을 주고 있다. 옛날에 가족들과 같이 다녔던 여행 등 가끔 그때를 기억하며 좋았던 시절이었다고 추억을 나누곤 한다.

유기형의 가정은 믿음이 좋은 가정이지만, 조욱래는 부인이 독실한 불교 신자다. 2008년 선교 센터의 첫 건물인 그레이스 센터(Grace Center)를 건축할 때 비용이 많이 들어갔는데, 친구들에게 부탁해서 많은 헌금이 들어왔다. 그 후로도 학교 친구들이 여러모로 도와주고 있다.

신우회 63회 동기들

경기고 63회 신우회는 교회도 세워 주었다. 아이티에 지진이 나고 뉴잉글랜드(New England) 장로교회에 출석하는 주공로 장로가 다녀가면서 계속해서 헌금을 보내 주고 있다.

한석수 박사는 LA에서 오랫동안 마취과 의사로 살았는데 몇 년 전에 올랜도에서 간 이식 수술을 받은 후, 도미니카에 다녀가며 많은 후원을 했다. 한제수는 피부과 의사이고, 여동생은 안경점을 운영하고 있다. 안경을 많이 보내 주고 있다. 처음 선교사로 나왔을 때 LA에 거주하는 동창 한석수, 유원호, 변광균, 신민수, 고인이 된 박철효가 헌금을 모아서 보내 주곤 했다.

학교 동기 중에 목사가 몇 명 있다. 소망교회 김지철 목사, 고종영 목사는 계속 같이 협력 사역을 해 주고, 구자형 목사 부부도 첫 번째 SMTS 강사로 왔었다. 이우철 동문은 1만 달러씩 세 번이나 헌금했다. 첫 번째는 시니어하우스를 짓는 데 헌금했다. 부부가 친구 몇 사람하고 왔을 때 시니어하우스가 완공이 잘 안 된 상태라서 불편하게 며칠 지냈다. 두 번째 헌금으로는 EFTS(Eco Farming Training School: 자연농업학교) 사무실 건물을 지었고, 세 번째 헌금으로는 현지 교회 교실, 식당, 음악 기기 구입을 도왔다.

유명한 교회 건축 설계자 최동규 동문도 현지 교회 건축에 도움을 주려고 왔다. 고종영 목사와 같이 돌아본 후에 한국에 돌아가서 헌금을 모아서 교회를 세웠다.

2020년에 신학교를 시작하면서 조금 힘에 벅차서 신우회에 부탁했더니 이영규 목사가 새마음교회에서 헌금을 했다. 김영남, 김정희, 박영배, 신세희, 이우근, 한기인, 이선 동문들이 5천 달러 헌금을 보내 줬다. 신학교 시작에 큰 도움이 되었다.

SMTS 5기에 동문 중 처음으로 하종호 부부가 다녀갔다. 부인 단혜향 자매는 한국에서 학교 사역을 하며 학생들에게 해외 연수도 시키며 도움을 주고 있는데 도미니카에 와 보고 헌금을 하고 앞으로 기도를 많이 해 주겠다고 했다.

●

김현철이라는 이름으로 시작된 내 인생의 1막은 캐나다의 특수강 회사가 다른 회사에 넘어가면서 끝났다. 기업이라는 것이 유기체와 같아서 끊임없이 자원과 시간을 먹는다. 여기에 수많은 직원의 노력과 열정을 먹는다. 내가 아버님으로부터 물려받아 키웠던 삼미그룹은 새로운 주인을 만나서 우리 곁을 떠났지만 한국 경제에 큰 기여를 했다. 요즘 한국의 방위 산업이나 현대기아의 약진은 수많은 회사의 땀과 눈물 덕분이다. 그런 점에서 삼미그룹의 역할은 다른 소비재들을 외국에서 수입해서 기업을 키운 회사보다 더 평가를 받아야 한다고 생각한다.

하용조 목사를 만난 것은 행운이고 축복이다. 하용조 목사가 추천한 하와이 코나에서의 DTS를 통해서 새롭게 태어났다. 결혼 30주년에 만난 DTS 과정은 그냥 암 투병 환자로 끝났을지도

모를 내 삶을 하나님의 사명을 수행하는 멋진 선교사로 거듭나게
했다.

3부에서는 한국에서 멀리 있는 도미니카공화국에 선교 센터를
짓고 선교를 시작한 이야기와 하나님의 은혜가 어떻게 실현되고
있는지를 본격적으로 알아본다.

3

미국에서 공부하고 캐나다에서 사업을 했지만 실제로 도미니카공화국에 대해서 잘 알지 못했다. 캐리비안에 있는 쿠바 옆에 있는 섬나라 정도였는데, 방황하던 스티브 김에게 선한 손길을 내밀었다. 선교 센터를 짓고 사명을 실천하기 시작했다. 하나는 선교를 위한 전진 기지 역할로 여러 가지 프로그램을 운영하고 있고, 또 현지 선교로 아이티 난민과 저소득층을 위해 도미니카공화국에서 여러 가지 사역을 진행하고 있다. 하나님의 사역을 하겠다고 다짐했던 것을 천천히, 그렇지만 튼튼하게 실천하게 됐다.

아이티 대지진과
선교 사역의
시작

11

선교 센터를
짓다

도미니카공화국에 발을 디뎠다. 도미니카공화국이 내 선교지다.
처음에는 낯설었지만 시간이 갈수록 점점 더 아름다워서
하와이만큼 좋아졌다. 다만 나라 자체가 선진국이 아니다 보니
하나님의 손길이 더 많이 필요한 곳이다.
더군다나 인접한 아이티는 정치와 경제가 망가져서
지옥 같은 곳이다. 도대체 도미니카공화국 같은
아름다운 천국에 어떻게 아이티 같은 지옥이
한 섬으로 붙어 있는지 이해하기가 어려울 정도다.
같은 섬에 함께 있기 때문에 도미니카공화국에서의
우리 베이스는 인접한 아이티에 선교하고 구제하는 것이 가능한
아주 안성맞춤인 전진 기지가 됐다.
하나님이 왜 내게 이곳으로 가라고 하셨는지 알 것 같다.
하나님이 궁극의 선교 사업을 위해서 긴 시간 동안
기업가로 훈련시키셨다고 믿는다.
이제부터 하나님이 어떻게 인도하셨는지,
축복과 고난, 죽었다가 살아난 얘기를 해야겠다.
우선 도미니카공화국에 선교 기지를 시작한 얘기를 나누겠다.

21세기의 가장 큰 사건이었던 9·11테러
가 일어난 2001년 9월 11일 오전 8시 45분 나는 도미니카공화국
에 있었다. 도미니카공화국에 정착하기 위한 서류 작업을 부탁한
변호사 사무실 응접실에서 상담을 기다리다가 TV에서 뉴욕 맨해
튼 세계무역센터가 무너지는 모습을 봤다. 눈이 번쩍 뜨였다. 많
은 사람이 순식간에 죽는 모습을 실시간 생중계로 봤다. 처음에
는 어리둥절했다. 저렇게 크고 높은 건물이 한순간에 무너진다는
것을 이전에는 상상조차 하지 못했기 때문이다. 앞으로 세상이
어떻게 변할 것인가. 내 선교 사업은 어떻게 전개해야 할까.

● 도미니카공화국으로 첫발을 딛다

도미니카공화국을 잘 몰랐다

도미니카공화국에 대해서 아는 사람이 별로 없다. 한국에 사는
사람은 물론이고 미국에 사는 사람도 잘 모른다. 그나마 세계 지
리에 밝은 사람이라면 미국의 남쪽에 접한 캐리비안 바다의 한가

운데 쿠바가 있고 그 옆 어디쯤에 있을 것이라고 추측한다. 나도 예외는 아니어서 쿠바는 대충 어디 있는지 알았지만 도미니카의 위치는 전혀 몰랐다. 특히 도미니카라는 지명이 2개라는 것은 정말 몰랐다.

2000년 1월, 직장암 수술을 받기 전 도미니카공화국에 도착했다. 도미니카를 선택했던 이유는 미국 동부와 가깝고 중남미 국가치고는 정세가 안정적이고 큰 전쟁을 겪은 적이 없기에 사람들이 온순하고 야구를 좋아한다는 얘기를 들어서였다. 그래서 미국인들의 은퇴지나 휴가지로도 손꼽히는 곳 중에 하나다. 외국인들에게 문호가 개방돼 있다. 아무리 좋은 곳이라도 외국인에게 배타적이면 정착하기가 어려운데 온화한 국민성과 아름다운 자연환경이 우리 부부의 정착지로 알맞았다. 야구를 좋아하면 스포츠 규칙을 잘 지킬 테니 법도 잘 지키는 안정적인 나라인 듯싶었다.

막상 도착해 보니 한국의 1970년대 초반 같은 분위기이고, 익히 경험했던 과거로 돌아간 것 같아서 더욱 좋았다. 수도인 산토도밍고 시내에 지하철이 깔리는 것이 1970년대 서울 지하철 1호선이 생기던 시절과 비슷했다.

도미니카공화국 첫 방문

우리 부부의 첫 도미니카 방문 항공편은 플로리다의 포트로더데일을 경유해 도미니카로 가는 것이었다. 중간 기착지인 미국령인 푸에르토리코에 도착했는데 뭔가 이상하다는 생각이 들었다. 항공사 직원에게 부랴부랴 달려가서 물어봤더니 우리 최종 목적지는 산토도밍고(Santo Domingo, Dominican Republic)인데 티켓 목적지는 도미니카연방(Commonwealth of Dominica)이었다.

지금도 간혹 도미니카공화국과 도미니카연방을 구분하지 못하는 사람이 많은데 정착하려고 방문했던 우리 부부도 헷갈렸고, 항공편 티켓을 발급해 주는 여행사도 혼동했으니, 두 나라를 분간하지 못하는 사람이 많은 것도 납득할 만하다. 이렇게 두 번째 이민은 처음부터 쉽지 않았다.

도미니카공화국의 수도 산토도밍고 관문인 라스아메리카스 공항(SDQ)에 도착해 보니 여느 나라 공항과 크게 다르지 않았다. 미국 패스트푸드 레스토랑도 있었고 사람들로 북적였다. 오가는 승객의 상당수가 미국인이었다. 공항에서는 영어만 알아도 아무런 문제가 없었다.

도착 후 큰딸의 대학 친구인 카를로스 로드리게스(Carlos Rodriguez)를 만났다. 그는 보스턴에서 대학 생활을 했는데 당시에도 선교회에서 간사로 일하고 있었고 부인은 잡지사를 운영하고 있었다. 이 부부와 그들의 부모도 우리에게 현재까지도 많은 도움을 주고 있다. 우리 선교 센터의 건물 이름 하나가 '카를로스앤드맥스'(Carlos and Max)인데 '카를로스'는 바로 그의 이름에서 따온 것이고, '맥스' 역시 카를로스의 친구 이름이다.

묵을 호텔에 체크인을 하고 지인의 안내로 시내를 둘러보고 변호사를 만났다. 우리의 정착 수속을 맡아 준 변호사의 설명에 의

하면, 영주권 취득은 잘될 수 있을 것이라고 했다.

며칠 머무르는 동안에 별로 유쾌하지 않은 일도 경험했다. 한국의 1970년대같이 시내 도로 사정이 그렇게 좋지 않았다. 아내 이은혜 선교사가 길을 걷다가 구멍이 파인 인도에서 넘어져 다리를 다쳤다. 인근 병원에 가서 대충 치료하고 붕대를 감고 나오니 괜히 분위기도 조금 험악한 것 같았다. 누구나 자신이 살던 곳이 아니면 조금이라도 낯설어서 본능적인 두려움이 생길 것이다. 그래서 이민과 선교지로 가는 것은 다르다. 이민은 그나마 자기가 살던 곳보다 좋은 곳으로 가게 마련인데, 반면 선교는 대부분 하나님의 말씀을 전하기 위한 이동이므로 항상 어렵고 힘든 곳일 수밖에 없다. 온누리교회에서 페루로 파송한 김주태 선교사의 간증이 떠오른 순간이다.

미국으로 돌아왔는데 아내는 도미니카의 첫인상이 "별로였다"고 말했다. 지금도 이때 얘기를 하면 서로 얼굴을 보면서 웃는다. 하지만 여권의 연장이 어렵고 영주권이 필요하니 정착을 위해서 도미니카공화국을 자주 찾았다. 다행스럽게도 첫인상과 달리 몇 번 오가는 동안 나쁜 인상이 많이 좋아졌다. 특히 한인 교회 성도를 만나고 김영구 선교사를 소개받으면서 마음이 놓였다.

21세기에 살다가 20세 중반으로 돌아간 느낌은 빛바랜 흑백 사진 속에 들어가는 듯할 것이다. 그래도 많은 사람이 도미니카공화국이 다른 선교지에 비해서 베이스캠프로, 선교 센터로 매우 좋은 환경이라고 말한다. 그런 평가에 우리도 동의한다. 오지나

험지로 선교를 간다면 도미니카공화국에서 현지 적응 훈련을 해 보면 어떨까 하는 생각이 든다.

도미니카공화국의 역사와 현재

도미니카공화국은 쿠바섬 동쪽에 있는 히스파니올라섬의 동쪽 3분의 2를 차지하고 있다. 서쪽 3분의 1이 바로 아이티다. 두 나라는 남북으로 길게 국경을 접하고 있다. 대통령 중심제인 도미니카공화국은 1844년 2월에 독립했으며 캐리비안에서 쿠바 다음으로 국토가 큰 나라다. 인구는 1천만 명 정도이고 스페인어를 사용한다. 수도는 산토도밍고이고 제2의 도시는 산티아고다. 인종 구성은 유럽계 15%, 흑인 10%, 혼혈 75%다. 전 인구의 10%를 차지하는 아이티인들은 프랑스어의 파생어인 크레올어와 프랑스어를 사용한다.

야구는 국기에 다름없다. 매년 10월 중순 윈터 리그가 시작돼 1월 말에 시즌이 끝난다. 도미니카공화국 국가대표팀은 지난 2013년 월드베이스볼클래식(World Baseball Classic: WBC, 국가 간 야구 토너먼트 대회)에서 우승했다. 또한 도미니카공화국 출신 야구 선수 중 잘하는 선수는 미국 메이저리그나 한국 KBO에서도 활약 중이다.

종교는 천주교 45%, 개신교 20% 정도다. 1인당 국민소득은 6,800달러이고 통화는 페소를 사용한다. 지난 2024년 5월 대선에서 여당인 현대혁명당(PRM)의 루이스 아비나데르(Luis Abinader)

대통령이 연임에 성공했다.

야구를 잘하는 나라로만 알려져 있던 도미니카공화국이 세상에 더 유명해진 것은 아이러니하게도 서쪽에 붙어 있는 아이티 때문이다. 히스파니올라섬에 함께 있지만 국경 서쪽의 아이티와 동쪽의 도미니카는 언어, 문화, 민족, 자연환경, 소득 수준 등에서 너무 차이가 나기 때문이다. 도미니카공화국이 아름다운 천국이라면 아이티는 지옥이다. 어떻게 둘이 한 섬으로 붙어 있는지 이해하기가 어려울 정도다.

도미니카공화국은 전 세계 기준으로 보면 잘사는 나라는 아니다. 하지만 아이티보다는 경제력과 생활 수준이 10배 이상으로 높은 데다 아이티가 모든 지표에서 최악을 달리는 세계 최빈국이다 보니 개발 도상국인 도미니카공화국이 훨씬 좋아 보인다.

9·11테러와 UA175편

2001년 9월 10일에 영주권을 받고 도미니카 여권을 신청하러 혼자 도미니카공화국에 갔다. 이튿날인 9월 11일은 역사상 주목받는 바로 그날이다. 그날 오전 8시 45분경 도미니카 정착을 위해서 서류 작업을 맡은 변호사 사무실 응접실에서 기다리고 있었다. 응접실에는 뉴스 채널 CNN이 방영되고 있었다.

그때 갑자기 TV 화면에 뉴욕 세계무역센터(World Trade Center) 제1빌딩에 여객기가 부딪쳐 불타고 있는 장면이 생중계되는 모습이 보였다. TV 속 앵커는 항공기가 잘못된 곳으로 비행하다가 큰 사고가 난 것 같다고 설명했다. 그런데 바로 그 순간 또 다른 여객기가 나타나 두 번째 빌딩에 충돌하는 장면이 보였다. 그 순간 '아, 이건 테러다'라는 확신이 들었다. 많은 사람이 비참하게 순식간에 죽어 갔다. 사람들은 불과 몇 분 전에 출근했고 모닝커피를 마시며 하루 일과를 시작했을 텐데, 혹은 한창 주식 시장에서 수십억 달러의 주식이 거래되는 순간이었을 터인데 전혀 예기치 않은 상황에서 생명을 잃고 있었다. 지금도 생생하게 기억이 난다.

도미니카공화국과 미국 동부인 뉴욕은 시간대가 같다. 개인적으로도 많이 놀란 이유는, 원래 도미니카에서 여권을 발급받고 보스턴에서 출발해 LA 집에 가는 항공편을 9월 15일에 예약했기 때문이다. 그 항공편명이 바로 유나이티드 UA175편이었다. 당일 세계무역센터 제2빌딩에 부딪쳤던 그 항공편이었다. 불과 며칠 새 그 항공편을 타지 않았지만 며칠만 일찍 탔어도, 혹은 범인들이 테러를 며칠만 늦게 감행했더라면 하나님의 사역을 할 수 없었을 것이다.

이후 몇 주간 항공편이 매우 복잡하고 하늘길을 통제하고 공항 검색도 강화됐지만 어렵지 않게 미국으로 돌아왔다. 이런 어려움에도 감사한 것은 도미니카 여권이 순조롭게 발급된 것이다. 여권 유효 기한 문제로 매우 힘든 시기였다.

한편 9·11테러로 타계한 한국인이 몇 명이 있었는데 뉴욕순복음교회에 출석하는 그들의 가족들이 희생자들을 추모하기 위해서 도미니카에 학교를 세웠다. 현재 다리밑교회 김성욱 선교사가 그 학교에서 사역하고 있다. 테러로 인해 사라져 갔지만 그들의 이름은 하나님의 사역을 위한 학교에 영원히 남을 것이다.

● 터 잡고 선교 센터를 시작하다: 비자 메야

김병호 장로와 김영구 선교사

정착을 위해서 물정을 알아보며 도미니카공화국을 오가던 중 김영구 선교사를 소개받았다. 산토도밍고에 있는 한사랑장로교회에 출석했는데 그곳에서 김병호 장로가 김영구 목사를 만나게 해 주었다. 김병호 장로는 한국에서 은퇴하고 아들 교육을 위해서 도미니카에 이민 왔던 것이고 직장 생활을 한국에서 했기에 말이 잘 통했다. 김병호 장로는 특히 땅에 관심이 많아서 토지 5천 평을 직접 구입해서 옥수수를 재배하고 있었다. 2002년에 비자 메야에서 사역 중인 김영구 선교사를 만났다. 마침 작은 교회를 개척 중이었다. 우리가 보수를 했고 교회를 하나 지었다.

우리 베이스가 위치한 비자 메야에 대해서 잠깐 소개하면, 작은 마을이 아니고 넓은 지역이다. 스페인어로는 'Villa Mella'(비야 메야)로 '골짜기 마을'쯤으로 번역될 수 있다. 하지만 현지 발음은 본토 스페인과 달라서 '비자 메야'다. 서울의 한 구나 군 정도 크기다. 비자 메야는 수도인 산토도밍고에 북쪽으로 인접해서 수도

권이기에 현재 인구도 많고 한창 개발돼 발전해 가는 곳이다.

김영구 선교사의 소개로 지금 베이스가 자리한 비자 메야에 땅을 구입하고 공사에 들어갔다. 장모님의 헌금으로 교회, 학교를 세우기로 한 것이다. 도미니카에 체류하는 동안 매일 공사 진행을 점검했다. 마침 김병호 장로가 옥수수를 재배하는 지역이 비자 메야여서 "무슨 고생을 따로 할 필요가 있냐"며 옥수수를 기르던 토지를 우리에게 팔게 하고 선교 사역을 같이 하자고 제안했다. 그래서 그 토지가 지금 월드그레이스미션(World Grace Mission: WGM)이 시작된 곳이다. 그 후에 땅이 넓어지고 사역의 종류가 많이 늘었다.

처음에는 선교 오는 사람들이 "왜 산속에다가 센터를 지었냐"고 물었지만, 지금은 순환도로가 생기고 교통의 요지가 되어 선교하기에 매우 좋은 장소가 되었다. 하나님이 미리 우리 사역의 가능성을 보시고 이쪽으로 이끄신 것이다.

어떻게 시작할지 막막했지만 하나님이 이끌어 주셨다

김병호 장로와 선교 사역을 함께 하기로 한 때에 갑자기 내가 직장암 수술을 받았다. 수술 후 코나에서 DTS를 마치고 파송 선교사가 되기까지 김병호 장로가 헌신했다. 그때 옥수수 밭을 사서 사역을 합쳤던 것도 이제 따져 보면 하나님이 미리 준비하셨던 것이다. 안 그랬다면 우리 센터는 시작도 하기 전에 그만둘 뻔했다.

하용조 목사로부터 파송돼 선교사로 들어와 바로 활동을 시작했다. 센터는 계속 공사 중이었기에 이미 도미니카에 파송받아 사역 중인 선교사들을 먼저 만났다. 도미니카에 온 목적이 선교 사역으로 동일했지만 각자 어떤 사역을 하고 있는지는 서로 몰랐다. 그래서 협력이 어려웠던 것이었다. 서로 교류하면 자연스럽게 협력이 되겠다고 생각했다. 정기적으로 만나고 서로를 알아가기 위해서 모임을 만들어야 했는데 선배 선교사들과 이은혜 선교사의 제안으로 '선교사 합창단'을 만들었다. 모여서 찬양하는 시간을 가지면 자연스럽게 뜻도 모이고 한 팀이 될 것이라는 생각을 했다.

합창단 이름은 'WGM합창단'이라고 짓고 첫 리더로 김종효 선교사를 추대했다. 1935년생인 김종효 선교사는 한국에서 공무원으로 오랫동안 일하며, 영락교회에서 청년부를 인도했던 목사다. 한국에서는 어렵게 사는 젊은이들을 전도해 여러 명의 목사, 선교사를 배출했다고 들었다. 김종효 선교사는 50세에 은퇴하고 신학교를 마치고 목사가 된 1990년에 모든 것을 내려놓고 아들 김성곤 목사 가정 등 세 아들을 모두 데리고 도미니카에 선교사로 왔다. 음악에 조예가 깊어서 초대 단장으로 모셨다. 지휘는 뉴욕에서 오래전에 온 최정희 선교사의 둘째 아들 최동헌 선교사가 맡았고, 반주는 최정희 선교사의 부인 제은심 선교사가 맡았다.

합창단원은 거의 40명이었다. 매주 한 번씩 같이 모여서 연습하고 점심을 나누면서 서로 교제하는 시간을 가졌다. 현지 교회, 학교, 병원, 교도소를 다니며 한 달에 한 번 정도 합창 공연을 했다. 설교가 가능한 목사가 있을 때는 즉석에서 소규모 부흥 집회가 열리기도 했다.

WGM센터 건축

비자 메야 WGM센터

비자 메야에 자리한 WGM센터는 대략 3만 평 정도가 됐다. 시작할 때부터 이 규모는 아니었다. 김병호 장로의 옥수수 밭을 매입하면서 시작됐기에 규모가 크지 않았다. 정문도 비교적 늦은 2022년에 지었다. 최근까지도 담장이 없었는데 순환도로가 센터 앞에 생기면서 설치했다. 정문을 순환도로 쪽으로 세우면서 조명도 달았다. 정문은 산토 비자 메야로 이어진다. 빅토리아 지역과 연결돼 갑자기 산속 센터가 사통팔달 교통의 요지가 됐다. 예전에는 공항에 한번 가려면 1-2시간 걸렸는데 이제는 30분이면 충분히 갈 수 있게 됐다. 센터는 엄밀하게 말해서 이제 산속이 아니고 외곽이다.

수영장을 설치하다: 전구 선교사와의 만남

2016년 봄에 뉴저지 온누리교회에서 선교사 모임이 있었다. 그때 토론토에서 온 백세현 선교사 부부를 뉴욕에서 만났다. 대화 중에 니카라과에 함께 있었던 좋은 선교사를 소개해 주겠다고 말했다. 마침 부부가 워싱턴DC에 머물고 있어서 다음 날 그들이 뉴욕으로 왔다. 이야기를 나누고 보니 학교 후배가 되고 같이 협력하면 좋겠다는 결심이 섰다. 전구 선교사 부부가 도미니카에 왔고 얼마 후부터 함께 사역했다. 오자마자 수영장의 필요성을 이야기했는데 하나님의 은혜로 마치 준비된 것처럼 좋은 자리에 수영장을 만들 수 있었다. 그 후로 많은 현지인 교회들이 우리 센터에서 리트릿 모임을 갖고 있다.

전구 목사는 쿠바에서 성경 공부 학교에도 의지가 있어서 얼마 후에 멕시코 메리다를 중심으로 사역하겠다고 옮겼다. 해리스버그(Harrisburg) 장로교회 임상훈 목사를 소개해 줘서 현지 교회 건축이 한 군데 더 늘어났다. 모든 것을 하나님이 준비해 주셨다. 전구 목사는 멕시코에 머무는 중에 뉴욕의 한 교회로부터 담임목사 청빙을 받았다.

12

대지진 아이티에서
지옥을 경험하다

우리의 선교지인 도미니카공화국은 아이티와 한 섬에 있다.
그런데 서쪽의 아이티는 법과 질서가 완전히 무너진 나라이고
동쪽인 도미니카공화국은 개발 도상국으로
비교적 안정적인 나라다.
그래서 아이티를 돕기 위한 구제·구호 활동이
도미니카공화국을 중심으로 이뤄지고 있다.
만약 아이티가 이렇게 혼돈에 빠진 극한 상태가 아니었다면
세계적으로 잘 알려지지 않았을 것이다.
그렇다면 도미니카공화국의 구호 활동이
이렇게 활발하게 이뤄지지도 않았을 것이다.
아이티에서 내가 겪은 일을 정리해 본다.

대지진이 일어나기 5년 전인 2005년에
도 아이티는 지옥에 가까웠다. 법이 있어도 제대로 작동하지 않
아서 무법천지였다. 구호를 위해서 선교지로 가다가 도로에서 무
장 강도를 만났다. 세 번째 죽을 뻔한 순간이다. 다행스럽게 하나
님의 은혜로 세 번째 죽을 고비도 넘겼다. 결국 아이티에서 전개
되던 모든 선교 활동이 전면 중단됐다. 우리는 그래서 도미니카
공화국에 피난 온 아이티 사람들을 돕는 것으로 방향을 바꿨다.

●   아이티는 정말 슬프다

국경 하나로 완전히 다른 두 나라

아이티와 도미니카공화국의 국경은 남북으로 이어져 있다. 국경
을 중심으로 서쪽은 아이티이고 동쪽은 도미니카공화국이다. 두
나라는 또한 역사적인 앙금이 있다. 더군다나 과거 아이티는 프
랑스의 부유한 식민지로 캐리비안의 첫 독립국이라는 자부심이
높았던 반면, 도미니카공화국은 스페인 식민지 중 의미 없는 농

업 지역에 불과했다. 먼저 독립한 아이티는 30년 정도 도미니카공화국을 식민 지배하기도 했다. 일본이 한국을 36년간 지배하며 온갖 수탈과 탄압을 했던 역사를 돌이켜 보면, 도미니카공화국 사람들이 아이티 사람들을 그다지 좋아하지 않는 것도 이해할 수 있다. 도미니카공화국 정부와 국민은 아이티와 아이티 사람을 심지어 차별 대우한다고 알려져 있다.

두 나라 사이에서 가장 극적인 관계 변화는 20세기 후반에 있었다. 1970-80년대 아이티는 독재 정권 아래 부실한 산림 관리 정책으로 그나마 있던 산림마저 모두 베어 버려 암반이 노출될 정도로 심각한 토양 유실이 일어났다. 이 때문에 식량 생산도 급감하여 1991년부터 2002년 사이엔 무려 30% 이상이 줄었다. 원래 아이티는 도미니카공화국이나 바다 건너 쿠바에 비해 기후상 강우량이 적었다. 울창한 숲으로 덮여 있는 도미니카공화국과 달리 아이티는 기본적인 땔감까지 부족한 실정이 됐다.

경제적으로 도미니카공화국은 아이티에 비해 10배 정도 부유하며 아이티는 캐리비안의 최빈국으로 남아 있다. 상황이 이러니 아이티의 흑인 남자들은 착취를 당하고 여자들은 성폭행 피해자가 되는 경우가 부지기수다. 아이티가 거의 모두 흑인인 것과 달리 도미니카공화국 인구 상당수가 원주민 흑인과 백인의 혼혈인 물라토여서 차별이 더 심하다. 더욱이 도미니카공화국은 공교육이 어느 정도 작동하는 반면 아이티는 현재 문맹률이 높고 격차도 점점 커지고 있다.

2010년 아이티 대지진 때엔 도미니카가 처음으로 아이티에 지원을 했다. 이것도 순수한 인도주의적 지원과 배려가 아니고 대지진으로 인해 난민이 된 아이티인들이 대규모로 자국에 난민으로 유입되는 상황을 피하기 위해서였다고 보는 사람이 많다. 도미니카공화국이 대부분 천주교를 믿는 것과 달리 아이티는 토속종교인 부두교를 믿는다.

● 무장 강도 만나 세 번째 죽을 고비

첫 아이티 방문서 무장 강도 만났다

2005년 처음으로 아이티를 방문하기로 했다. 아이티에서는 김종효 목사가 파송한 탁형구 선교사, 인승칠 선교사, 백삼숙 선교사가 사역하고 있었다. 김종효 목사의 권유로 김병호 장로 부부, 하와이 코나에서 함께 공부한 노승희, 조정영 형제, 김말희 선교사 등과 두 대의 차량에 분승해서 출발했다.

산토도밍고에서 아이티와 접한 국경까지는 차량으로 4시간가량 걸린다. 국경을 넘으면 우선 탁형구 선교사가 운영하는 선교 센터에서 잠을 자고 인승칠 선교사가 세운 교회를 방문하는 것으로 일정을 짰다. 앞 차는 탁형구 선교사가 운전을 하고 나는 조수석에 앉고 뒷자리에 김종효 목사, 김병호 장로가 탑승했다. 도미니카에서 몰고 온 두 번째 차량에는 여자들과 조정영 형제가 탔다.

길을 잘 아는 탁형구 선교사가 선도 차량에 탔으므로 별다른 걱정이 없었다. 하지만 시테솔레이라는 외곽으로 들어서는데 갑자기 앞에서 여러 사람이 언뜻 봐서 막대기 같은 것을 메고 다가왔다. 처음에는 동네에 흔한 노숙자들이 동냥을 위한 밥통으로 구걸하는 것으로 보였다. 그런데 그들이 가까워져 찬찬히 살펴보니 모두가 소총을 갖고 있었다. 마침 눈치가 빠른 뒤 차의 기사는 뒤로 도망치기 시작했다. 그들은 노숙자가 아니고 갱이었다. 갱들이 총을 쏘며 정지하라고 했지만 뒤 차는 무사히 빠져나갔다. 하지만 앞 차에 앉은 우리는 한 치도 움직이지 못했다. 10여 명의 무장 강도가 차를 둘러싸면서 차 밖으로 나오라고 손짓을 했다.

영화에나 나오는 무장 강도를 실제로 만난 것은 천만뜻밖이었다. 원래 아이티에 거주하며 선교 사역 중인 탁형구 선교사가 인도했기에 방심했던 것이다. 목적지에 가기 위해서는 여러 가지 경로가 있었는데 조금 더 빠른 길로 들어선 것이 문제였다. 또한 이동 시간이 오전이었기에 아침부터 강도를 당할 수 있다고는 미처 생각하지 못했다. 갱들이 시간 봐 가면서 강도 짓을 할 것이라고 생각한 우리가 너무 순진했던 것이다. 당시는 아이티 대지진이 일어나기 전이어서 UN(United Nations: 국제연합)군이 치안을 맡고 있던 상황이지만 동네에 퍼져 있는 갱을 어쩌지는 못했을 것이다.

탁형구 선교사는 손짓으로 우리는 모두가 가난한 너희 나라를 도우러 온 선교사라고 설명했다. 하지만 그들은 그게 무슨 대수냐는 표정으로 들고 있던 소총의 개머리판으로 자동차 창문을 부수기 시작했다. 나를 제외한 세 사람은 차에서 내려서 시키는 대로 두 손을 들고 땅바닥에 무릎을 꿇었다.

무장 강도 구타로 생긴 시퍼런 멍

생사를 가르는 순간이었다. 중무장한 강도가 굳이 비무장한 민간인을 살해하지는 않겠지만 말도 통하지 않는 상황에서 혹시라도 오발 사고라도 나면 아무런 의미 없는 죽음이 될 수 있기 때문이다. 나는 세 사람과 달리 차에서 내리지 않고 남아 있었다. 그들은 이 사람은 뭔가 싶어서 차 안을 들여다보고는 내가 환자라는 것을 알게 됐다. 그러고는 진짜 환자인지 확인하려는 듯 소총의 끝으로 내 배를 쑤셔 댔다. 당시에는 머릿속이 하얘져서 아무런 생각이 없었다. 등에서는 식은땀이 흘렀다. 내리지도 못하고 그냥 있기도 어려운, 이도 저도 못하는 상황이었다. 구약에 나오는 다니엘과 친구들이 불구덩이나 사자 굴에 던져졌을 때도 이랬을까 하는 생각은 나중에 곱씹은 것이다.

하여튼 강도들은 내리라는 표시로 총구를 흔들어 보였지만 나는 내리고 싶지 않았다. 내 조끼 주머니에서 약간의 현금과 뒷주머니에서 지갑을 빼앗았다. 십자가 목걸이를 매고 있었는데 금줄은 빼앗고 십자가는 바닥에 떨어뜨렸다. 강도들은 더 이상 뺏을 것이 없다고 판단했는지 잠시 후에 가도 좋다고 놓아 줬다. 차에서 내렸던 세 사람도 온몸을 뒤져 나온 금품을 모두 뺏기고 다시 차에 올라탔다. 그래도 금품만 뺏기고 차량이나 생명에는 지장이 없어서 다행이었다. 또한 내 돈과 지갑, 금줄은 뺏겼지만 조끼 위쪽 주머니에 있었던 선교 헌금 2천 달러는 그대로 있었다. 하나님이 이런 상황에서도 은혜를 내려 강도들의 눈을 가려서 선교를 위한 헌금에는 손을 못 대게 하신 것이다.

이제 겨우 강도들의 손아귀에서 벗어나 소나피로 돌아가니, 뒷차에 탔던 이은혜 선교사가 괜찮으냐며 무사 귀환을 기뻐했다. 긴장했을 때는 몰랐는데 나중에 내 배를 살펴보니 시퍼런 멍이 들었다는 것을 알았다. 멍이 없어지는 데 한 달이나 걸렸지만 아직도 그때 내가 차에서 내리지 않았던 이유를 알 수 없다. 총으로 위협하는 강도들의 지시에 따라 먼저 차량에서 내려 두 손을 들고 있었던 세 사람의 모습에도 불구하고 내리지 않았다. 이런 강포한 위협에도 불구하고 큰 위해를 당하지 않은 것은 오로지 하나님의 은혜라고 고백할 수밖에 없다.

출발지인 소나피로 돌아가서 놀란 가슴을 진정시키고 쉬면서 식사를 했다. 그리고 우리 팀은 다른 루트로 인승칠 선교사의 사역지를 돌아보고 귀환했다. 그때부터 아이티 사역에도 비전을 갖게 됐다. 이후의 아이티 방문, 대지진 후에 죽음을 무릅쓰고 아이티를 찾은 것도 이때의 다짐에서 이뤄진 일이다.

대지진을 뚫고 가는 길

아이티에 선교 센터를 계획하다

2005년 처음으로 강도를 만났지만 그렇다고 아이티 선교를 접은 것은 아니었다. 어렵지만 무언가를 해야겠다는 의지로, 2009년 북쪽 지역에 선교 센터를 설치해야겠다는 결심을 했다. 마침 늘 푸른선교교회에서 선교팀이 왔다. 이미 아이티의 수도 포르토프 랭스에서는 한국 선교사들이 활발하게 선교 사업을 하고 있었다.

우리가 선교 센터를 계획한 지역은 아이티 제2의 도시인 카프 아이시앵으로, 북부에 있는 항구 도시다. 당시 이 지역은 다른 곳에 비해서 안정돼 있었다. 당시도 안정적이라 토지를 구입해서 들어갈 생각을 하고 있었다. 원래 이곳은 로얄 캐리비안 크루즈 가 정박할 정도로 아름다운 항구 도시다. 하지만 센터를 세우기 위한 토지 구입이 뜻대로 되지 않았다.

2010년 대지진 발생 후에도 이 지역은 큰 피해가 없었다. 오히려 구호가 필요한 곳은 수도인 포르토프랭스 인근이었다. 그래서 우리는 피해가 큰 지역에 집중하기로 했다. 당초 계획했던 선교 센터보다 집 한 채를 빌려서 사무실로 쓰면서 고아원을 짓기로 했다. 지진으로 인해서 수없이 많은 고아가 발생했기 때문이다. 당장 생명을 구할 수 있는 지역과 고아원으로 사업을 바꾼 것이다.

포르토프랭스에 세운 고아원은 대략 1년 넘게 준비한 끝에 완성됐고 현지 아이티인 목사에게 교회와 함께 기증했다. 직접 운영하는 것은 도저히 역부족이었다. 현지 아이티인 목사에게 넘기고 후원을 하는 것이 옳다고 판단했다.

대지진 일어나자 구조팀이 도착

2010년 1월 12일 아이티에 대지진이 발생했다. 미국에서 1월 11일 새벽예배에 참석했는데 그날 설교는 중국에서 사역 중인 안홍기 목사가 했다. 처음 만났지만 아침 식사를 같이 하게 되었고 이야기 끝에 안홍기 목사는 중국 사역보다 조금 더 어려운 곳에서 사역하고 싶다고 했다. 나는 아이티를 추천했다.

그날 밤 비행기를 타고 12일 오후에 산토도밍고 공항에 도착해서 집으로 가고 있었다. 차 안에서 김병호 장로에게 전화하고 있는데 갑자기 대지진이 났다고 대피하라고 해서 전화를 끊어야 했다. 김병호 장로는 3층 건물에서 물건을 사고 있었는데 바로 그때 아이티에 대지진이 일어난 것이다. 뉴스 보도는 인명 피해가 얼마나 되는지도 알 수 없는 상황이고 모든 것이 마비됐다고 전했다.

많은 한국인이 도미니카로 피신해 오기 시작했다. 아이티에 한국 공장도 몇 개 있지만 한국인과 선교사가 많이 있어서 몹시 걱정을 했다. 마침 한 지인이 연락해 오기를 한국의 '감자탕교회'로 유명한 서울 광염교회 조현삼 목사 일행이 도미니카 공항에 도착하니 공항에 마중을 나와 달라고 부탁했다.

공항에 마중을 나갔더니 조현삼 목사와 서울 광염교회 성도 네 명과 뉴저지에 있는 조항석 목사가 함께 도착했다. 모두 처음 만났다. 만나자마자 당장 아이티에 데려가 달라고 부탁을 해 왔다. 나는 "지금은 다들 아이티를 빠져나오는데 어떻게 들어가려고 하느냐"며 일단 식사부터 하자고 말렸다.

감자탕교회는 대단히 훌륭한 교회다. 전 세계 어디든지 재앙이나 사고가 나면 가장 먼저 구조팀을 보내는 교회다. 지진이 일어난 시간이 한국에서 새벽인 오전 6시였는데 구조팀 중 한 사람이 뉴스를 듣고 바로 팀을 꾸려서 준비한 후 뉴욕을 경유해서 도미니카에 도착했던 것이다.

조항석 목사도 그들과 잘 알지 못했는데 오래전부터 아이티에 대한 사역을 해 오다가 감자탕교회팀과 연결이 돼 함께 온 것이다. 조항석 목사는 그 후에도 아이티에는 1년에 몇 번씩 고아원을 도와주러 방문하고 도미니카에는 교회도 2개를 지어 주는 등 활발한 사역에 나서고 있다.

첫 구호를 위해 아이티로 출발

식사를 마치고 의기투합하여 다음 날 같이 떠나기로 결정했다. 트럭 두 대를 빌리고, 우리 센터의 트럭과 30인승 버스도 합류하기로 결정했다. 다음 날 오전에 도매형 양판점인 프라이스마트로 가서 식수, 음식, 약품 등으로 세 트럭을 가득 채웠다. 도미니카 주재 아이티 영사 한 사람도 우리의 부탁에 응해 함께 가기로 했다.

다음 날 아이티로 떠나려 하는데 버스에 30명 정도가 꽉 찼다. 한국에서 급히 온 백세현 선교사 등 여러 선교사와 언론사 기자

들이었다. 아이티로 향하며 라디오 방송을 들으니 아이티의 교도
소 담장이 무너져 죄수들이 모두 탈주했다는 등 많은 사람이 아
이티 수도를 빠져나가려고 야단법석이며 치안 상태가 매우 나쁘
다는 뉴스가 이어지고 있었다. 조현삼 목사에게 "그래도 가시겠
냐"고 물었더니 "물론입니다"라고 답했다.

국경에 도착했는데 국경에는 경비가 없었다. 그래서 탁형구 선
교사가 있는 소나피 공장으로 향했다. 도착해서 짐 정리를 하고
각자 숙소로 옮겼다. 나와 백세현 선교사는 어떤 집으로 갔는데
백세현 선교사는 2층에 잠자리를 마련하고 나는 1층에서 잤다.
그런데 다음 날 사람들이 "그렇게 위험한 행동을 했냐"면서 질책
을 했다. 강진 뒤에 따라오는 여진이 또 언제 올지 모르는데 어떻
게 집 안에서 잠을 자느냐며 밖에서 자야 한다고 했다. 다음 날은
백삼숙 선교사 집 마당에서 여럿이 함께 잠을 청했다. 야외에서
잠을 자는 것이 운치가 있을 법도 한데 상황이 상황인지라 불안
과 걱정 때문에 잠들기가 쉽지 않았다.

대지진의 참상을 목도하다

아이티 대지진으로 엄청난 피해가 발생한 것은 여러 가지 이유가
있겠지만 우선, 2008년부터 불었던 건축 붐이 원인 중 하나로 꼽
힌다. 수많은 건물이 건축됐기 때문이다. 수도 포르토프랭스의
경우 학교, 아파트, 백화점 등 많은 건축이 이뤄졌다. 그런데 문
제는 엉터리로 지었다는 것이다. 철근도 제대로 넣지 않고 대충

짓는 부실 공사가 피해를 키웠다. 심지어는 대통령 궁, 성당, 학교도 무너졌다. 내가 아이티 현장을 조현삼 목사 일행과 방문했던 것이 지진이 일어나고 사흘 후였으니 피해를 직접 확인해 볼 수 있었다. 당시에는 갱들도 그렇게 많지 않았다.

대지진 현장에서 가장 놀랐던 것은 바로 현장에서 필요로 하는 물품이 우리 생각과 많이 달랐다는 점이었다. 처음에는 물이나 음식 같은 먹을 것이나 치료를 위한 약품이 필요했는데 나중에 보니까 마스크가 가장 필요했다. 왜냐하면 사망자들의 시신이 여기저기 흩어져 있고 부패하고 있어서 냄새를 견디려면 마스크를 착용해야 했기 때문이다.

전 인류적 재앙에 수많은 교회에서 구호의 손길을 뻗쳐 왔다. 특히 모든 구호 물품은 도미니카공화국에서 넘어갔다. 아이티에서 대지진이 나자 공항, 항구가 모두 폐쇄되는 바람에 출입국 수단이 없었다. 도미니카공화국에서 국경으로 넘어가는 육로만이 접근 가능했다. 한국전쟁에서 군수를 담당했던 일본이 큰돈을 벌고 베트남전쟁에서 전쟁 물자를 공급해서 경제적 이익을 봤던 한국과 아이티 대지진 후 도미니카공화국의 상황이 비슷했다.

지진 현장을 직접 육안으로 확인해 볼 수 있었는데 가장 처참한 것은 무너진 건물 더미 아래 생존자들을 찾는 작업이었다. 어느 정도 시간이 지난 다음에는 생존자는 없고 시신만 찾을 수 있게 된다. 수습된 시신은 모아서 트럭으로 옮겨 땅에 구덩이를 파고 묻었다. 중장비가 없으니 건물 더미를 치울 수 없기 때문이다.

시신을 몇 달이나 혹은 1-2년 후에 찾기도 했다. 흔적도 없을 수 있고 오래돼 도저히 찾지 못할 수도 있다. 물론 누가 누군지 신원 확인은 전혀 불가능했다. 아이티의 건물은 고층이 아닌데도 그 안에 매몰된 시신을 찾는 데는 실제로 몇 년이 걸렸다. 어떤 어머니가 자기 아들이 대학 건물 밑에 있다는 전화를 받았다면서 도와 달라고 울부짖는데도 어떻게 해 볼 만한 일이 없었다.

눈 뜨고도 믿지 못할 구호품 배포

더 믿을 수 없는 일이 구호 물품을 나눠 줄 때 일어났다. 트럭에 구호 물품을 싣고 난민이 모여 있는 스타디움에 가는데 도로가 완전히 비포장 흙바닥이었다. 여기저기에 시신이 널브러져 있고 시신 썩는 냄새가 진동하고 그 곁을 생존자들이 걸어 다녔다.

막상 스타디움에 물품을 내려 주러 가는데 UN군의 경호 인력이 호위해 준다고 찾아왔다. 당시 UN에 근무하던 이 소령이라는 여성이 직접 나왔다. 브라질 군인 10명이 두 대의 지프차에 타고 왔다. 구호팀과 호위팀은 얼마 되지도 않는 거리인데도 이동하는 데 꽤 오래 걸렸다. 길가에 널려 있는 시신과 흙먼지가 많아서 앞이 보이지 않았다.

도착하여 잠시 후에 보니 우리를 호위하던 브라질 지프차가 없어졌다. 웬일인가 싶었는데 알고 보니 스타디움에서 1천여 명의 난민들이 기다리고 있었던 것이다. 아이티 난민들은 자기 차례를 기다리다가 구호 물품이 없어지면 바로 폭동을 일으킬 수 있었다. UN군이 총을 들고 있어도 통제가 안 되는 것이다. 물품은 뻔히 제한된 수량인데 기다리는 사람이 훨씬 많으니 마치 요즘 영화에 나오는 좀비같이 몰려올 것이고, UN군은 이전 경험에 의해서 그런 일이 벌어질 줄 알고 미리 도망간 것이었다.

배고픈 난민들에게 자기 차례에는 아무것도 없다는 것은 눈이 뒤집히는 상황이다. 지진이 일어나고 그런 일이 계속 벌어졌는데 우리 일행은 처음이라서 전혀 몰랐던 것이다. UN군 인솔자인 이 소령이 호위팀에 연락을 했지만 응답이 없었다. 이쯤 되니 한국에서 날아온 구호팀원들이 겁을 먹기 시작했다. 결국 우리는 큰 위협을 느꼈고 사람들이 마치 좀비처럼 몰려오니까 역시 도망을 칠 수밖에 없었다. 다행스럽게도 모두 도망하는 데 성공했다.

이렇게 한 번 혼쭐이 나고 우리는 소나피에 돌아가 회의를 했다. 아무리 험난한 상황이라도 첫날인데 약품이라도 나눠 줘야 하지 않느냐는 결론을 내리고 음식보다는 덜 위험한 약품을 전달하자고 결정했다.

구호하러 갔다가 두 번째 강도 만나

소나피에 있는 어떤 의료 시설에 약품을 전달하기 위해 나섰다. 선교사 6명, 현지인 6명이 조그만 트럭에 약품을 싣고 차량 뒤가 열려 있는 소위 '땁땁이'(아이티 현지어인 크레올어로 'Tap, Tap', 영어로 번역하면 'very quickly') 차를 타고 노천 병원에 도착했다. 프랑스인 의사들이 관리하는 병원이었다. 병원에 도착하니 병원 여기저기에 환자들이 줄을 서서 기다리고 있었다. 약품을 전달해 주고 나와야 하는데 주변에 있는 사람들의 분위기가 심상치 않아 보였다. 그래서 의사들에게 우리를 경호해 달라고 요청했다. 그랬더니 "낮에는 괜찮다"는 얘기를 들었다.

그래도 불안한 마음이 있었는데 아니나 다를까, 밖으로 나와 차량 뒤에 타고 떠나는데 갑자기 두 명이 총을 들고 올라타는 것이다. 그러더니 "아이티에 왔으니 세금을 내라"고 했다. 입구에 앉아 있었던 김승돈 선교사가 가장 큰 피해를 보았다. 아이티에서 몇 년간 사역하며 걱정 없다고 했던 선교사인데 미국 여권과 현금 봉투를 빼앗겼다. 김승돈 선교사는 그 후에 시테솔레이에서 사역했다.

다른 동승자들도 얼마씩 빼앗기고 내 차례가 왔을 때 주머니에 든 몇십 달러를 꺼내 주었다. 내 앞에 앉아 있던 백세현 선교사는 들고 있던 카메라를 빼앗길 뻔했다. 전날 도착해서 동영상과 사진을 찍었기에 아차 싶었는데 100달러짜리 지폐를 건네고 카메라는 돌려받았다. 그 자리에 전재덕 선교사, 이철영 선교사도 있었다.

돌아와 회의를 했고 조현삼 목사가 "이 사실을 밖에 알리지 말자"고 보안 유지를 부탁했다. 그나마 구호 물품을 갖고 오는 사람들이 소문을 듣고 겁이 나서 오지 않을 수 있으니 보안을 유지하자고 했던 것이다. 물론 도착하면 단단히 주의를 줘서 조심시키면 될 것이라는 생각이었다. 하지만 보안 유지는 어려웠고 강도 당한 일이 알려지게 됐다.

또한 조현삼 목사는 "세계 수많은 곳에서 구호 활동을 했지만 이렇게 생명의 위협을 느낀 것은 처음"이라며 다음 날 떠나기로 결정했다. 그래서 가져갔던 물품을 현지 선교사들에게 전달했다. 다음 날 철수하는 과정도 쉽지 않았다. 1만여 명의 아이티인들이 UN 건물 앞에서 데모를 하고 있었는데 우리 일행은 간신히 차를 타고 빠져나왔다. 이런 과정에서 버스를 막아서기도 하고 자기들 끼리 싸우기도 해서 매우 난처한 구호 활동이 됐다. 우리가 탄 버스가 마치 좀비 떼를 차로 밀어붙이듯이 사람 사이를 뚫고 지나가야 했는데 악에 받친 사람들이 차 창문을 깨고 달려들면 어떻게 하나 싶어서 정말 무서웠다.

특히 수만 명의 사람들이 우리가 버스를 타고 가는 모습을 지켜보고 있다는 생각에 오금이 저렸다. 공포가 이런 것이구나 하고 실감했다. 현장에서는 모두 공포를 느꼈지만 그것이 공포인지 뭔지 알지 못할 정도로 긴장된 상태라서 나중에야 그게 극한의 공포였다는 것을 알았다.

하지만 이런 일이 발생한 후에도 많을 때는 같은 주에 두 번씩 한국에서 오는 구호팀을 아이티로 안내했다. 우리가 인솔하는 구호팀들이 가급적 위험하지 않도록 최선을 다해서 도왔다. 낮에는 물건만 전달해 주고 바로 출발하는 방식을 택했다. 아무리 호위를 잘해 주더라도 구호품이 떨어지면 바로 뒤도 돌아보지 않고 그 자리를 떠났다.

이런 직접적인 구호 활동은 6개월간 지속됐다. 나중에는 UN군으로도 질서 유지가 되지 않으니까 미국에서 수천 명의 해병대가 도와주러 왔다. 하지만 해병대도 한두 시간 지나 구호품이 없어지려고 하면 바로 철수했다. 아이티 난민 입장에서 보면 구호품이 없어지면 굶어 죽을 수도 있으니 죽기 살기로 달려드는 수밖에 없는 것이다.

처음에는 이해가 어려웠다. 오히려 무서웠는데 나중에 그들의 입장을 생각하면 눈물이 났다. 오죽하면 물품을 얻으려 좀비처럼 광분했겠는가. 보이지 않지만 그들의 뒤에는 먹지 못해서 젖조차 나오지 않는 아내나 배가 고파서 굶주리고 있는 어린아이가 있을 것이다. 그렇게 생각하니 모골이 송연해지면서 하나님께 기도를 드릴 수밖에 없었다.

WGM센터는 구호 위한 베이스캠프

아이티 대지진을 취재하러 도미니카에 온 한국 일간지 기자를 만났다. 한국을 떠난 지 15년이나 지났는데 나를 용케 알아봤다. 내가 너무나 의외의 장소에서, 의외의 일을 하고 있다는 것이 인상적이었던 것 같다. 우리 사역을 자세하게 소개했다. 인터뷰에 응했던 것은 기자가 나를 알아본 것이 고마웠고 이를 계기로 하나님의 사업에 헌신하는 우리의 모습을 알려 많은 사람에게 영감을 주고 싶어서였다. 간증이었다.

전쟁터만큼 위험한 상태가 계속되고 있는 아이티를 오고 가는 일이 무려 6개월간 지속되면서 우리 WGM센터가 많이 알려졌다. 일단 국제선 항공편을 타고 오면 산토도밍고에서 내려야 했고 그러면 우리 센터에서 묵을 수가 있었다. 결국 우리 센터는 아이티 구호를 위한 베이스캠프 역할을 하게 되었다.

또한 아이티에 취재를 가려면 기자들도 교통편을 구해야 할 텐데 언론을 위한 셔틀버스가 있을 턱이 없으니 아무래도 우리 구호 버스를 탈 수밖에 없었다. 30인승 버스가 항상 꽉 차서 국경을 넘었다. 그중 선교사는 6-7명이고 기자들도 12명이나 탑승할 수 있었다. 당시 산토도밍고에 주재하던 아이티 외교관이 자기 나라 국경을 넘는 데 항상 편의를 제공했다.

부실 건축이 키운 지진의 피해

대지진으로 인한 큰 피해는 앞서 언급했듯이 부실 건축 때문이라고 전문가들은 지적한다. 지진이 일어났던 중심지는 시테솔레이였다. 지진의 충격 에너지는 거리를 거쳐서 시내 중심부를 통과해 지나갔다. 도미니카에서도 흔히 볼 수 있지만 시테솔레이에도 사람들이 많이 주거하는 집들 대부분이 나무와 양철 지붕으로 되어 있다. 몇십만 명이 사는데 이번 지진으로 많은 사람이 죽었다.

다른 나라 같으면 큰 지진이 아닌데 새로 지은 건물들의 경우 희생이 너무 컸다. 5층짜리 학교에 층마다 학생들이 200명씩 공부하고 있었는데 모두 묻혔다. 백화점과 주거 공간, 사무실, 언덕에 지어진 주택 등에서 총 20여만 명이 목숨을 잃었다.

당시 아이티에는 수년간 UN 평화유지군이 많이 주둔해 있었다. 중국에서 파견한 UN군은 가장 높은 8층짜리 호텔에 묵었는데 떠나기 전날 호텔이 붕괴했다. 나도 이전에 한 번 묵었던 적이 있는 호텔인데 지금도 그 건물 전체가 성냥으로 쌓은 탑처럼 무너졌다는 것이 믿어지지가 않는다. 나중에 아이티에 구호 물품을 나눌 때 도와줬던 한국 출신 UN군 이 소령에게 들은 얘기로는, 자신도 그 호텔에 묵었는데 지진이 일어나기 5분 전에 조깅을 위해서 호텔 문을 나섰다가 겨우 목숨을 건졌다고 했다.

● 고아원 건립에 몰린 도움의 손길

북쪽 센터 취소, 포르토프랭스 사역으로

아이티 수도가 있는 서남쪽과 반대편인 북쪽에 제2의 도시 카프아이시앵이 있다. 여기에 우리는 선교 센터를 세우기로 했는데 대지진 때문에 취소했다. 당장 고아들이 넘쳐 나는데 선교 센터는 나중에 지어도 되지 않느냐는 생각이었다. 그래서 피해가 막대한 수도 포르토프랭스에서 진행하는 것이 맞다고 판단했다.

마침 구호팀을 이끌고 왔던 조현삼 목사가 지진으로 피해 입은 아이들을 위한 고아원을 짓게 되면 3만 달러를 지원해 주겠다고 약속했다. 그 후 감자탕교회 구호팀이 떠나고 계속해서 한국 교회에서 많은 구호팀이 도착했는데 많을 때는 일주일에 두 번씩 아이티로 안내해야 했다. 어떤 때는 아이티 구호가 선교 센터의 주업무가 됐다는 생각을 하기도 했지만 그들의 진심을 알기 때문에 열심히 도왔다. 그러다가 우리도 직접 고아원을 세우기 위해서 백세현 선교사와 알아보기 시작했다.

지진이 발생하고 한 달 뒤에 아이티 수도에서 100만 명이 넘는 아이티인들이 모여서 며칠 동안 집회를 했다. 주최한 사람 중 레네(Rene) 목사를 소개받아 둘째 날 집회에 백세현 선교사와 참석했다. 레네 목사는 아카에시 지역에서 사역을 했고 우리는 계속해서 그 지역을 도왔다. 경기중앙교회에서 교회 건축을 마무리했다. 레네 목사와 고아원을 지을 장소에 대해서 상의했더니 그렇지 않아도 자신이 갖고 있는 토지에 고아원을 짓기 위해 기도 중이라고 말했다. 함께 가서 보고 그곳에 고아원 건축을 결정했다. 하나님이 미리 계획해 놓으신 것이다.

고아원 도운 손길들

2010년 2월 24일 아카에시에서 착공 예배를 드리면서 고아원 사역이 시작됐다. 캘리포니아 늘푸른선교교회 송영재 목사와 그의 지인들인 필라델피아 기쁨의교회 박성일 목사, 나성 남포교회 한성윤 목사, 라스베가스(Las Vegas) 장로교회 정공필 목사, 콜로라도 뉴라이프(New Life) 교회 정대성 목사, 필라델피아 첼튼햄(Cheltenham) 장로교회 최정권 목사, 뉴잉글랜드 은혜교회 이승환 목사, 세리토스(Cerritos) 장로교회 김한요 목사, 비전마을교회 김삼열 목사 등이 아이티 고아원을 위해서 6만 달러를 모았다. 그

외에도 많은 사람이 헌금 행렬에 동참했다. 감자탕교회에서도 약속했던 3만 달러보다 더 많은 액수를 보내왔고 온누리교회 하용조 목사도 2만 달러를 보내왔다.

뉴저지에 거주하는 김명신 권사는 모금 음악회를 3회 열었는데 한 번에 1만 달러 이상을 모아서 보내왔다. 원래 김명신 권사를 초청해 은혜 고아원에서 음악회를 열고 싶었지만 2015년 타계했다.

기아대책협의회(정정섭 회장)에서도 부엌 비품을 포함해서 1만 달러를 헌금했다. 당시 뉴욕 인투 온누리교회에 안진성 목사와 유니스 사모가 선교 여행을 왔다가 함께 왔던 팀과 합쳐서 딸 안소율의 돌을 기념해 5천 달러를 헌금했다. 얼마 후에는 아들 이삭의 탄생 기념으로 5천 달러를 추가로 헌금했다. 젊은 목사 부부가 어린 자녀 소율과 이삭을 위해 헌신하는 모습이 감동적이었다. 두 자녀들에게 아이티 고아원만 한 선물이 더 있었을까 싶다. 이런 헌금이 고아원 건축에 큰 도움이 됐다.

장영철 목사와 조영훈 목사의 헌신

지진 발생 후 기아대책협의회 정정섭 회장 팀이 아이티를 방문했다. 정정섭 회장은 전국경제인연합회 상무를 역임했던 인물이라 안면이 있었다. 기아대책협의회 아이티 지부가 구호 센터를 지을 장소를 물색하러 온 것이다. 아카에시 지역을 소개했지만 아이티 기아대책협의회에서 사역을 했던 사람이 다른 지역을 소개해서 그곳으로 결정했다.

한 달 후에 기아대책협의회 시애틀 지역 사무총장이라고 장영철 목사와 벨뷰 사랑의교회 조영훈 목사가 찾아왔다. 두 목사를 처음 만났는데 이때 인연이 되어 벨뷰 사랑의교회에서 단기 선교팀이 여러 번 왔고 조영훈 목사는 시니어선교훈련학교(SMTS)에 강사로 나서기도 했다.

처음 나를 찾아온 것은 기아대책협의회 북부 지역에서 아이티 지진 복구 헌금 9만 달러를 모았는데 어떻게 사용하면 좋은지를 묻기 위해서였다. 당연히 기아대책협의회에서 센터를 지을 지역을 결정했으니 그곳에 사용하면 되지 않겠느냐고 했더니 장영철 목사는 다른 사용처를 찾고 있었다. 지진 헌금을 도움이 필요한 곳에 빨리 사용하기를 원했던 것이다. 기아대책협의회 센터에 사용하면 시간이 몇 년이 걸릴 수도 있다고 판단한 것이다.

그래서 바로 아카에시 부지에 크게 짓다가 중단한 학교 건물로 안내했다. 그곳을 보고 나서 장영철 목사는 "바로 이겁니다" 하며 학교 건축을 시작했다. 10개월 동안 혼자서 매일 건축 현장을 둘러보며 완공했다. 어려운 상황인데도 주저 없이 훌륭하게 끝냈다. 한편으로는 현지인 교회에 나가 설교하고 전도하며 열심히 사역에만 몰두한 훌륭한 목회자였다.

또한 뉴잉글랜드 한인 교회 단기 선교팀이 우리를 방문했다. 내 학교 동기인 주공로 장로와 함께 왔는데 이후 주공로 장로는 꾸준히 많은 후원을 하고 있다.

아직도 신음하는 아이티

치안 불안으로 철수

세상의 관심을 끌고 있는 아이티의 신음은 대지진이 지나간 지 10여 년이 지났지만 아직도 진행 중이다. 최근 유수의 서방 언론에 따르면, 미국은 군용 헬기를 급파해 아이티 주재 대사관 직원 일부를 철수시켰다. 미군 남부사령부는 수도 포르토프랭스 주재 대사관의 비필수 인력을 철수시키고 군용기를 대사관 영내로 보냈다. 또한 미국 국무부는 아이티 주재 대사관의 인원을 줄이고 제한된 업무만 보게 하고 있다. 아이티에 주재하던 EU(European Union: 유럽연합) 대표단과 독일 대사 등도 이미 도미니카공화국으로 피신했다. EU 대표단은 안전 문제로 현지 사무소를 임시 폐쇄하고 최소 인원만 남겼다.

피난 온 아이티인 150만의 삶

도미니카공화국으로 넘어와 살고 있는 아이티인들이 대략 100-150만 명으로 추산되고 있다. 이들은 아이티에서 중산층이나 저소득층으로 살던 사람들이 대부분이다. 이들 중 상당수는 예전부터 도미니카공화국에 살았던 친척이 있다. 하지만 대부분 불법 체류일 가능성이 높다. 그러다 보니 좋은 일자리를 구할 수 없고 마치 2등 국민처럼 어려운 처지에 있다. 최근에는 아이티인에 대한 합법적인 비자 발급이 중단된 상태다. 이들은 아이티에서 힘들었는데 도미니카에 와서도 어렵게 살고 있는 것이다.

도미니카 정부 입장에서도 부담이 될 수 있으므로 기회만 있으면 아이티로 돌려보내고 싶어 한다. 하지만 정부가 나서서 일부러 길거리에서 잡지는 않는다. 피부색이 다르고 말이 다르기 때문에 얼마든지 잡을 수 있지만 실제 행동에 나서지는 않는다.

현재 우리 사역에 관련이 있는 아이티 청소년도 12명이나 되지만 합법 체류자는 없는 것 같다. 간사로 일하는 학생이 있고 매우 성실하고 독실해서 나중에 큰 일꾼이 될 것이다. 문제는 대부분 합법적으로 들어왔던 사람도 1년짜리 비자가 만료돼 체류 기한 초과로 불법인 상태가 되기 쉽다는 것이다. 특히 아이티인들이 새로운 비자를 받는 기회가 아예 막혀 있기 때문이다.

한편 현재 아이티 사람을 한국 단체에서도 적극적으로 돕고 있다. 특히 아이티에서 사역을 해 왔던 단체가 도미니카로 철수해서 이들을 계속 돕고 있다. 원래 아이티 인구는 도미니카공화국과 유사하게 1천만 명이 됐는데 수백만 명이 아이티를 탈출한 것으로 알려져 있다. 하지만 탈출한 사람들도 살길이 막막한 상태다. 남은 사람들도 먹을 것이 없다. 정치가 잘못되면서 먹을 게 없어 하루에 한 끼도 못 먹는 사람이 많다고 알려져 있다.

13

우물 사역,
1천 개의 교회 사역

도미니카공화국은 천주교 신자가 다수인 국가이며
개발 도상국이다. 한국과 달리 현실에 순응하는 민심이 있는 것 같다.
그래서 실질적인 도움을 주는 사역부터 시작하기로 했다.
가장 힘들어하는 것 중 하나가 열대성 호우가 있음에도
물이 부족하다는 것이다. 원래 열대 지방은 덥기도 하지만
하루에도 여러 번 스콜이라는 갑작스러운 소나기가 내리기
마련인데 도미니카공화국은 항상 물 부족을 고민한다.
이에 대한 해결책으로 우물 파는 것을 구호 사역으로 정했다.
또한 주거 환경만큼 어려운 것이 교회 건물이었다.
큰돈이 들어가지만 인건비와 자재비가
다른 나라에 비해서 저렴한 편이어서
번듯한 교회를 만드는 것도 선교 사역의 하나로 정했다.

도미니카공화국에서 거리를 지나다 보면 가장 많이 눈에 띄는 것이 5갤런짜리 파란 투명 물통이다. 여기저기에서 빈 통이나 물이 가득 들어 있는 통을 쉽게 볼 수 있다. 먹는 물이 귀했다. 그렇다고 식수가 아닌 생활용수가 넘쳐 나는 것도 아니다. 그래서 저소득층일수록 우물이 필요했다. 최소한 먹을 물은 사서 먹을 수 있지만 생활용수는 구하기가 어렵다. 우물을 파기 위해서 수일간 고군분투하는 우물사역팀의 피와 땀의 결과로 땅 밑에서 물이 나오는 장면을 상상해 보라.

● 우물 사역으로 생명수 나누다

우물 사역을 시작하다

선교사로 어느 정도 자리를 잡아 가려는 즈음에 문물을 정확히 익히기 위해서 쿠바에도 갔다 오고 중남미의 여러 나라를 다녀왔다. 그러다가 우물 사역이 필요하다는 것을 알게 됐다. 전 세계 물이 부족한 저개발 국가들에서 우물 사역을 하고 있는 권종승(대니얼

권) 선교사가 소개해서 우물 시추 장비를 들여와 시작했다. 하지만 장비는 있었지만 전문가들이 아니어서 시추 성공률이 좋지 않았다. 마음만 너무 앞서서 도미니카에 필요한 것이라며 급하게 추진한 탓으로 돌렸는데 하나님이 맞는 사람을 보내 주셨다.

토론토 가든(Garden) 교회에서 파송해 니카라과에 갔던 백세현 선교사가 도미니카공화국에 왔다. 그는 휴스턴 서울교회와 니카라과에서 오랜 기간 우물 사역을 했었다. 라베가에 교회를 개척하고 두 번째 교회도 인근에 세웠다. 토론토 가든 교회에서는 도미니카에 6개의 교회를 세웠다. 그중 3개 교회는 우리와 사역을 함께 하는 곳에 세웠다. 우리는 백세현 선교사를 통해 교회 건축에 대해서 많이 배웠으며 하나님이 그때부터 많은 후원자를 보내 주셨다.

우물 사역 플랫폼이 되기까지

2008년 권종승 선교사의 도움으로 시작한 우물 사역은 텍사스에 있는 우물 장비 회사에서 장비 일체를 구입하고 1년 동안 몇 군데를 시도했음에도 성공하지 못했다. 우물 사역이 제대로 되려면 더 많은 피와 땀이 필요하다는 생각을 하고 기도하고 있었다.

그즈음 휴스턴 서울교회에서는 니카라과에서 오랫동안 진행하던 우물 사역과 별개로, 도미니카를 또 다른 사역지로 삼고 도미니카에 왔다. 그 팀이 우리와 같은 종류의 장비를 구입했기에 "우리도 한 세트의 장비가 있으니 동역하면 어떠냐"고 제안했으나 별다른 반응이 없었다. 나중에 듣기로는, 초창기의 시행착오를 극복하고 이미 체계가 제대로 잡힌 상태라서 협력하는 것이 오히려 혼란을 일으킬 수 있다는 판단에서였다고 했다.

2011년 이동렬 선교사와 이철희 선교사가 우리를 찾아와서 아이티를 위해서 우리의 우물 시추 장비를 헌물해 달라고 요청했다. 처음에는 조금 경우가 아니라고 생각했는데 찬찬히 들어 보니 그 의견이 옳다고 판단돼 장비를 보냈다. 당시 아이티는 대지진 직후라서 모든 물이 부족했고 상수도 같은 인프라가 망가진 상태라 도미니카공화국보다 더 절실했다. 이동렬 선교사는 한국에서 우물 사역을 위한 헌금을 받아서 아이티의 여러 곳에 우물을 팠다. 우물 장비 헌물은 정말 잘한 결정이었다.

얼마 지나지 않아서 도미니카에서 휴스턴 서울교회의 우물 시추 기계를 보관하면서 함께 사역했던 한기학 선교사에게서 연락이 왔다. 자신은 다른 사역지로 옮겨야 하니 휴스턴 서울교회 우물 시추 기계를 우리 센터에 보관하면서 함께 사역할 수 있는지를 물어왔다. 감사히 제안을 받아들였다. 나중에 생각해 보니 모든 상황에 하나님의 계획과 섭리가 있었음을 깨닫게 됐다.

휴스턴 서울교회는 2012년부터 연중 서너 차례 우물사역팀을 도미니카에 보내 그 장비를 사용하고 있다. 우리가 원하는 곳을 함께 돌아보며 우물을 팠다. 거의 20군데를 팠는데 절반 이상은 성공적으로 물이 잘 나와서 지역 사회에 많은 도움을 주고 있다.

만약 처음부터 휴스턴 서울교회와 협력 사역을 했다면 아이티에 우물 시추 기계를 보내기 어려웠을 것이다. 결국 우리의 첫 기계로 아이티에서 우물을 팠고, 우리는 휴스턴 서울교회 우물 시추 기계로 도미니카에서 우물을 팔 수 있게 됐다. 특히 휴스턴 서울교회 팀은 전문가들이어서 우리는 보관과 관리, 입지 선정 같은 일만 맡았기에 분업하듯 매우 효율적이고 체계적인 사역이 됐다. 하나님이 계획하신 일이었다는 것을 새삼 깨닫게 됐다. 아울러 하나님은 우리 기도를 항상 듣고 계신다는 확신이 섰다.

산호세 바테이 교회는 아이티인들이 모여 살며 사탕수수 농장에서 일하는 매우 가난한 지역에 위치하고 있다. 이곳의 첫 우물 파기 시도는 실패하여 포기하는 듯했으나, 워낙 가난한 지역이니 꼭 우물을 파야겠다는 의지가 강했다. 휴스턴 서울교회 우물사역팀이 여러 차례 계속 시도하는 것을 보면서 많은 감동을 받았다. 휴스턴 우물사역팀원들은 모두 직장이나 다른 생업이 있는데도 엄청난 비용을 들여서 이 일에 헌신하고 있다. 여러 팀이 교대로 출동한다. 조용준, 이준희, 황일청, 김성태 팀장이 리더로 온다. 또 우물 시추 기계를 보수 관리하기 위해 필요한 부품들도 계속 보내오고 있다.

다른 교회에서도 우물 사역을 하고 싶은 팀이 와서 협력한 적이 있다. 앞으로 여러 교회가 협력해서 함께 사역하면 좋겠다. 우물도 파 주고 현지 교회 어린이들을 위해서 여름성경학교팀과 같이 방문해 전도 사역을 하고 있다.

휴스턴 서울교회의 우물 사역

우리 센터가 우물 사역의 플랫폼이 된 것은 휴스턴 서울교회와의 협력 덕분이다. 휴스턴 서울교회는 지난 2002년 가정교회를 중심으로 시작한 교회로 2006년부터 아르헨티나에서 우물 사역에 나섰다. 우선 세계를 무대로 우물 사역에 나서고 있는 리빙워터에서 전문적인 기술을 배웠다. 하지만 아르헨티나는 현실적인 한계가 있어 장비를 현지에 인계하고 철수했다. 현재 휴스턴 서울교회는 사역지 중 도미니카와 니카라과에서만 우물 사역을 하고 있다. 대부분 자체 자금으로 우물 사역을 진행하고 있지만 "이 우물은 휴스턴 서울교회에서 몇 번째 판 것입니다"라는 기념 문구 하나 붙이지 않고 있다. 오른손이 하는 일을 왼손이 모르게 하고 있는 것이다.

도미니카 우물 사역으로 뚫은 우물은 대략 50곳이다. 아무 데나 판다고 물이 나오는 것이 아니다. 해발 높이를 고려해 얼마나 파야 물이 나올지를 계산하는 등 전문적인 작업이 필요하다. 작업은 대개 5명 정도가 한 팀이 돼 일주일 동안 수행한다.

본팀과 예비팀도 모여서 3개월 동안 자체 훈련으로 팀 구축을 하고 사역에 나선다. 요즘에는 우리 교회건축팀과 우물 파 주기를 진행하는 것을 선호한다. 새 교회 건물에 새 우물이 있으면 지역 주민들이 더 좋아하기 때문이다. 도미니카에서는 우물 하나에 6천 달러가 필요하다. 휴스턴 서울교회 우물사역팀은 이를 3천 달러 수준으로 낮추었다. 각자 생업이 있는 성도들이 훈련을 받고 자기 비용을 들여 항공편으로 도미니카에 날아와 인건비를 제외한 재료비만 3천 달러를 사용하고 있다.

우물 사역은 다른 사역과 조금 다른 측면이 있다. 현지에서 실제적인 구제의 효과가 크기 때문에 후원을 원하는 사람이 매우 많다. 후원자가 2천 달러만 지원해도 우물 한 곳을 팔 수 있다. 실제 후원은 우리 센터를 통해서도 이뤄지고 있고 휴스턴 서울교회를 통해서도 이뤄지고 있다. 후원자의 이름과 선한 의도는 우물이 사용되는 한 계속 남아 있게 된다.

● 1천 개 교회 건축의 시작

교회 건축 사역의 계기

교회 건축 사역은 우연한 기회에 시작했다. 다른 사역에 비해서 헌금이 많이 필요해서 쉽지 않지만 선교로는 매우 좋은 기회이자 은혜, 축복이다.

경기중앙교회에 출석하는 신순규 집사가 두 아이와 함께 도미니카에 왔다. 경기중앙교회는 교인이 약 3,500명(약 700가정)인데 김상익 담임목사의 비전이 '한 가정이 한 교회를 해외에' 건축하고 개척하는 것이었다. 한 가정이 2천만 원의 작정 헌금을 했다. 당시에 아프리카, 아시아, 러시아 등에 30-40개의 교회를 개척했다. 도미니카와 아이티에도 세우자고 요청해서 사역이 시작된 것이다.

경기중앙교회는 도미니카에 2개, 아이티에 2개 교회를 짓기로 결정했다. 도미니카 파티마에 프란시스코 목사가 시무하는 교회와 비자 메야에 레이즈 목사가 담임인 교회를 짓고, 아이티에는 아카에시에 지었다. 큰 교회였는데 마무리가 되지 않다가 지원 덕분에 완성했다. 이동렬 선교사가 사역하는 시테솔레이에도 1년도 안 돼 준공했다. 아카에시 교회는 KOICA(한국국제협력단: 코이카) 단원으로 봉사 왔던 행정자치부(현 행정안전부) 공무원 윤형진 집사 가정이 헌금했다. 준공 예배 때 김상익 목사 부부와 이월식 장로, 헌금한 신자들이 같이 참석했다.

김상익 목사는 한 국가에 3개 교회를 목표로 했기에 도미니카 알카리소스에 사무엘 목사 교회를, 아이티에는 김성은 선교사가 사역하는 섬에다 교회를 지었다. 또 도미니카에는 아이티와의 국경에 조그만 목조 건물 교회도 네 번째로 건축했다. 우리 사역에 큰 힘이 되었다.

김상익 목사에게 중남미에도 교회 건축을 요청했더니 파나마, 니카라과, 엘살바도르, 온두라스에 교회를 7개나 지었다. 니카라과 이동홍 선교사와 연결했더니 온두라스 준공 예배에 초대해 주어 직접 방문했다. 지금은 100개가 넘은 것으로 알고 있다. 김상익 목사가 건립한 현지 교회 목회자를 모아서 세미나를 열면 현지 목사들이 교회를 부흥시킨다. 윤형진 집사는 행정자치부 국장이 됐고 신순규 집사는 목사가 됐다. 이렇게 시작한 교회 건축 사역이 벌써 74개에 이른다.

교회 건축 사역의 의미

우리가 추진하고 있는 교회 건축 사역에 대한 소개를 할 필요가 있다. 우리는 교회를 만들어 주는 것이 아니고 교회 건물만 지어 준다. 이는 목사가 있고 신도가 있는 교회만 대상으로 한다는 뜻이다. 교회를 개척하는 것이 아니다. 목사라고 아무나 건물을 지어 줄 수는 없기에 심사를 거친다. 교회 터도 마련돼 있어야 한다.

물론 미국이나 한국식으로 건물을 짓고 신도들이 비용을 은행에 갚는 것이 아니다. 도미니카의 조그마한 교회에 건축비를 융자해 줄 은행도 없을뿐더러 대출받아 하는 건축이 아니다. 이왕이면 신자가 있는 오래된 교회가 지원 대상이다. 우리 센터가 재원이 무한정하다면 모든 교회에 새 건물을 지어 주겠지만, 교회 건축 사역을 위한 헌금을 받아서 그 자금으로 교회를 건축하는 것이기에 제대로 된 교회와 목사를 선정한다. 파급 효과를 고려하거나 건축 후 우리 현지 교회 커뮤니티에서 함께 사역할 목사를 고르게 된다.

건물은 대개 1층이지만 단층으로 마무리하지 않는다. 어떤 건물은 2층에 살림집을 갖춰 사택으로 쓰기도 한다. 그래서 아예 별다른 마무리를 하지 않고 확장성을 고려해 1층 건물만 짓는다. 크기는 원래 주택을 개조해서 만든 건물이 많다 보니 모두 자리에 앉으면 대략 150명이 수용될 수 있을 정도다. 십자가와 강대상이 있고 한쪽에는 드럼이 마련돼 열린 예배를 드릴 수 있다. 전체 비용은 대략 미화 2만 달러다. 도미니카 인건비가 싸고 건축

자재도 비싼 것을 쓰지 않기 때문에 실제 건축된 모습에 비해서 저렴한 편이다.

대상 교회를 정하는 작업 이외에도 실제 건축을 누가 하느냐로 많은 시간을 기도했다. 하나님이 백세현 선교사를 보내 주셨다. 백세현 선교사는 우리를 만날 때쯤에도 이미 여러 나라에 10여 개의 교회 건물을 짓고 있었다.

백세현 선교사가 교회 건물을 지어 준다고 해서 처음에 이상하게 생각했다. 도와주면 되지 왜 꼭 교회 건물을 지어야 하는지 이해를 못했던 것이 사실이다. 백세현 선교사의 이야기를 듣고 필요성을 알았다. 낙후된 지역에서, 모든 건물이 낙후돼 있는데 오로지 교회 하나만 번듯하게 된다. 동네에서 가장 좋은 건물을 중심으로 지역이 바뀐다. 실제로는 교회 건물을 짓는 것이 아니고 커뮤니티 센터를 세우는 것이다. 좋은 건물이니 들어와 보고 커뮤니티에도 참여하고 신자가 되기도 한다. 이렇게 상승효과를 톡톡히 볼 수 있는 것이 교회 건축 사역이다.

건물이 새로 생기면 목사와 신자들이 변화하게 된다. 다른 사람을 위한 봉사에 나선다. 우물을 옆에 같이 판 경우는 더 효과적이다. 또한 교회 건물은 우리의 치과 사역을 위한 장소로도 쓰인다. 치과 사역은 우리 센터 밖에서도 진행되는데 임시 클리닉 장소가 대부분 우리가 지은 교회 건물이다. 치과 치료까지 받다 보면 이런 역사를 일으키시는 하나님의 사랑을 받아들이는 데 도움이 된다.

또 교회 입장에서도 허름하고 곧 쓰러질 것 같은 곳에서 하나님의 위대하심을 설명하는 것보다는 번듯한 교회에서 하나님의 은혜를 설명하는 것이 더 쉽다. 교회 건축 사역의 취지와 의미를 알게 된 수많은 교회에서 건축 헌금을 보내 주어 현재는 74개까지 건축돼 있다. 목표인 교회 건축 1천 개는 가능하다. 많은 사람이 교회 건축으로 인해 사람들이 변화하는 모습을 알게 된다면 건축 사역에 더 많이 동참할 것이다. 우리 센터가 사역을 계속하는 한 1천 개는 곧 이루어질 것이라 믿고 있다.

몇 발짝 뒤로 물러서 돌아보면 20세기 한국에서 이루어진 수많은 교회 건축이 얼마나 많은 사람을 구원했는지 따져 볼 만하다. 특히 우리 사역을 특별하게 알리지도 않았는데 알음알음 듣고는 헌금해 준 것이 은혜이고 축복이다. 자신이 교회 하나를 짓고 친지들에게 소개해서 하나 더 지은 것이 이렇게까지 늘어났다.

'건축 전문 파송 천사' 전승표 선교사

교회 건축 사역에 의미를 뒀지만 실제 건축에는 이론 지식보다는 실무 경험이 필요했다. 그런데 전승표 선교사가 왔다. 그는 농사 때문에 왔는데 6개월 동안 강영기 장로와 진행되지 않아서 중단했다. 대신 교회 건축이 가능했다. 우리는 교회 건축을 전승표 선교사에게 모두 맡긴다. 하나님이 보내 주신 '건축 전문 파송 천사'를 기쁘게 맞았다. 또 우리 센터의 건물 수리 같은 노하우가 필요한 일도 모두 맡아 주고 있다. 한편 강영기 장로는 사역지를 캄보

디아로 옮겼다.

교회 건축 일지 (1)

교회 건축의 계기를 마련해 준 백세현 선교사는 수년간 함께 사역하다가 은퇴하고 토론토로 돌아갔다. 하지만 최근에는 캐나다에서 선교팀을 보내고 우물사역팀도 보내고 있다.

도미니카에 처음 교회를 지은 것은 2002년이다. 장모님의 헌금으로 시작했다. 비자 메야에 지은 은혜학교교회인데 선교사로 파송되기 전이지만 하나님은 교회부터 짓기를 원하셨다고 믿고 있다. 2004년에 정식 선교사로 온 초기에는 교회 건축에 별로 관심이 없었다.

경기중앙교회의 도미니카 교회 4개에 이어서 백세현 선교사를 파송한 토론토 가든 교회에서는 3개 지역에 교회를 더 지었다. 정관일 목사, 백세현 선교사의 헌신이 크다.

이은혜 선교사의 대학 동창인 김경희 권사는 글리클럽합창단으로 시애틀에 왔다가 귀국하는 날 우리 커플의 사진을 찍은 사람이다. 이은혜 선교사와 지자혜 여사 사이에 내가 끼어서 같이 사진을 찍어 달라고 부탁했는데, 아마도 그 사진 때문에 이은혜 선교사와 결혼까지 하게 된 것은 아닐까 하는 생각을 해 본 적이 있다.

김경희 권사는 다음 해에 시카고의 정신과 의사인 김광준 장로와 결혼했다. 그녀는 결혼 후 수십 년간 시카고 미드웨스트(Midwest) 교회에서 반주자로 사역했다. 몇 년 후부터 계속 선교비와 선교팀을 보냈다. 결혼 40주년 기념으로 교회를 한 군데 짓겠다고 밝혔는데 2년 후 교회 3개를 지었다. 기도하며 하나님의 때를 기다리는 것이 선교사의 자세인지 알게 됐다. 이후에 김경희 권사와 아들 이름으로 한 군데 더 지었다. 부군인 김광준 장로가 소천하면서 장로가 세운 교회에 학교를 지으라고 헌금했다. 김경희 권사 가족은 아직까지 한 번도 도미니카를 방문하지 못했다.

우리 센터에서 동역했던 장동수 목사가 수원 베들레헴교회 최광영 목사를 소개했다. 최광영 목사는 내가 없을 때 방문했는데 건축 헌금을 보냈고 다시 와서 헌당 예배를 가졌다. 이후 과누마에 2개 교회를 위해 건축 헌금을 보냈다. 또 건축 헌금을 냈던 김병찬 장로가 헌당 예배에 참석했다. 돌아보면 이루 말할 수 없는 감동과 감사가 넘치는, 참으로 하나님의 은혜다.

온누리교회에서도 5개 교회를 지었다. 서울 온누리교회 송영재 장로, 강숙경 부부, 김희준 집사가 함께 지었다. 또한 뉴저지 온누리교회 마크 최 목사, 얼바인 온누리교회 권혁빈 목사도 동참했다. 얼바인 온누리교회 이윤노 집사, 이용규 권사 부부, 김재필 장로와 토론토 밀알교회 성도들도 참여했다. 김희준 집사는 우리 센터에서 최동준 선교사가 이끄는 현지인 합창단 아카펠라 연주에 감동해 매달 5천 달러씩 2년 동안 후원했다. 지금은 합창단원들이 모두 현지 교회 찬양팀을 이끌고 있다.

중학교 동창인 고종영 목사의 파송 교회인 시카고 복음장로교회에서 한 곳을 맡았고 교회 설계로 유명한 최동규 동문이 현지 교회 설계를 도와주러 왔다가 고종영 목사와 함께 경기고 63회 신우회에서, 유기형 동문이 자신의 회사 이름인 인성으로 지었다. 또 다른 동문인 한국 새마음교회 이영규 목사도 교회 건축에 힘을 보탰다.

아이티 대지진 당시 감자탕교회와 방문한 뉴저지 조항석 목사가 2개 교회를 지었다. 조항석 목사는 지진 전부터 아이티 고아원 사역을 했는데 도미니카에서도 엘리몬에 2개 교회를 지었다.

메릴랜드 새생명교회 한석민 목사는 5개 교회를 건축했다. 한석민 목사는 도미니카에 일로 온 적이 있다. 미국에서 목사 안수를 받고 도미니카에 돌아왔다. 한동안 WGM센터에서 돕다가 메릴랜드에 목회를 위해 갔다. 그는 그 교회의 10주년 기념 행사로 현지 교회를 지었고 이후에도 4개를 더 지었으며 지속적으로 후원하고 있다.

내 자녀 3남매가 각자 한 곳씩 3개 교회를 지었다. 선교사로 일하는 부모를 응원하려는 마음을 담았다고 한다.

애틀랜타 연합장로교회의 한규정 장로도 동참했다. 한규정 장로는 교회 청소년들을 데리고 매년 선교 여행을 다니는데, 도미니카에도 몇 번 왔다. 애틀랜타에서 안경 사역으로 같이 왔던 제일장로교회 이문옥, 김희숙 집사가 협력하여 교회를 하나 지었다.

교회 건축 일지 (2)
센터를 많이 돕고 있는 현지인 맥스도 큰아들 정준이와 함께 교회를 지었다. 대지진 후에 아이티를 함께 방문했는데 거기서 많은 은혜를 받고 왔다고 말했다. 맥스는 우리가 학교, 고아원을 지을 때마다 창문과 현관문을 후원해 주고 있다. 우리 센터의 많은 창문과 강화 유리문도 그의 후원으로 이뤄졌다. 앞에서 설명했듯이, 센터 건물 중 '카를로스앤드맥스'라는 이름의 2층 건물이 있는데 후원에 감사하여 그의 이름을 넣은 것이다.

우리가 처음 만났을 때 맥스는 교회를 다니지 않았다. 우리 기도가 통했는지 그는 믿음을 갖게 되었고 우리가 세운 국제성막교회(International Tabernacle Church: ITC)가 시작될 때 예배에 참석했다. 그 후에 신앙생활을 하여 2021년에 국제성막교회의 첫 장로로 장립하게 되었다.

단기 선교팀으로 왔던 오정숙 집사와 내 친구 조욱래 회장이 협력해서 로사리오 교회를 지었다. 도미니카공화국 여자 선교사 20여 명에게 무료로 크로마 하프 강습회를 열었던 샌프란시스코의 조광자 권사와 이재석 목사가 출석하는 교회에서 파라다이스 교회를 지었다. 뉴저지에서 온 김경아 권사 팀의 정기숙 권사 일행이 협력하여 비자 메야 지역에 아이티인 교회를 지었다.

시니어선교훈련학교(SMTS)에 참석한 이성렬 권사, 윤희진 부부(밴쿠버)가 2개 지역에 교회를 지었다. 퀸즈한인교회의 백남걸 장로-백인라 부부가 카사베 교회를 지었고, 이은혜 선교사의 올케인 이여옥 권사(LA)가 SMTS에 참석했다가 타계한 남편 이갑선 집사를 기리며 동참했다.

산토도밍고 소재 도미니카한인교회에서 산호세 바테이에 교회를 지었다. 해리스버그 제일한인장로교회 임상훈 목사가 알몬드에 지었고 LA 주님의영광교회 신승훈 목사도 아또 뉴에보에 지었다.

이외에 이수원 목사(뉴저지 시온성교회)가 끄리스토에, 월드미션 워싱턴이 레노바시온에, 박정현(경기고 63회)과 박제임스가 비야린다에, 전창일 씨가 야마사에 한 군데씩 교회를 지었다. 이렇게 해서 현재 74개 교회가 건축됐다.

도미니카공화국 곳곳에 WGM 지부가 만들어지고 있다. 바로 WGM 베네리또, 이구에이, 꾸아바, 보나오, 라스마따스, 온도 바예 등이다. 목표는 전 지역에 세우는 것이다. 현지 목회자와 협력하여 지부를 세우고 지역 발전, 전도를 위해서 노력할 것이다. 지금까지 74개 교회가 지어졌지만, 우리 목표는 1천 개 교회가 도미니카 전 지역에 발전과 전도를 위해서 세워지는 것이다. 우리가 연합하여 기도하면 하나님이 채워 주실 것으로 믿으며 나아가고 있다.

14

도미니카
선교 비전

새로운 정착지인 도미니카공화국은 개발 도상국이다.
그리고 전도와 선교의 기회가 열려 있는 곳이다.
하지만 그만큼 위험한 일도 생길 수 있는 곳이다.
이역만리 도미니카에서 선교를 위해 목숨을 바친 선교사들과
도미니카의 한인들, 한인 교회,
초창기 우리 센터의 선교 사역에 대해서
자세히 알아본다.

아이티보다는 안전하지만 도미니카공화국도 아주 안전한 곳은 아니다. 40세밖에 안 된 이성철 목사가 강도를 만나 총상을 입고 순교했다. 마약에 취해 달려든 두 명의 강도들에게 당한 비극이었다. 선교지는 어디나 안전한 곳은 없다. 누구나 순교의 가능성이 있다. 그런 점에서 모든 선교사는 목숨을 내놓고 있다.

● 선교 사역의 시작

2004년 6월 선교의 시작

2004년 6월에 파송 선교사가 되고 나니, 선교팀이 오기 시작했다. 첫 번째가 WGM센터 미국 대표인 박남수 장로가 섬기는 늘푸른선교교회(송영재 목사) 선교팀이었다. 의사를 포함해서 15명 정도가 단기 의료 선교로 찾아왔다.

하와이 코나에서도 여러 팀을 보내왔다. 장남호 형제가 왔고, 남지연 자매도 팀을 이끌고 왔다. 남지연 자매는 나중에 우간다

선교사로 갔다가 코나로 돌아왔고 많은 연세에도 좋은 배우자(조선영 박사)를 만나서 두 분이 행복하게 살고 있다. 부부가 와서 시니어선교훈련학교(SMTS)에 강사로도 봉사했다.

온누리교회에서도 여러 팀을 보내오고 있다. 언젠가는 바닷가에 아파트 두 채를 빌려서 숙소로 사용했는데 동네 사람들이 아시안들이 수상하다고 신고해서 미국 여권 소지자임에도 경찰서로 연행됐다. 당시 한국인인 경찰청장 부인에게 연락했더니 청장이 경찰서에 와서 무마되었다.

단기 선교팀이 자주 방문하니 이들의 숙식을 위한 선교 센터의 필요성을 절감하게 되었다. 2008년 초에 김병호 장로가 구입한 땅에 첫 건물로 그레이스센터(Grace Center)를 2008년에 준공했다. 건축 비용이 많이 들었는데, 친구들에게 부탁해서 많은 헌금이 들어왔다. 숙소 건물, 강의실, 식당, 야외 오픈형 천막(gazebo)을 지었다. 그레이스센터 준공식에서는 강준원 목사가 말씀을 전하고, 대사도 와서 축사했다.

초기 사역은 계속해서 늘어났다. 온누리교회와 위성방송인 CGNTV와 과테말라 한인 교회에서 협력하는 방송 신학교인 '월드비전 세미너리'(World Vision Seminary)를 시작했다. 매주 토요일 CGNTV에서 방송 강의를 하는 것이다. 두 번째 해에는 30군데까지 설치하여 신학교 교육을 했다. 2년 코스로 500여 명이 졸업했다. 그런데 그 후부터는 준비 부족으로 부득이 사역을 접었다.

선교 센터를 짓다: 비자 메야 베이스와 열방대학 출범

2013년에 YWAM 베이스와 열방대학(University of Nations) 사역을 하기로 결정했다. 작은 규모의 DTS만 진행하려고 했는데 하와이 코나에서 원종호 간사를 만난 후 생각이 바뀌었다. 내가 DTS를 우리 베이스에서 시작하려 한다고 했더니, 큰 비전을 가지라고 조언하며 열방대학을 언급해서 비전을 갖게 되었다.

그의 조언을 듣고 나니 우리 센터의 터가 오히려 좁은 것이었다. 그래서 주위 토지를 살 수 있을까 알아보았다. 내가 갖고 있던 상가와 맞교환할 수 있었다. 모두 하나님의 은혜였다. 그리하여 선교 센터 부지는 3만 평으로 늘어났다. 지금은 정문 앞으로 순환도로가 직접 들어오고 공항까지 30분이면 갈 수 있고 도미니카 어디든지 빨리 갈 수 있게 되었다. 하나님이 선교 사역을 더 잘하라고 축복해 주셨다. 이후 조금씩 건축물을 늘려 갈 수 있었다. 커다란 운동장을 짓고 큰 식당, 현지인들이 좋아하는 실외 수영장, 숙소, 강의실이 하나님의 은혜로 하나씩 지어졌다.

건물 규모는 너비 10m, 길이 40m인 10/40으로 지었고 뉴욕 인투 온누리교회의 도움으로 인투 건물을, 선교에 많은 보탬이 되고 있는 카를로스와 맥스의 도움으로 카를로스앤드맥스 건물을 지었다. SMTS의 도움으로 조나단(Jhonathan) 건물과 루스(Ruth) 건물이 완성됐다. 로고스 호프(Logos Hope) 선교선의 도움으로 로고스 센터, 2019년엔 월드쉐어(World Share) NGO의 도움으로 월드쉐어 센터(지금은 올네이션센터), 휴스턴 서울교회의 도움으로 메디컬센터,

그 밖에 많은 신자들의 헌금으로 센터가 더욱 확장되고 아름다워
졌다.

초기 사역: 첫 DTS(예수제자훈련학교)를 열다

우리 부부는 갑자기 선교사가 된 덕분에 무엇을 해야 할지도 잘
알지 못했다. 그러나 선교는 하나님이 하시는 일이다. 시간이 흐
르면 흐를수록 하나님이 이 땅에 보내신 목적이 도미니카공화국
선교 사역이라는 것을 더욱 선명하게 알게 돼 그 믿음으로 매일
감사하며 한 걸음 한 걸음 나아가고 있다.

　현장 선교 사역을 배우며 수행하는 중에 이미 예수전도단(YWAM)
의 DTS와 BCC(Bible Core Course: 성경연구핵심과정)를 수료하여 자
격 요건을 갖추었으니 DTS 학교도 개설해 보라는 조언을 들었
다. 당시 도미니카에는 몇 곳의 YWAM 베이스가 있었다. 그러므
로 시작 당시 자연스럽게 그들의 도움도 받았고, 더불어 우리 선
교 센터에 매년 하와이 코나의 여러 팀이 전도 여행을 왔다. 그들
로부터 DTS를 인도할 수 있는 김영록, 김선 선교사 부부를 소개
받았다.

　2013년에 첫 DTS를 시작했는데 김영록 선교사 지인들이 간사
로 오고 학생들은 대부분 아이티에서 왔다. 도미니카 젊은이들이
6개월간 합숙 훈련을 받는다는 것은 쉬운 일이 아니다. 대개 가
족을 부양해야 하는 경제적인 책임이 있는 그들의 입장에서 학비
까지 내면서 훈련에 참여하기란 거의 불가능에 가까운 일이다.

지금도 그렇지만 학비와 숙식비를 후원금을 모아서 전액 장학금
으로 준다고 해도 초기 반응은 신통치 않았다. 그러나 아이티와
코나에서 훈련받은 주드(Juede)라는 아이티 형제가 자기 친척을
여러 명 보내고 몇 사람을 더 보내 주었다. 도미니카에서는 미국
메이저리그 야구 선수가 되려고 준비하다가 부상을 당해서 낙담
하여 우리 센터에 머물고 있던 요한 형제에게 훈련에 참여하라고
권유했다. 그리고 미국에서 알고 지내던 한 부부가 참가했다.

결국 김영록 선교사 부부의 노력으로 간사들이 모이고 학생 16명
이 모여서 DTS를 시작했다. 강사는 코나에서도 섬겼던 몇 사람
이 와서 은혜롭게 훈련이 끝났고 전도 여행은 모두 함께 아이티
로 갔다. 이주연 간사가 이끌고 갔는데 전기도 화장실도 없는 곳
에서 생활하며 거의 두 달간의 훈련을 잘 수행했다.

우여곡절 DTS 과정

첫 DTS를 마치고 이듬해 2014년에 2회 DTS 학교를 시작했다.
그러나 첫 회와 비슷한 상황이 되었다. 많은 것이 생각대로 진
행되지 않았다. 두 번의 DTS 학교를 끝내고 김영록, 김선 선교
사 부부는 뉴욕으로 돌아가서 목사 안수를 받고 아이티 수도에서
DTS 훈련을 시작했다.

감사하고 다행스럽게도 우리 베이스에서 배웠던 학생들 여럿
이 간사로 섬기고 있다. 그래서 아직은 때가 아닌가 보다 하고 기
다리고 있었는데 산토도밍고 베이스에서 아라 카메오라는 자매

를 우리에게 보냈다. 아라 카메오 자매가 와서 DTS도 몇 년 이끌어 주고, '킹스키드'(King's Kid) 사역도 시작하고 센터 근처에 '홈즈 오브호프'(Homes of Hope) 주택 사역도 시작했다. 그러다가 아라 카메오 자매는 다른 베이스의 리더로 갔다.

그러나 하나님은 필요할 때 좋은 사역자들을 보내 주셨다. 감사하게도 그 무렵 다른 베이스에서 10년간의 경험이 있는 호세 루이스 부부가 우리 베이스에 와서 DTS를 인도하기로 하고 두 번의 DTS를 맡아 주었다. 그 후에는 호세의 친구 지나 자매가 잠시 간사로 도와주다가 다음 DTS를 인도해 주기로 하며 준비했는데 팬데믹으로 다음으로 미뤄졌다. 1년에 두 번을 정기적으로 수행하려고 했었는데 아직은 때가 아닌가 보다 하고 있었다. 그런데 다시 호세 형제가 리더로 섬길 준비를 하고 있다.

DBS(제자성경학교) 시작

2013년에 하와이 코나에서 DTS를 수료하고 우리 베이스로 전도 여행을 온 정규식 목사 가족이 다시 찾아왔다. 도미니카와 아이티를 돌아보며 정규식 목사는 하나님이 다시 돌아와 성경을 가르치라는 비전을 주셨다고 했다. 울산 교회에서 목회를 하다가 모두 내려놓고 새로운 비전을 찾아서 코나에 갔다가 아이티와 도미니카를 섬기러 온 것이다. 정규식 목사는 코나로 복귀하여 3개월간의 DBS(Discipleship Bible Study: 제자성경학교)를 수료하고 이어서 DBS 간사로 섬기고 제주 열방대학에서 9개월간 SBS(School of

Biblical Studies: 성경연구학교)를 수료했다. 그리고 우리 베이스에서 DBS를 열었다. 강사들은 대부분 제주 열방대학에서 왔다. 그렇게 9년째 섬기고 있다.

DBS는 매월 2회씩 1박 2일로 센터에서 진행되고 있다. 학생 중에서 강사가 된 사람도 있고 미국, 캐나다에서 강사들이 온다. 언젠가는 우리 베이스에서 공부한 형제가 DBS를 인도할 수 있기를 기대한다. 현재 우리 센터에 도미니카 출신의 헨리 형제와 베네수엘라 루셀리스 자매가 DTS를 마치고 DBS도 끝내 간사로 섬길 수 있는 자산이다. 루셀리스 자매는 찬양도 매우 잘해서 찬양 사역에도 많은 도움이 된다.

정규식 목사는 계속 성경을 연구하고 있으며 아이티에 가서 성경 강의를 하고 우리 센터에서 하는 현지 목회자 세미나에서도 매월 한 번 이상 강의하고 있다. 중남미 목회자들도 성경을 잘못 이해하고 잘 모르는 경우가 많다고 전한다. 더불어 산토도밍고의 유일 한인 교회인 도미니카한인교회에서 지난 2018년부터 2022년 6월까지 설교 목사로 몇 년간 섬기다가 담임목사로 사역한 바 있다. 지금은 DBS 사역만 진행하고 있다.

FCM(상담학교)의 개설-칠레 사역

하나님의 은혜로 칠레 베이스 리더인 디오니시오 비아나(Dionicio Viana) 형제가 3년간 FCM(Foundations in Counseling Ministry: 상담학교)을 인도해 주었다. 부부가 강사로 섬기기 위해 계속 왔고, 스페인의 유명한 강사도 방문하면서 학교 운영에 필요한 간사를 데리고 왔다. 그뿐 아니라 칠레에서 상담학교인 FCM 학교를 끝낸 학생 몇 명도 전도 여행으로 같이 찾아왔다. 모두 하나님의 은혜라고밖에 생각할 수 없다.

WBH(워드바이하트)-베네수엘라 사역

WBH(Word By Heart) 과정은 코나에서도 시작한 지 몇 년이 안 되는 새로운 과정의 학교다. 성경 몇 권을 암기하여 말씀을 갖고 사람들 앞에서 연기하듯 하여 성경을 가르치고 전도하는 전문 과정이다. 뉴욕 브로드웨이의 유명한 배우도 WBH 강사다. 이것을 우리 베이스에서 일찍 시작할 수 있었던 것은 순전히 하나님의 은혜다. 브라질 출신 루스(Ruth)와 카를로스 리마(Carlos Lima) 부부가 인도했는데 당시 미국 비자 문제가 있어서 이곳에서 시작하게 된 것이다. 그들은 가족이 다 함께 와서 인도해 주고, 이듬해에는 첫 학교 학생이었던 베네수엘라 출신 메 리(Mee Lee) 자매를 공동 리더로 세우고 한 번 더 다녀갔다. 메 리 자매는 몇 년 전에 전 가족이 베네수엘라에서 우리 베이스로 왔다.

성경연구원세미나

도미니카 목회자성경연구원세미나가 WGM센터에서 벌써 9회나 개최되었다. 한국의 박승호 목사가 1990년대에 시작했다고 하는데, 지금은 한국에 5천 명의 목사, 해외에 5천 명의 목사가 협력하고 기도하며 성경 연구를 해 가며 세미나를 열고 있다. 선교사들을 통해서 현지인들이 성경을 더 알아 가게 하는 데 목적이 있다.

시니어하우스

워싱턴 시니어선교회 초대 회장을 지낸 박환영 선교사(모세)가 2017년 81세에 선교사 파송을 받아서 도미니카에 왔다. 도착해서 '모세의 길'도 만들었다. 선교회 박춘근 장로 일행이 첫 번째 시니어하우스를 지어서 거기서 생활하고 있다. 앞으로도 더 많은 시니어하우스가 지어지고 많은 시니어가 와서 협력 사역을 할 수 있기를 기도한다.

모세 선교사는 "제가 만일 이곳에서 죽으면 자식들을 불러서 화장하고 새벽마다 항상 찬양하던 모세의 길에 쭈욱 뿌려 주고, 비용은 제 통장에 남겨 놓은 것과 자손들이 가져온 것으로 하십시오"라는 유언을 남겼다. 모세 선교사의 도미니카를 향한 사랑의 마음에 감사한다.

귀중한 한인 파송 선교사들

박명준 집사는 도미니카에 이민 온 지 38년이 됐다. 원래 가족이 믿지 않았지만 2004년부터 교회에 출석하기 시작했다. 딸과 아들이 우리 선교 센터에 와서 통역해 주고 도움을 준다. 박명준 집사도 여기서 신학교를 다녔고 공부를 함께 했다. 딸도 고교를 졸업하고 이화여대에 진학해서 졸업했고 지금 신학교에 간다. 그는 스페인어가 유창해서 통역도 하고 신학교에서 공부까지 한 큰 일꾼이다. 2020년 초에 선교사로 파송해서 박명준 선교사가 됐다.

우리 센터는 5명을 선교사로 파송했다. 앞에서 말한 박명준 선교사 이외에도 뉴저지에 거주하는 김경아 선교사, 밴쿠버에 사는 강재희 선교사, 한국에 있는 박정환 선교사이고, 독일에서 사역 중인 최국진 선교사다.

한인 선교사들의 순교

이성철 선교사, 윤동석 선교사의 순교

한인 선교사 가운데 첫 번째로 순교한 선교사는 2012년에 제2의 도시 산티아고에서 사역했던 이성철(당시 40세) 선교사다. UBF(University Bible Fellowship: 대학생성경읽기선교회) 선교사로 왔다가 CMI(Campus Mission International: 국제대학선교협의회)의 파송 목사가 되어 2001년 5월부터 산토도밍고에서 사역을 시작했고 2007년부터 산티아고의 아이티 사람들이 많이 모인 곳에 교회를 개척해 10년 넘게 사역했다. 성경공부반을 인도하고 나오다가 마약에 취한 청년들이 쏜 총에 맞고 순교했다. 이성철 목사는 손재주가 매우 좋아서 산토도밍고에 있을 때 이발소도 운영해서 나도 머리를 맡긴 적이 있다. 사모인 김성경 선교사가 자녀 세 명을 키우며 사역을 계속 잘하고 있다.

두 번째 순교한 선교사는 윤동석(당시 70세) 선교사다. 그는 뉴욕에서 목사 안수를 받고 도미니카에 선교사로 왔다. 나와는 신학교 사역을 같이 하기로 해서 사무실을 얻어서 신학교를 시작하고 나도 학생이 되어 공부를 했다. 히브리어를 배우며 열심히 했다. 하지만 2016년 7월에 "목이 조금 좋지 않은 것 같다"고 사모에게 말하고 병원에 들러서 수술을 받다가 소천했다. 사모는 모든 것을 정리하고 한국으로 돌아갔다. 결국 나는 신학교를 마치지 못해서 목사가 되는 것은 하나님의 뜻이 아닌가 하고 이때 포기했다.

김영구 선교사의 순교

세 번째 순교자는 우리의 정착을 크게 도와준 김영구(당시 58세) 선교사다. 은혜교회 2층에서 물탱크를 확인하다가 실수로 떨어졌다. 조금 시간이 걸려서 병원에 도착했을 때까지만 해도 말을 할 수 있었는데 수술 중 뇌출혈이 있어서 타계했다. 비교적 젊은 나이였는데 안타깝고 아쉽다.

그날 미국을 방문하고 도미니카에 돌아오는 중에 전화를 받았다. 안부 전화가 걸려 왔다. 알고 보니 많은 현지 사람이 '비자 메야 은혜교회 김 선교사'라고 해서 나인 줄로 착각했다고 한다. 나도 도미니카에 살면서 풍토병 뎅기에 두 번이나 걸렸다. 처음에는 이틀 동안 입원해서 치료를 받아야 했고, 두 번째는 집에서 쉬면서 이겨 낼 수 있었다. 풍토병으로부터 지켜 주신 하나님의 은혜에 감사한다.

도미니카 한인과 한인 교회

봉제 공장으로 시작한 한인 이민

도미니카공화국에는 대략 600여 명의 한인이 살고 있다. 한인들의 이민은 1980년대에 봉제 공장이 가동되면서 시작됐다. 당시에는 1천 명이 넘는 한인이 있었는데 인건비 상승으로 공장 운영이 어려워져 아이티, 니카라과, 동남아 등으로 옮겼다. 첫 이민 가정은 김공노 회장 가족이다. 도미니카에 처음 와서 너무 좋아서 부인하고 가족에게 무조건 오라고 했다는 얘기를 들었다. 처음 와서 한인회도 세우고 많은 일을 했다.

김영실 권사(86세)도 아들 하나, 딸 둘을 키우며 열심히 살았다. 아들은 사업을 하고, 큰딸인 김윤정 박사는 얼마 전에 영부인 상까지 받은 훌륭한 의사다. 한인들이 아프면 도와주고, 우리 선교 팀원들이 가면 많은 도움을 준다. 남편 이인수 집사도 김윤정 박사와 같이 의료 선교도 다니고, 산토도밍고한인교회에서 산호세 바테이 교회를 인수하여 수리할 때 매번 가서 직접 봉사했다. 막내딸은 봉제 공장을 운영하며 남편과 한인 식당도 운영하며 좋은 사역을 많이 하고 있다. 김영실 권사는 2020년 초에 시니어선교 훈련학교(SMTS)에 참석했다.

코리아마트와 최상민 집사

박스 공장과 한국 식품 수입을 하는 장인탁 사장이 한인 이민자를 대표한다고 할 수 있다. 그가 시작한 코리아마트에서는 한국 식품을 쉽게 구할 수 있다. 장 사장은 아이티에 지진이 났을 때 우리에게 라면을 1만 달러어치나 기부해서 구호에 큰 힘이 됐다.

젊은 사업가 최상민 집사가 중남미 최대 전력공급업체 ESD사를 세워 성공해서 역시 많은 한인에게 도움을 주고 있다. 그가 시작할 때 조금 도왔는데 그것이 큰 힘이 됐다며 계속해서 우리를 도와주고 있다. 최상민 집사는 약속을 꼭 지키며 열심히 일하니 신용도 쌓게 되고 빠른 시일 내에 큰 사업가가 됐다. 도미니카한인교회 개척에 헌신했고 앞으로 100개 교회를 짓겠다는 비전도 있다.

2017년에 아이티 카프아이시앵에 학교 준공식이 있었다. 아이티 지진 후에 순복음교회, 소망교회, 명성교회가 연합해서 학교를 세웠고, 이인수 목사가 관리하다가 최상민 집사가 맡았다. 그날 소형 비행기를 빌려서 아이티를 가는 데 초대해 줘서 김삼환 목사(명성교회 원로목사), 오정현 목사(사랑의교회 담임목사) 등 몇 명과 같이 다녀왔다. 김삼환 목사 일행은 우리 센터까지 와서 기도하고 헌금도 했다.

현재 한국 마켓만 해도 지점이 한 5개나 된다. 한인 인구는 600명에 불과한데 너무 많은 마켓이 있는 것이 아닌가 싶지만 한국 사람만이 고객이 아니고 도미니카 사람, 중국 사람이 이용한다. 요즘 케이팝(K-pop) 영향으로 도미니카 사람들이 많이 찾고 있다. 한국 소주, 한국 라면, 한국 과자가 잘 팔리고 있다. 식당도 마찬가지다. 한국 사람 상대로 식당을 운영해서는 망하기 십상이다. 그래서 도미니카 사람들의 입맛에 맞춰서 도미니카 사람들이 오게 하는 한식당이 잘되고 있다.

도미니카공화국의 한인 교회

우리 부부가 도미니카에 온 후 얼마 지나지 않아서 권영삼 목사
가 왔다. 대기업의 임원에서 은퇴 후 목사가 된 사람이다. 부인
정정자 목사도 순복음교회의 목사였는데 부부가 논의 끝에 산토
도밍고한인교회를 시작했다. 2005년 개척 교회 창립 예배를 가
질 때 최일식 목사와 사모가 와서 인도했다. 90세가 된 최일식 목
사는 오래전에 미국에서 열정적으로 선교 사역을 펼쳤다. 한인선
교사협의회 사무총장을 하고 2000년 초에 KIMNET(세계선교동역
네트워크)를 세웠다.

권영삼-정정자 목사 부부는 10년 섬기다가 한국으로 귀국했
다. 후임 이종호 목사가 3년간 섬기고 미국으로 갔고, 장동수 목
사가 3대 목사로 섬기다가 캐나다로 돌아갔다. 4대 목사가 왔는
데 얼마 있지 못하고 귀국했다.

주일 설교만 하던 정규식 목사가 도미니카한인교회를 열심히
섬기고 담임목사로 2022년 6월까지 봉사했다. 산토도밍고한인교
회는 성도가 많이 줄어들어 몇 가정뿐이지만, 미국에서 온 김종효
목사의 넷째 아들이 담임으로 사역하고 있다. 우리 부부는 2년 전
부터 주일마다 현지 교회를 방문하며 순회 간증을 하고 있다.

제2도시 산티아고에는 20년이 넘은 산티아고한인교회와 창립
한 지 11년 된 도미니카순복음교회가 있다.

15

마이크로파이낸스와
치과 사역의 베이스캠프

월드그레이스미션(WGM)센터는
여러 가지 선교 사역을 담당하고 있다.
코로나19 팬데믹으로 약간 주춤했지만
센터의 전진은 계속되고 있다.
또한 센터에는 여러 가지 구호 시스템이 있다.
가장 주목을 끄는 것은 마이크로파이낸스(Microfinance)다.
저소득층 가정의 가계를 일으켜 세우기 위해서
사업 자금으로 소액을 융자해서 자생력을 일깨우는 제도다.
아울러 치과 사역도 구호 사역으로 마련돼 있다.

빼곡히 모여 있는 사람들 사이로 들어서니 교회가 갑자기 치과 진료소로 변신해 있었다. 도시의 치과 치료 의자와는 다르지만 치과 진료를 받기에는 어려움이 없어 보인다. 마취 주사제와 각종 치과 도구가 환자들을 기다리고 있다. 파란색 치료복을 입은 치과 대학원생들과 지도 교수가 환자들을 치료할 준비를 마치고 도구를 테스트해 본다. "자, 이제 평소에 치아를 잘 간수하지 못한 사람들을 도와주러 가자."

● 작은 시작은 항상 위대하다

스스로 시작하도록 돕는다

누군가를 도울 때 음식을 나눠 주는 것보다는 음식을 구할 수 있는 방법을 가르쳐 주는 것이 가장 좋은 구제 방법이라는 것을 모르는 사람은 없을 것이다. 하지만 현실에서는 당장 배를 움켜쥐며 배고파하는 사람을 보면서 "다음 해에 농사지을 씨앗을 남겨 두고 당장은 굶으라"고 말하기가 쉽지 않다. 그래서 밑 빠진 독에

물 붓기로 보이는 구제 활동이 계속되고 있다. 물론 구제 활동은 계속되어야 하고, 아니 오히려 더 확대해서 배고파 울부짖는 아이들의 수를 줄여야 하는 것이 현생 인류의 책임이며 우리 믿는 사람들이 항상 유념해야 할 사항이다.

다행스럽게도 도미니카공화국에 있는 많은 저소득층은 상황이 조금 나은 편이다. 그래서 그들을 실질적으로 도울 수 있는 마이크로파이낸스(Microfinance)를 시작하기로 결정했다. 물론 하루아침에 결정된 것이 아니다. 마이크로파이낸스는 신뢰와 신용이 기본이 돼야 하는데 도미니카공화국이나 아이티 사람들에게 적용될 수 있는지 면밀히 따져 봐야 했다. 그런데 우리가 수년간 지켜본 바로는 문제가 없어 보였다. 물론 신용이 있으면 은행에 가면 된다. 하지만 도미니카공화국은 개발 도상국이다. 신용 사회도 아니고 은행도 많지 않다. 그래서 신용이 없지만 신용을 쌓으려는 사람들, 남의 도움을 일방적으로 받는 것에서 스스로 일어나려는 사람들을 대상으로 소액 융자를 해서 자활의 길을 열어 주고자 시작했다.

마이크로파이낸스에 대해서

마이크로파이낸스는 그야말로 '미니'(mini)보다 작은 '마이크로'(micro)라는 개념에서 시작했다. 신용이나 담보 능력이 부족해서 일반 금융 회사를 이용할 수 없는 사회적 취약 계층에 경제적 지원을 하기 위하여 무담보 소액 대출을 포함한 예금, 송금, 보험 등의 금융 서비스를 제공하는 활동이다. 무함마드 유누스(Muhammad Yunus)가 설립한 방글라데시의 그라민은행이 대표적인 마이크로파이낸스로, 설립자는 공로를 인정받아 2006년 노벨 평화상을 받기도 했다.

마이크로파이낸스로는 미소금융을 꼽을 수 있다. 다른 금융에 비해 소액 금융의 특징은 빈곤 완화와 사업 수익을 모두 추구하고 있다. 소액 금융에 집중하는 듯 보이지만 실제로는 빈곤층에게 돈을 대출하여 그들의 자립을 지원하고 빈곤 감소라는 사회적 과제의 해결에 공헌할 수 있다.

심정석 장로와 마이크로파이낸스 미니스트리

마이크로파이낸스 미니스트리(Microfinance Ministry)를 막상 시작하게 된 것은 시니어선교훈련학교(SMTS)에 참가했고 뒤에서 언급할 자연 농장을 세운 심정석 장로의 헌신에 따른 것이다. 80세가 넘어서 시니어 행사인 SMTS에 참가했던 심정석 장로는 팬데믹이 시작되면서 부득이 밴쿠버로 돌아갔다. 하지만 선교의 열정과 비전을 갖고 있던 심정석 장로가 자신은 오지 못하지만 도울 것이 없냐고 재차 물어와서, 그동안 검토만 했던 마이크로파이낸스를 제안했더니 바로 시드 머니를 보냈다. 심정석 장로의 헌신으로 시작돼 5명의 아이티인 조수를 두고 시작했다.

우리는 기존의 마이크로파이낸스와 다른 방법으로 접근했다. 우선 대출보다는 상담부터 시작했다. 우리가 건축한 교회를 중심으로 형성된 커뮤니티를 적극 활용하기로 했다. 대출이 필요한 사람을 교회에서 적극 추천하게 했다. 또한 현장에 있는 목사는 누가 돈이 필요한지, 그가 무엇을 해서 돈을 벌어서 가난에서 벗어날 수 있는지를 누구보다 잘 안다. 또한 도미니카공화국에서 진행되지만, 난민으로 온 아이티 사람을 중심으로 진행하고 있다.

단돈 1만 달러에서 시작했다. 방식도 단순하다. 우선 300달러를 빌려준다. 그러면 돈을 빌린 사람은 사업 계획에 맞춰서 무슨 사업을 시작한다. 좌판일 수도 있고 도매상에 가서 물건을 떼다가 소매를 할 수도 있다. 우선 30일 후에 30달러를 갚는다. 그리고 또 30일 후에 30달러를 갚는다. 그러다가 10개월 후면 300달러를 모두 갚게 된다. 우리 마이크로파이낸스 미니스트리는 자활이 목적이기에 이자는 없다. 하지만 돈을 제대로 갚는지, 사업을 제대로 하고 있는지 관리를 해야 한다.

만약 돈을 갚지 못하면 어떻게 되나? 대출자는 자기가 돈을 제대로 갚지 않으면 기다리고 있는 다음 대출자가 융자를 받지 못하게 된다는 것을 알고 있다. 미니스트리가 피해를 보는 것은 물론 자신의 지인도 피해를 입게 되는 것이다. 또한 대출자를 선택하는 데 큰 영향을 끼쳤으므로 교회 목사가 보증을 서는 셈이다. 대출자들의 96%가 10-12개월 정도에 모두 갚는다. 갚지 못한 4%는 아이티에 일 보러 갔다가 돌아오지 못한 경우, 도둑을 맞아서 원금을 날린 경우가 많다.

또한 1년에 여러 번 사업 리포트가 나온다. 그것을 통해서 미니스트리는 대출자가 무슨 사업을 하고 이익이 어느 정도 조성

되는지, 상환에는 문제가 없는지 등을 쉽게 알 수 있다. 마이크로파이낸스는 융자액만 작은 것이 아니고 관리도 마이크로로 해야 한다. 지금은 규모가 점점 커져서 대출 중인 가정이 700곳을 넘었고 원금만도 7만 달러가 넘는다.

류홍렬 목사

현재 마이크로파이낸스 미니스트리를 총괄하고 있는 류홍렬 목사는 은퇴한 사업가로 원래 밴쿠버가 본거지다. 미니스트리에 시드 머니를 낸 심정석 장로와도 인연이 있다. 기독교 실업인 단체인 CBMC밴쿠버(밴쿠버 한인 기독실업인회)의 회장과 부회장으로 손발을 맞췄던 것이다. 팬데믹 이후 도미니카에 오지 못하는 연로한 심정석 장로를 대신해 류 목사가 열정을 쏟고 있는 것이다.

류 목사는 5개월은 도미니카에 체류하고 1개월은 밴쿠버로 갔다가, 다시 5개월은 도미니카, 또 1개월은 밴쿠버에 있다. 밴쿠버 주님의제자교회 출신으로 나와 동갑인데 67세에 은퇴했고 2019년 SMTS 4기에 참여했다. 그때 1-2년 후에 선교하러 오겠다고 했고 2022년 1월부터 봉사에 적극적으로 나서고 있다. 류 목사는 선교 훈련을 받고 새로운 용기와 은혜를 받아서 캐나다로 귀국하여 늦은 나이에 신학을 공부하고 시니어 선교사가 된 경우다. 사업가 출신이라서 선교 사업도 매우 잘 운영한다.

류 목사는 선교 열정으로 은퇴 후에 전혀 쉬지 않고 바로 선교에 투신했다. 심지어 은퇴 전인 2005년 선교부장 당시 ICCA 침

구사 단기 과정에서 침술을 배워 은퇴 후 선교 활동에 대비했다. 그래서 현재 매주 수요일 오전 9시부터 오후 3시까지 WGM센터에서 침술을 펼치고 있다.

또한 류 목사는 센터에서 진행되는 여자 배구 프로그램도 관장하고 있다. 센터의 체육관을 수요일과 금요일 야간에 개방해 11-18세 여성들이 참가하는 배구 프로그램이다. 류 목사는 이들에게 장소를 빌려주고 간식, 음료수, 생일 파티를 제공하며 이들의 훈련을 격려하고 있다. 아직 개발 도상국이라 여성에 대한 배려가 부족한 측면이 있는 도미니카공화국에 매우 이상적인 프로그램으로 받아들여지고 있다. 젊은 여성들이 체육관에서 기합과 함께 몸을 날려 배구공을 때리고 받는 모습은 그들의 인생에 큰 활력소로, 원동력으로 이바지할 것임에 틀림이 없다. 간단한 레크리에이션이지만 참가하는 도미니카 여성들에게는 좋은 기회다.

● 　　치과 사역 발전해 상설 진료소로

미국 치과 사역팀과 김수우 박사

일부 주장에 의하면 현생 인류의 평균 연령이 높아진 이유를 치아 보건 향상에 두고 있다. 예전에는 치과 치료가 신통치 않았기 때문에 치과 질환으로 사망하는가 하면 제대로 먹지 못해서 영양

실조로 사망하는 경우가 많았다. 그래서 사망률이 높았고 그만큼 평균 연령이 낮을 수밖에 없었다. 하지만 한국을 비롯한 선진국들의 경우, 치과 치료가 제대로 이뤄지고 잃어버린 치아를 대신해서 틀니나 임플란트가 가능해져 더 오래 살게 됐다.

도미니카공화국에서도 치과 치료에 대한 관심이 높아지고 있지만 아직은 개발 도상국이기에 국민에 대한 전반적인 치과 치료가 이뤄지지는 않고 있다. 하지만 우리 WGM센터에는 상설 치과 진료 시설이 개설돼 있다.

예전에는 지금처럼 상설 치과 진료실이 없었다. 하지만 치과 진료팀이 많이 찾아왔다. 보스턴(Boston) 장로교회 장성철 목사, 하버드 대학 김수우 박사, 보스턴 대학 캐럴 윤 박사 등이 '덴티스트포휴머니티'(Dentist for Humanity)를 만들어 아이티에 다니면서 사역해 왔다. 김수우 박사는 대지진 후에 아이티에서 만났다. 우리가 초청해 수년 전부터 도미니카에도 오고 있다. 얼바인 온누리교회 출신인 우리와 마찬가지로 보스턴 온누리교회에 출석하는 인연이 있다.

요즘은 아이티 방문이 어려워서 우리에게 1년에 세 차례씩 팀이 찾아온다. 팀에는 치과 대학원생들과 치과 전문의들이 포함돼 있다. 최근에는 센터 내에 치과 장비와 필요한 도구, 치료용 의자를 보내와 잘 갖추어진 상설 치과 진료소를 만들어 가고 있다.

이미 2019년부터 한 해 몇 번씩 방문했다. 이들 세 리더와 많은 치과 대학원생들이 온다. 이들은 하버드 대학, 터프츠 대학,

보스턴 대학 등 보스턴 지역 치과 대학원생들이다. 이들 대부분이 기독교인이 아니어서 세 리더가 학생들에게 전도를 한다. 일주일간 사역한 후 미국으로 돌아가서는 대부분 선교에 대한 열정을 갖게 되며 김수우 박사, 캐럴 윤 박사의 모습을 보며 자연스럽게 예수님을 영접하게 된다.

치과봉사팀

덴티스트포휴머니티의 여러 팀은 숙소를 우리 센터로 하고 우리가 세운 교회를 중심으로 치과 진료를 하는 것은 물론, 자체적으로 선정한 곳에서도 진료한다. 치과 진료의 사각지대에 있었던 가난한 아이티 난민들의 건강을 그들이 지키고 있다.

또 김수우 박사는 몇 년 전 선배라고 하며 레이첼 리 전도사를 소개했다. 서로 같이 선교를 하자는 이야기를 나눴다. 그런데 레이첼 리 전도사가 남가주 동신교회 청년부 전도사로 일하게 됐다. 자연스럽게 동신교회 청년부를 데리고 도미니카에 오게 되었다. 3년 연속으로 방문했으며 '미션DR'(Mission Dominican Republic)을 주관했다. 덕분에 2024년에는 청소년 1,500명이 모이는 큰 행사가 됐다. 뒤에서도 언급하겠지만 도미니카의 많은 청소년 중에 선교사의 삶을 살아갈 이들이 나올 것이라 믿고 기도하고 있다. 마치 '미션코리아'(Mission Korea, 선교 한국)에서 많은 선교사가 나왔듯이 말이다.

특히 남가주 동신교회에서 부목사로 일했던 문병민 목사가 2023년 가을 시카고한인교회 담임목사로 취임해 시카고한인교회 선교팀이 도미니카에 왔다. 앞으로도 계속 방문하여 도미니카 선교에 큰 도움이 될 것으로 기대하고 있다.

또 김수우 박사가 뉴욕 소재 뉴프론티어(New Frontier) 교회 류인현 담임목사와 여러 성도를 데리고 왔다. 하나님은 김수우 박사를 통해서 많은 사람이 도미니카를 방문하도록 인도하고 계신다. 하나님의 은혜다.

2019년에는 보스턴의 또 다른 봉사 단체인 HIM(Hispanic International Mission) 치과팀이 센터를 방문했다. 이 팀의 리더는 베네수엘라 출신으로 터프츠 대학 교수로 있고, 부리더는 도미니카 여성이다. 팬데믹임에도 불구하고 계속 찾아왔다. 또한 미국으로 돌아가서 터프츠 대학에서 사용하지 않는 치과 진료용 의자 6개를 보내왔다. 우리 WGM센터 메디컬센터의 가장 큰 방을 치과 진료실로 사용하고 있다. 어느 팀이 와도 치과 사역 준비는 잘되어 있다.

진료실 바로 옆방은 치기공실로 사용하고 있었는데 이전에 현재 독일에서 사역 중인 최국진 선교사가 토론토 영락교회 팀에게 배워서 여러 명에게 아름다운 틀니를 만들어 준 적이 있다.

상설 무료 치과 진료소

우리 센터에 상설 치과 진료소가 마련된 것은 아이티에서 치과 사역 중이던 남하얀-강동효 선교사 부부가 도미니카에 오면서 이뤄졌다. 2021년부터 매주 월요일과 화요일은 센터에서 치과 진료가 가능해졌다.

남하얀-강동효 선교사 부부는 원래 파라과이에서 치과 대학을 나와서 치과 사역을 해 왔다. 특히 아이티에서 5년간 사역했다. 이들은 치과 사역 이외에도 치기공을 가르치고 초중고교를 운영하기도 했다. 하지만 아이티의 정세가 불안해지면서 여섯 자녀의 교육을 위해서 도미니카로 왔고 우리 센터에서 무료 치과 사역을 하고 있다. 단기 치과 사역팀이 방문하면 합동 치료도 한다.

또한 강동효 선교사는 이미 파라과이에서 치기공도 배워서 진료가 없는 날에는 아이티 청년들을 위한 치기공 아카데미를 열고 있다. 남하얀 선교사는 현재 아이티 출신 청소년들의 경우 대부분 공사장에서 일당을 받는 막노동에 종사하고 있어 생활이 매우 불안정한데 치기공을 배우면 보다 더 안정적인 생활이 가능해진다고 취지를 설명했다.

아직 국경이 폐쇄돼 아이티에 입국할 엄두를 못 내고 있다. 하지만 이들 부부는 아이티가 안정되는 대로 도미니카공화국에 근거지를 두고 아이티에 방문해 치과 진료나 다른 사역에도 적극적으로 참여할 계획이다. 이렇게 단기 치과 사역팀과 상설 치과 진료소가 있는 덕분에 우리 WGM센터는 무료 치과 진료의 명소로 알려지고 있다.

안경 사역

옛말에 "몸이 천 냥이라면 눈은 구백 냥"이라는 속담이 있다. 그만큼 눈은 중요한데, 안과 질환이 아니고 단순히 시력에 문제가 생기면 안경을 쓰면 된다. 미국은 검안의라는 전문 직업이 있어서 안과 전문의만큼 대우를 해 준다. 도미니카의 아이티 사람들에게도 안경은 매우 중요하다. 개발 도상국인 도미니카, 그중에서도 저소득층으로 2등 시민으로 취급받는 아이티 사람들은 안경이나 안과 혜택에서 소외되어 있다. 그래서 우리 센터에는 안경사역팀이 방문을 많이 한다.

오래전에 LA 벧엘교회 안경사역팀이 몇 번 왔고 좋은 기계도 기부했다. 여러 안경팀이 왔지만, 현재 대표적인 팀은 애틀랜타 연합교회 김도극 장로가 이끄는 안경팀이다. 많은 사람이 여러 교회에서 훈련에 참가한 후 함께 방문한다. 김도극 장로는 10여 년 전부터 안경 사역에 전념하고 있다. 한 번에 20-30명이 온다. 그래서 방문 때마다 한 동네에 수백 개의 안경을 제공하고, 심지어는 1천 개까지 제공하기도 했다. 대부분 미리 맞는 안경을 전달하는데 만약 맞지 않으면 미국에 돌아가서 보내기도 한다. 메디컬센터의 세 번째 방을 안경실로 만들어서 안경과 기계 등을 보관하고 사역을 돕고 있다. 우리 센터로 오면 사역도 가능하고 각 교회를 다니며 안경 사역을 진행할 수도 있다.

수년 전에 안경팀으로 왔던 애틀랜타 제일장로교회 이순옥 집사와 김희숙 집사가 함께 힘을 모아 교회 한 곳을 지었다. 애틀랜타 새생명교회에서도 안경팀이 왔다. 새생명교회 조용수 목사는 오래전에 센터에 와서 침례교회 선교사와 세미나를 열어 알게 된 목회자다. 조용수 목사는 미국 조지아주 사바나에서 아름다운침

레교회를 개척하다가 새생명교회로 옮겼다. 고형원 장로 부부가
김도극 장로 팀에서 훈련을 받고 새생명교회에서 안경팀을 만들
어서 조용수 목사와 함께 방문했다. 조용수 목사는 도미니카 교
회를 방문하며 안경 사역과 전도에 온 열정을 바치고 있다.

의료 사역 센터 비전

의료 사역에 대한 비전

현대 의학과 멀리 떨어질 수밖에 없는 개발 도상국 국민들, 특히
아이티 사람들의 경우는 의료 혜택을 볼 수 없다는 것이 가장 안
타깝다. 치과 진료와 마찬가지로 우리 WGM센터에서 의료 서비
스를 할 수 있을까를 연구해 왔다. 사역을 시작하며 여러 단기 선
교팀이 다녀갔고 또 계속 오고 있다. 함께 협력하여 도미니카 지
역 발전과 많은 사람에게 전도하려고 노력하고 있는 팀들에 통상
적으로 의사들이 포함되어 있어서 의료 사역도 가능하다.

　WGM센터가 확장되면서 하나님이 '의료 센터를 지어서 협력
하면 좋지 않겠는가?'라는 비전을 주셔서 사역팀에 함께 오는 의
사들과 상의해 봤다. 의사들이 많이 오는데 혹시 어떤 독지가들
이 5천 달러씩 헌금해서 50명만 모이면 아름다운 의료 센터를 지
을 수 있고, 50명의 의사들이 1년에 일주일씩만 와도 한 달에 4명,
일주일에 1명의 의사가 센터에 상주하게 될 텐데 그러면 계속 발

전하지 않을까 하는 구상을 해 봤다. 그러면 헌금한 사람이 큰 보람을 느끼게 될 것이다.

2018년 봄에 우물 사역을 함께 하는 휴스턴 서울교회에서 우물 기계 창고를 조금 편한 곳으로 옮겨 달라며 헌금을 해서 정문 근처에 짓겠다는 허락을 받고 짓기 시작했다. 그러다가 공사에 나선 김에 조금 더 투자해서 창고 옆으로 방 1개씩, 2층에 방 3개를 늘렸다. 부족한 숙소로도 쓸 수 있다고 생각한 것이다. 그런데 그 건물이 지금은 메디컬센터가 됐다.

2018년 목회자세미나에 100여 명이 참가했는데 그중에 믿음이 좋은 의사 남매가 참석했다. 에스더, 에스드라 남매는 이미 10여 년 전에 현지 의사들을 모아서 의료 사역을 하고 있었다. '벤디코 파라벤디코'(Bendicio para Bendicio: BPB)라는 선교 단체인데, 15명의 의사들이 함께 사역하며 1년에 몇 번씩 도미니카 전 지역을 돌아가며 의료 사역을 하고 있었다.

자연스럽게 의견 교환이 이뤄지고 WGM센터와 BPB와 새로운 단체 '애즈원바디'(As One Body)를 만들어 협력 사역을 하게 되었다. 사무실과 센터는 우물 기계 창고로 지은 건물이 안성맞춤이었다. 휴스턴 서울교회에 양해를 구해서 우물 기계 창고를 조금 안쪽으로 옮기고 전체 건물을 메디컬센터로 사용하기로 했다. 그 후에는 우리 버스로 같이 다니며 의료 사역을 하고 있다. 그들과 같이 1년에 한 번 현지 의사 세미나를 개최해서 더 많은 현지 의사들이 참여하게 되기를 기도하고 있다.

어떤 의료 사역이 필요한가

애틀랜타 새생명교회의 정충진 집사가 아끼던 바이올린을 헌물했다. 가족들과 와서 도미니카에 축복의집을 한 채 지었다. 산부인과 박경선 선생도 도미니카를 한 번 둘러보고 은퇴 후에 도움을 약속했다.

우리 센터가 관심을 갖고 있는 의료 사역 중에 '침술'도 아주 좋다. 토론토 밀알교회 신재광 장로는 메이저리그 야구팀인 토론토 블루제이스 의료팀에서 근무해 경험이 풍부하다. 우리 센터에서 인기가 좋다. 신재광 장로가 올 때마다 침을 맞고 있다. 은퇴 후에 오랫동안 사역에 참여하면 좋겠다. 현재는 류홍렬 목사가 마이크로파이낸스 미니스트리를 하면서 일부 시간에 침술 사역을 하고 있는데 여러 사람이 클리닉을 열면 좋을 것 같다.

하와이 코나 DTS를 끝내고 센터에 왔던 한의사 이종호 장로가 나중에 현지인 훈련을 시켜 주겠다고 약속했다. 현지인들이 처음에는 침을 무서워했는데 효과가 빨리 보이니 많은 현지인이 침 맞기를 기다리고 있다. 앞으로 방 하나는 침술 클리닉으로 만드는 날이 오기를 기대한다.

●

직접적인 선교보다는 자활을 이룰 수 있도록 돕는 소액 대출이나 건강을 지킬 수 있는 치과 진료 사역을 소개했다. 우리가 전도하고 사역할 곳은 많고 방법도 다양하다. 하지만 누구나 자신의 자리에서 자신의 재능으로 하나님의 나라를 세우기 위한 전도와 선교 사역이 이뤄져야 한다고 믿는다.

지금 도미니카공화국과 아이티에서 일어나고 있는 일은 세계 어디서나 있는 일이고 많은 사역 중에 우리가 하나를 맡고 있는 것이다. 다만 도미니카공화국과 아이티 사역에서는 우리 WGM 센터가 플랫폼으로, 아니 베이스캠프로, 또한 교두보로 큰 역할을 해 왔음에 보람을 느낀다. 4부에서는 베이스캠프의 활약에 대해서, 얼마나 많은 사람이 변화했는지 알아보자.

4

도미니카공화국에 대해서 잘 알지 못했다. 캐리비안에 있는 섬나라 정도
였는데 불가피하게 공중으로 떠 버린 스티브 김에게 선한 손을 내밀었다.
선교 센터를 짓고 실천에 나서기 시작했다. 선교를 위한 전진 기지 역할로
많은 프로그램을 운영하고 있다.

베이스캠프는 어떻게 운영되고 있는지, 코로나19 팬데믹을 통해 하나님
이 주신 메시지는 무엇인지 생각해 본다. 교회 건물을 지어 주고, 우물을
파고, 치과 진료를 주선하면서 커뮤니티를 구축하게 됐다. 가난과 배고픔
으로 힘찬 미래를 꿈꿀 수 없었던 아이티 난민과 저소득층 도미니카공화
국 사람들에게 하나님의 사랑을 나눌 수 있게 됐다. 나는 내 길을 걷고 있
었는데 하나님이 후원자를 보내 주셨고 어렵게만 느껴졌던 사역이 얽혔던
실타래가 풀리듯이 하나둘씩 풀리고 있다. 시니어들에게 선교에 대한 진
심을 알린 것이 도움이 됐다. 앞으로 WGM센터를 통해서 펼쳐질 하나님
의 나라가 기대된다.

★

일꾼들과

미래를

보다

16

선교 플랫폼을
지향하며

모태 신앙도 아니고 성인이 한참 지나고 받아들인 신앙이지만
선교의 열정은 남다르다고 자부한다.
어느 순간 너무 많은 일을 벌이는 것은 아닌가 하는
생각도 해 봤지만 조그맣게 시작한 WGM센터가
3만 평이 넘는 규모를 갖고 있고
그에 상응하는 프로그램을 갖춰야 한다고 생각했다.
YWAM의 베이스는 물론 열방대학으로,
시니어를 위한 다양한 프로그램을 통해서
배우고 실천할 수 있는 보금자리로 자리 잡고 싶다.
우리는 꿈에 그리던 신학교도 시작했다.

우리 WGM센터로 2019년 2월 월드쉐어 (World Share, WS) 김영숙 선교사가 왔다. 처음 김영숙 선교사를 만났을 때는 그의 사역이 우리에게 얼마나 많은 변화와 업그레이드를 가져다줄지 몰랐다. 리더홈(H4GT: Home for Gifted and Talented) 프로그램 등에서 의견 일치를 봤다. 선교 플랫폼으로서의 확신도 갖게 됐다. 항구적인 구호를 위한 프로그램도 구상하게 됐다. 하지만 코로나19 팬데믹이라는 전대미문의 장애물을 만나기도 했다. 결국 우리는 이겨 냈다.

● BCC(성경연구핵심과정)에서의 결심

2014년 BCC

2014년 9월에 스위스 로잔에서 실시하는 3개월 과정의 BCC(Bible Core Course) 성경 공부에 참가했다. 마침 결혼 41주년이어서 여행을 겸하게 되어 더욱 감사했다. 유럽 출장은 여러 번 다녀왔지만 3개월 동안 거주해 본 적은 없어서 좋은 기회라고 생각했다. 코나에서 사역하는 한동훈 선배의 소개를 받았다. 원래 쉬면서 3개월 동안 유럽 구경을 천천히 해 볼 생각이었다. 하지만 막상 도착해 보니 개인 시간을 전혀 낼 수 없었다. 규율이 까다롭고 과정이 만만치 않았다. 결석도 허용되지 않고 성경을 공부하다 보니 재미도 있고 필요성도 느껴서 열심히 공부했다.

BCC 어떻게 공부했나

열방대학에서는 마치 대학의 근로장학생같이 하루에 2시간은 의무적으로 땀 흘려 일을 해야 한다. 나는 매일 청소했고 이은혜 선교사는 식당에서 아침 준비를 도왔다. 또한 주말 당번도 2주 동안 참여했다. 몸이 아프다고 빼 달라고 해서는 안 된다고 해서 힘들지만 3개월을 버텼다.

BCC 학교의 리더는 젊은 알렉스 미일(Alex Miehl)-김은실 부부로, 3개월 동안 우리 부부를 바쁘게 만들어 여행 갈 엄두조차 내지 못했다. 겨우 한 번, 어떤 주말에 아비온이라는 프랑스와 국경에 있는 호수에서 배를 타 본 것이 전부다. 우리 센터에서 하는 프로그램은 어떤지 생각해 본 기회였다.

3개월간 팀으로 나눠서 성경을 통독했다. 시편과 잠언은 과정 중에 매일 읽고 묵상하고, 독후감을 매주 써서 제출해야 했다. 매주 강사에게 배운 것과 한 주간의 생활을 일기처럼 저널로 써 내야 했다. 마지막 주에는 각자 성경 속 인물을 선택해서 그에 대하여 발표해야 했다. 이은혜 선교사는 룻에 대해 발표를 했고 나는

모세에 관해 연구하여 발표했다. 공부한 책들에 대해서 귀납적
성경 연구 보고서를 내야 하는 숙제가 매주 있었다.

우리 부부는 나이가 많았고 열심히 해서 그런지 간사들에게서
후한 점수를 받아 무사히 졸업했다. 우리 부부에게는 은혜로운
시간이었다. 코나에서 충전했던 열정이 10년 동안 많이 소진됐는
데 로잔에서의 공부를 통해 새로운 10년에 사용할 열정을 재충전
한 셈이다.

이지웅 목사와 동기생들

강사 중의 한 사람이 이지웅 목사다. 제주 열방대학에서 SBS(School
of Biblical Studies: 성경연구학교) 교장을 10년 동안 역임했다고 들었다.
SBS는 9개월 동안 전체 성경을 공부하는 학교이고 BCC는 3개월
코스다.

BCC의 동기생은 25명이었다. 70세가 넘은 여성이 있었는데
20여 년간 시간이 생길 때마다 열방대학에서 공부를 한다. 학점
을 모두 따면 열방대학 졸업장을 받는데 그녀는 이듬해에 호주
YWAM 모임에서 졸업장을 받았다. 뉴질랜드 YWAM 베이스 리
더인 피터-에스더 김(Peter-Esther Kim) 부부가 있는데 우리보다 연
배가 10년 아래였고, 40대 초반 이주만 목사도 있었으며, 대부분
은 젊은 사람이었다. 3개월 동안 한 식구로 지내며 재미있고 은
혜로웠다. 이주만 목사를 포함해서 몇 사람이 나중에 우리 베이
스를 방문했다. 이주만 목사와는 '런코리아'(Run Korea)라는 예배

모임도 함께했다.

은혜로운 이스라엘 방문

BCC의 하이라이트는 11일 동안 이스라엘을 방문해서 공부하는 것이었다. 처음 가 보는 이스라엘에서 많은 은혜를 받았다. 갈릴리에 갈 때는 날씨가 좋았다. 겨우 45분이 지났는데 비바람이 세게 불었지만 그래도 좋았다. 정말 베드로처럼 배에서 뛰어내려 보고 싶은 충동까지 생길 정도로 감동적이었다. 그곳에서 이지웅 목사의 강의 중, 예수님을 우리 가슴속에 손님이 아닌 주인으로 모셔야 한다는 것을 체험했다. 배에서 내려 모두가 같이 점심을 먹고 나오는데 쌍무지개가 펼쳐진 광경을 보고 "하나님, 감사합니다" 하고 계속 소리쳤다. 너무 기뻐서 눈물이 솟아 나왔다. 이때 나는 예수님을 주인으로 모시는 순간을 맞았다.

고종영 목사의 BEE 사역

선교사로 파송을 받은 후에, 경기중 동기인 고종영 목사에게 도미니카에 와서 동역하며 도와 달라고 지속적으로 요청했다. 그는 사우디아라비아에서 10여 년간 BEE(Biblical Education by Extension: 성경연장교육) 사역을 하고 있었다. 바쁘고 할 일이 많아서 시간 내기가 곤란하다고 했는데 그래도 한 번 다녀갔다.

어느 날 그는 사우디의 고속도로에서 심장 마비가 와서 죽을 뻔했다. 조경진 선교사의 증언에 따르면, 아마도 한 시간만 늦었더라면 하늘나라로 갔을 것이라고 한다. 하나님의 은혜로 사우디에서 간단히 수술을 받고 한국으로 가서 재수술을 받았다. 수술 후에 의사들로부터 앞으로 기후도 나쁘고 힘든 사우디에서 사역은 힘들 것이라 진단을 받자 2004년에 조경자 사모와 함께 도미니카로 왔다. 이렇게 하여 도미니카공화국에서 BEE 사역이 시작되었다. 몇 번의 졸업식을 통해 많은 목회자 훈련생을 배출했는데 첫 졸업생 중에서 헤데온 로드리게스(Hedeon Rodriguez) 목사가 귀한 열매가 되어 지금도 우리 센터를 오가며 도미니카공화국의 BEE 사역을 이끌고 있다.

그렇게 고종영 목사는 중남미 여러 나라를 다니며 BEE 사역을 위해 열심히 노력하다가 은퇴하여 미국으로 복귀했다. 그는 한국인이나 현지인을 막론하고 모두에게 인기가 있다. 성격이 좋고 무대에 올라가면 트롬본도 불고, 춤도 잘 추는 목사다. 고종영 목사를 파송한 시카고 복음장로교회에서도 도미니카에 교회를 지었다.

현지 교회의 샘손 진(Samson Jean) 목사는 10여 년 전에 아이티에서 와서 10년째 사역 중이다. 고종영 목사의 도움으로 BEE도 졸업하고, 모든 사역에 열정적이며, 아이티 목회자들을 위해서 50개 교회를 개척하겠다는 꿈을 품고 실천하고 있다. 이미 4개 교회를 우리와 협력해 건축하여 기도의 응답을 받고 있는데 큰 꿈을 가져야 한다는 본보기가 되고 있다.

고종영 목사의 도움으로 경기고 63회 신우회에서 루스 마리아(Luz Maria) 목사에게 교회를 지어 주었다. 원래 그 교회는 허름하게 양철로 세워진 건물에서 예배했다. 이를 안타깝게 여기고 있었는데 새로운 교회가 건축되고 지역이 부흥되었다. 얼마 후에 또 다른 가난한 지역에 살고 있는 성도가 자기 집을 교회에 기부하여 집에서 예배를 드리기 시작했는데, 이곳 또한 하나님의 은혜로 아름다운 교회가 세워져 지역을 변화시키고 있다. 루스 마리아 목사는 7개 지역에 교회를 세우는 꿈이 있다.

● 월드쉐어 건물을 짓다

월드쉐어와의 인연: 리더홈

2019년 2월 14일 아이티에서 월드쉐어 지부장을 맡고 있는 김영숙 선교사가 WGM센터에 찾아왔다. 당시에도 아이티 치안이 좋지 않아서 많은 사람이 도미니카로 피신했는데, 아이티에 온 지 2년 동안 몇 차례 도미니카를 방문했지만 우리 센터에 온 것은 처음이었다. 바니에서 사역하는 이영희-조용화 선교사 부부의 추천이었다. 김영숙 선교사와 여러 가지 이야기를 나눠 보니 많은 사역을 협력할 수 있을 것 같아서, 우리 사역 현장도 함께 둘러보고 내가 간증하는 교회에 다른 선교팀과 같이 참석하게 했다.

우선 협력할 수 있는 사역이 리더홈이었다. 영재 육성 프로그램으로 우수 중학생 20명을 선발해 우리 센터에 거주시키고 학교에 보내고 방과 후에는 성경, 영어, 한국어, 기타 등 다양한 프로그램을 추가로 가르쳐 장차 도미니카의 리더로 만드는 사역이다. 우리도 꿈꿔 오던 사역이기에 망설임 없이 서둘러 진행했다.

월드쉐어는 중국에서 오래전에 시작했으며 프로그램 졸업생들이 사회적으로 많은 일을 하고 있다. 마침 월드쉐어에서 재정적으로 도움을 줄 수 있다고 해서 4월 15일 월드쉐어 전용 건물을 착공했다.

아이티에서 온 직원과 현지 스태프 몇 명을 월드쉐어 사역 창립 멤버로 선발하여 추진했다. 이후에 월드쉐어 본부에서 이정숙 이사가 다녀가며 더 활발히 추진했다. 학기는 9월에 시작하므로 일단 남학생만 20명을 선발해 시작했다. 처음에 18명을 뽑아서 9월 초부터 공립 학교에 보내고 센터에서 특별 교육을 실시하는 것으로 계획했다. 학생들은 열심히 공부하며 센터에 이모저모로 도움도 되고 분위기가 좋았다.

드디어 12월 2일 월드쉐어 건물 준공식이 열렸다. 서울에서 권태일 목사와 월드쉐어 명예 회장인 김남수 목사, 아프리카 우간다에서 크게 사역을 하는 이현수 장로, 과테말라에서 임병렬 장로, 항공으로 전도하는 노근원 목사, 시러큐스 대학 임준수 교수가 함께 와서 준공을 축하했다. 이들과 다음에는 우간다에서 모이기로 했다.

월드쉐어센터의 3층 건물 중 1층은 단기 선교팀의 숙소 등으로 활용되고 있고, 2층은 업무용 사무실과 기숙사 겸 공부방으로, 3층은 WGM신학교 사무실, 강의실, 숙소로 활용되고 있다.

공부방 사역

이어서 공부방 사역을 시작했다. 공부방을 설치하고 어려운 지역의 어린이 30여 명을 선발해 하루 3시간씩 공부를 도와주는 프로그램이다. 더불어 하루 한 끼 급식도 제공했다.

7개 커뮤니티에 공부방을 만들어 지원했다. 이를 위한 후원금은, 두께사 지역은 미국 그린스보로에서 박의현 장로 가족이, 산호세 바테이 지역은 그린스보로 김준효 집사 부부가, 구아누마교회는 그린스보로 주님의교회가 돕고 있다. 얼바인 온누리교회에서 지은 비자 메야 교회와 뉴저지 온누리교회에서 지은 마타고르다(Mata Gorda)I 교회는 온누리교회 TIMA(미주 두란노해외선교회)에서, 엘리몬(El Limon) 교회는 이 교회를 지은 뉴저지 조항석목사가, 마타 고르다II 교회는 메릴랜드 새생명교회 한석민 목사가 돕고 있다. 아이들이 잘 성장하여 지역을 변화시킬 수 있기를, 앞으로 협력해서 더 많은 지역으로 뻗어 나가기를 기도했다.

다음 기회를 기다리며

도미니카에 오랫동안 거주한 김현승 집사가 월드쉐어 본부에서 교육을 받고 도미니카 지부장이 돼 열심히 사역했다. 또 선교사의 자녀로 도미니카에서 태어난 이수연이 김현승 지부장을 성심으로 보좌했다. 아이티 지부장인 김영숙 선교사는 월드쉐어 중남미 사업 추진을 위해 열심히 뛰고 있었다. 내게는 영광스럽게 '중남미 고문' 직함을 줘서 기쁨으로 순종했다.

또한 월드쉐어에서 홍영식 목사-최창희 부부가 도미니카로 와서 우리 센터에 많은 도움을 주었다. 특히 센터에서 스포츠 사역(축구, 야구, 농구, 테니스, 배드민턴, 수영, 배구) 등을 진행했고, 모세 선교사를 도와 '모세의 길'을 아름답게 만들었다. 우리 센터의 큰 나무뿌리를 보고 조각품 "위대한 탄생"을 만들기도 했다. 또한 홍영식 목사는 산토도밍고의 유일한 한인 교회인 도미니카한인교회에서 정규식 목사 후임으로 담임목사를 맡았다. 월드쉐어 건물 준공식에 함께 왔던 김남수 목사는 뉴욕순복음교회를 개척하고 은퇴했는데 '4/14 사역'에 열정을 쏟았다.

하지만 이런 사역의 가장 큰 후원자인 월드쉐어 본부의 리더십이 바뀌면서 우리와의 협력이 약해졌다. 리더홈 사역은 1년 만에 중단했다. 우리 센터가 진행 중인 사역이 많고 리더홈 사역에만 재정적으로 지원하는 데 한계가 있어서 협력 단체인 월드쉐어가 없이는 더 이상 진행할 수 없어서 종료했다. 월드쉐어 건물도 '올네이션'으로 이름을 바꿨다. 특히 7개 지역의 공부방을 운영했었지만 월드쉐어의 축소로 3개 공부방만 운영하고 있다. 김영숙 지부장도 아이티 지부를 그만두고 미국으로 돌아갔다. 지나고 보니 좋은 계획이고 바로 실천했지만 이제는 하나님의 다른 계획을 기다릴 수밖에 없다.

● 시니어선교훈련학교(SMTS) 열어

시니어 학교를 위한 준비

선교 플랫폼을 지향하지만 준비된 것은 넓은 땅과 건물 몇 채가 다였다. 하지만 하나님은 우리에게 차근차근 준비할 시간을 주셨다. 수십 명의 선교단이 찾아와도 모두 수용할 수 있고 그들에게 사역의 기회를 제공할 아이티와 도미니카공화국이 바로 옆에 있다. 특히 시니어들이 하나님의 품에서 마음껏 선교를 할 수 있도록 도전의 기회를 만나게 하는 프로그램을 시작했다. 바로 시니어선교훈련학교(Senior Mission Training School: SMTS)다.

로고스호프센터를 짓다

WGM센터가 선교 플랫폼으로서의 역할을 하겠다고 노력 중이지만 현실적인 어려움이 많다. 모든 것이 때가 있고 하나님이 계획하고 계신다고 생각하고 "조금 더 필요합니다"라고 기도하고 있다.

2019년 봄에 헤데온 목사가 찾아와서 9월 한 달간 100여 명의 선교단이 우리 센터에서 훈련을 진행하며 우리 센터를 숙소로 이용하겠다고 알려 왔다. 우리 센터 시설을 선교 훈련을 위해서 쓰겠다니 감사했다. 나중에 만나고 보니 OM미션(Operation Mobilization: 오엠선교회)에서 '로고스호프'(Logos Hope)라는 세계를 순회하며 선교하는 크루즈 선박이 들어오는데 총 400여 대원 중 교대하는 신입 단원 120명을 훈련시키기 위해 우리 센터를 이용하는 것이었다. 로고스호프 선교선이 도착하고 도미니카 항구에 정박해 있는 동안에 여러 차례 둘러볼 기회가 있었다. 로고스호프의 책임자는 한국인 목사 부부로 사랑의교회 부목사로 사역했던 박필훈 목사였다.

로고스호프 선교선에는 책이 많이 실려 있다. 세상 바다를 돌아다니다 개발 도상국에도 정박해 쉽게 구할 수 없는 다양한 서적을 나누어 주고 판매하는 사역이다. 그들이 하는 다양한 선교 사역의 하나로 우리와 같이 사역도 하고 귀한 도서 수백 권을 기부해서 우리 센터에 '로고스북카페'가 만들어지는 계기가 되었다.

당시 우리는 숙박비로 7만 달러에 가까운 큰 금액을 받았다. 기도하는 중에 '로고스호프센터'(Logos Hope Center)라는 이름으로 숙소와 교육을 겸할 수 있는 다용도 건물을 지으라는 비전을 받았다. 박필훈 목사와 상의해서 머무는 동안에 착공 예배를 가졌다. 부족한 부분은 하나님이 채워 주실 것을 믿고 시작했다. 지금 생각해 봐도 로고스센터는 적기에 잘 지었다. 로고스센터 덕분에 우리 센터를 더욱 활기차게 운영할 수 있게 됐고 더욱 다양한 사역이 가능해졌다. 이듬해에 시작된 SMTS 프로그램의 강의실과 숙소로 로고스센터를 잘 쓰고 있기 때문이다.

시니어선교훈련학교 시작

2016년에 토론토 영락교회 송민호 목사, 이이희 선교부 장로 일행이 우리 센터를 찾아왔다. 여러 가지 이야기를 나누던 중에 송민호 목사가 토론토 영락교회에 시니어 성도가 500여 명이나 된다고 알려 줬다.

당시 우리는 시니어를 위한 DTS를 했으면 좋겠다고 생각하고 있었다. 젊은이 위주의 DTS 시스템을 나이가 지긋한 시니어를 대상으로 운영해도 좋겠다는 아이디어였다. 시니어들이 따뜻한 카리브해 연안에 있는 도미니카공화국에서 추운 겨울을 피해 모여, 좋은 말씀을 듣고 살아 있는 선교를 체험할 수 있게 된다. 많은 시니어가 참가해 선교에 대한 인식을 새롭게 함으로 자신들도 무엇이든 사역할 수 있겠다는 도전을 받을 수 있다는 취지였다. 현실적으로 65세를 전후하여 은퇴한 이들 가운데 아직 건강하고 신앙을 가진 이들에게 선교적인 관심과 열정을 불러일으키기 위해서 필요한 과정이라고 판단했다.

이런 아이디어를 우선 하와이 코나에서 사역하고 있던 공혁 형제와 나누었는데 매우 긍정적인 반응을 보였고 하와이 코나에서 사역 중인 인치일 장로를 교장으로 추천했다. 인치일 장로도 우리 아이디어에 적극 동의하고 언제라도 올 수 있다고 해서 시작이 순조롭게 풀려나갔다.

토론토 영락교회에 그 정도로 시니어들이 많다면 다른 교회도 비슷한 상황일 것이라고 판단했다. 그래서 여러 교회에 알아보기 시작했다. 나를 파송한 얼바인 온누리교회에도 물어봤다. 담임목사인 권혁빈 목사도 얼바인 지역에 시니어들이 많은데 마땅히 할 일이 없어서 활동적인 경우에도 주로 골프를 친다고 말했다. 은퇴한 경우가 대부분이어서 별다른 일 없이 소일을 하고 있을 뿐이고, 선교에 대한 비전은 거의 없으니 이런 기회가 도전이 될 수 있다며 적극 동의했다.

그래서 우리는 하나님이 준비하신 사역이라고 믿고 기도하며 2017년 1월 9일부터 2월 3일까지 4주간의 시니어 DTS를 시작하기로 작정했다. 인치일 장로를 초대 교장으로 모시고 준비했다. 그런데 코나 본부에서 DTS라는 명칭을 사용하는 것을 반대했다. 할 수 없이 '시니어 DTS'라는 당초 명칭 대신에 '시니어선교훈련학교'(Senior Mission Training School, SMTS)로 바꿔서 시작하게 되었다.

SMTS로 시작하다

메릴랜드 허인욱 선교사에게서 연락이 왔다. 워싱턴DC 지역 시니어 선교 대회를 시작하는데 첫 번째 강사로 내가 왔으면 좋겠다고 물었다. 처음에는 어디든 공개된 곳에 나가서 이야기하는 것이 불편해서 거절했다가, 이제 SMTS를 시작하니 언젠가는 앞에 서야 한다는 생각이 들어서 강사로 참석하게 되었다.

워싱턴DC 지역으로 가는 길에 애틀랜타를 경유해야겠다고 일정을 잡았다. 전에 애틀랜타연합교회에서 개최하는 '시니어행복학교'에 200여 명 이상이 모인다고 들은 적이 있다. 시니어 담당인 김재홍 목사에게 연락해 간증 기회를 달라고 부탁했다. 뉴욕 인투 온누리교회, 뉴저지 온누리교회 마크 최 목사에게도 부탁했다. 마크 최 목사 모친도 좋은 기회라며 나중에 뉴욕 지역 시니어들하고 함께 오겠다는 의사를 전달해 왔다.

학교를 준비하는 중에 인치일 장로가 갑자기 몸이 불편해서 오지 못하게 됐다. 대신 공혁 형제 부부가 열심히 홍보했다. LA 온누리교회(현재 올네이션스처치[All Nations Church], ANC)에서도 10여 명이 참석하겠다는 연락이 왔다. 하와이 코나에서도 여러 명의 간사가 동참해 준다고 해서 매우 기쁘고 감사했다. 또 토론토 영락교회에서도 10여 명이 참가하겠다는 의사를 전해 왔다. 처음부터 출발이 순조로워서 기뻤다. 나중에 몇 분이 더 참석한다고 연락이 왔고, 간사들도 여러 명이 추가 참여를 알려 왔다.

처음 코나에서 DTS에 참석할 때 느꼈던 순간보다 더 떨리고 행복했다. 하나님을 배우고 가슴 깊이 느꼈던 감동을 우리 시니어들과 함께 나눌 수 있다는 생각에 며칠 밤 동안 잠을 이루지 못할 정도로 흥분되고 행복했다. 코나만큼 우리 WGM센터가 좋은 환경은 아니지만 정성을 다해서 최고의 프로그램을 만들겠다고 다짐했다. 하나님이 이끄시니 그렇게 될 것이라고 또 기도했다.

첫 번째 학교의 성공

첫 번째 학교는 2017년 1월 9일부터 2월 3일까지 잡았다. 거의 4주간이다. 도미니카는 겨울 날씨가 온화하고 좋다. 찌는 듯한 여름이 아니고 조금 더운 여름 날씨다. 북반구의 추운 겨울을 벗어나 시니어들이 공부하기에는 매우 좋은 기후다. 1월 말과 2월은 도미니카에서 연중 가장 날씨가 좋다. 진푸른 물감을 칠한 것같이 새파란 하늘이 얼마나 깨끗하고 맑은지 모른다. 하루에 몇 번씩 스콜이라는 열대성 소나기가 쏟아지는데 약 5분 퍼붓고 나면 어느새 활짝 개어 햇빛이 찬란해진다.

간사진이 프로그램을 운영하기에 충분했다. 공혁-조은주 간사 부부, 딸 공진, 코나에서 DTS를 운영했던 이덕식-이영숙 선교사 부부, 동생 김광국-김미숙 부부, 아들 김정훈, 도미니카공화국에서 이교자 선교사, 김호근-김정숙 선교사 부부, 채진용 목사, 이철영-이순영 선교사 부부, 우리 부부. 이렇게 16명의 초대 간사진이 첫 SMTS를 잘 운영했다. 참가 학생도 첫 번째 학교임에도 예상을 웃도는 많은 시니어가 참석했다. 총 35명이었다. 참가 지역도 캐나다, 미국, 한국, 영국 등이었다. 강사로는 송영재 목사, 구자형 목사, 진유식 목사, 송민호 목사, 김영봉 목사, 엄경섭 선교사, 전구 목사가 나섰다.

권혁빈 목사가 만난 기적

2017년 5월 최일식 목사가 주도하는 KIMNET(세계선교동역네트워크) 모임을 노스캐롤라이나에 있는 빌리그레이엄센터에서 개최한다는 소식을 들었다. 2016년에 최일식 목사의 사모가 소천했는데 문상도 하지 못해서 겸사겸사 참석했다. 최일식 목사에게 SMTS에 대해서 알렸다. 그랬더니 최일식 목사가 10명의 강사팀을 꾸려서 두 번째 학교에 참가하겠다고 다짐했다.

또 이은혜 선교사 가족들이 2기 학교에 온다고 했으며, 밴쿠버에 거주하는 지인 부부도 참가하겠다고 했다. 참가할 학생 인원에는 부족함이 없을 것으로 생각했다. 하지만 막상 두 번째 학교를 한 달 앞두고 2기에는 4명, 3기에는 15명 정도밖에 신청자가 없었다. 그런데 갑자기 얼바인 온누리교회 시니어 담당 김태환 목사가 2기에 8명과 3기에 7명의 학생을 보낸다고 알려 왔다. 얼바인 온누리교회 담임인 권혁빈 목사 부부가 9월 DTS를 마치고 하와이 화산에 갔다가 조난을 당했다. 간절한 기도 끝에 기적적으로 코나에 있는 지인과 연결돼 12월에 교회로 돌아왔다. 그는 새벽 예배에서 시니어들에게 도미니카 시니어 학교를 추천했고 15명의 시니어가 SMTS에 합류하게 됐다.

두 번째 학교

2기 학교는 2018년 1월 8일부터 1월 23일까지 열렸다. 허인욱 선교사가 교장을 맡았고, 공혁-조은주 부부, 김성환-이혜숙 선교사 부부, 피터-앤 정 선교사 부부, 김종효 선교사, 이철영-이순영 선교사 부부, 이교자 선교사, 박모세 선교사, 우리 부부 등 14명이 간사로 섬겼다. 참가 학생은 토론토, 얼바인에서 왔다. 강사는 최일식-강빅토리아 목사 부부, 고인호 목사 부부, 이종형 목사 부부, 김충직 장로, 권혁빈 목사, 정규식 선교사, 김성환 선교사가 섬겼다.

2기에는 여러 가지 일이 있었지만, 뉴저지 시니어 담당 김용철 목사와 함께 방문한 김경아 권사의 특별 간증이 있었다. 18회의

암 수술을 받으면서도 선교를 다닌다는 스토리로 참석자 모두가 큰 은혜를 받았다.

당시 강사로 참석했던 얼바인 온누리교회 권혁빈 목사가 사역 현장을 돌아보고 함께 온 네 부부와 같이 상의 끝에, 도미니카에 초대 선교사로 2004년에 파송하고 큰 도움을 주지 못했다면서 얼바인 온누리교회에서 비자 메야에 현지 교회를 짓겠다고 결정했다. 또 함께 온 이윤노-이용규 부부도 얼바인에 돌아가서 지붕이 없는 교회에 건물을 지을 수 있도록 후원했다. 권혁빈 목사는 2018년 11월 얼바인에서 한 시간 떨어진 라팔마 지역에 씨드(SEED) 교회를 개척했다. 코나 DTS 중 화산에서 고립된 사건을 통해 새로운 부르심을 깨닫고 개척했다.

세 번째 학교

3기 시니어 학교는 2018년 2월 5일부터 2월 22일까지 열렸다. 오랜만에 이은혜 선교사 가족들이 모두 모였다. 밴쿠버에 사는 큰언니 부부인 김예정 장로-이현숙 부부, LA 이정숙 처형(남편은 동창 조병준 사장), 올케 이여옥 권사, 이종기 집사가 같이 방문해서 감동적인 만남을 가졌다. 밴쿠버에서 살고 있는 박영원-박향옥 부부를 오랜만에 도미니카에서 다시 만났다.

간사로는 리더 허인욱 선교사, 이덕식-이영숙 부부, 인치일 장로, 채진용 목사, 임병숙 권사, 이교자 선교사, 피터-앤 정 선교사 부부, 이철영-이순영 선교사 부부, 김창진 선교사 부부, 박모세 선교사, 박윤숙 선교사, 사라 성 선교사, 우리 부부가 함께 섬겼다. 강사로는 벨뷰 사랑의교회 조영훈 목사, 조 페란테(Joe Ferrante) 목사, 박광철 목사-이상은 원장 부부, 김재홍 목사, 박형동 의사, 김성욱 선교사, 김월림 선교사, 이재환 선교사, 존 황 선교사, 심정석 장로가 섬겼다.

'축복의집' 100채 비전

오케스트라를 지휘하는 박형동 의사도 WGM 오케스트라 연주 일정에 맞춰 와서 시니어들의 건강을 주제로 강의했다. 이때 참석했던 이여옥 권사가 타계한 처남 이갑선 집사의 뜻을 받들어 아카데노아 교회를 건축했다. 얼바인 온누리교회 김로라 권사는 축복의집을 많이 지었다. 미국에 돌아가서 지금까지 14채의 축복의집을 지었다. 김로라 권사는 지인들을 만날 때마다 권면해 100채의 축복의집을 짓는 비전을 갖고 있다.

네 번째 학교

4기 학교는 2019년에 열렸다. 2기에 참석했던 밀알교회 김병철 장로의 소개로 밀알교회에서 여름 단기 선교팀을 보내왔다. 노승환 담임목사는 강사로 왔다. 3기에 인기가 높았던 조 페란테 목사는 DTS 강사를 겸해 참석했다. 김재홍 시니어 담당 목사도 다시 왔고 박광철 목사-이상은 원장 부부도 강사로 섬겼다. 박광철 목사는 성찬식을 인도했다.

현지 대형 교회 몰리나 목사, 우리와 함께 의료 선교를 하는 현지인 의사 에스더도 협력했다. 공직에 있다가 삼미에서 함께 일하고 후에 신학교를 마치고 새마음교회를 개척한 이영규 목사도 강사로 섬겼다. 이영규 목사는 우물 사역 헌금, 로고스센터 건축 헌금 등 1만 달러를 헌금했다. 더불어 로고스센터 헌당 예배도 인도했다. 한국으로 귀국해서 매달 헌금도 보내며 학교 동기들에게 두루 소식을 나눠서 많은 동기 친구들이 헌금을 보내고 있다. 그래서 내 기도 제목 중 하나가 경기고 신우회 모임을 WGM센터에서 개최하는 것이다.

간사로는 시작 후 3년간 돕겠다고 약속한 공혁-조은주, 공진 가족과 코나에서 조혜원 자매, 임양환-채영민 부부, 허인욱 선교사, 김창진-김온유 선교사 부부, 심정석 장로, 홍남순 자매, 최희정 권사, 임병숙 권사, 김병철-차옥란 부부, 조선영 박사-남지연 선교사 부부, 영국에서 임춘자 선교사, 한국에서 이기옥 선교사, 김선이 선교사, 피터-앤 정 선교사 부부와 우리 부부가 섬겼다. 참가자는 토론토 밀알교회에서 16명이 참석했고 밴쿠버, 워싱턴 DC 지역에서 참석해 총 35명이었다.

졸업 후 푼타 카나서 피로 풀어

2월 5일 4기 졸업식 후에 많은 참가자가 푼타 카나 리조트에서 2박 3일간 공부하느라고 쌓였던 피로를 풀었다.

당시 밴쿠버에서 왔던 이성렬-윤희진 부부는 2개 지역에 교회를 세웠고 참가자들과 함께 착공 예배에 참석했다. 밀알교회에서는 탕케 데 아술 지역에 교회 건축을 후원했는데 부족해 아쉬웠던 부분을 노승환 목사와 함께 왔던 사람들이 헌금해서 교회 건축이 아름답게 마무리되었다. 밀알교회 신인휴-신영순 부부는 글로리아(Gloria) 교회에 타일, 2층 올라가는 펜스, 질척한 도로에 자갈을 까는 데 도움을 줬다. CBMC밴쿠버(밴쿠버 한인 기독실업인회) 소속 성도들이 센터에서 일하는 콘트렐라 형제 가족을 위해 축복의 집을 지었다.

피터-앤 정 선교사 부부의 헌신적인 리드로 4기를 잘 끝냈다. 두 사람의 사역이 바쁜데도 잘 인도했다. 공혁 형제 가정도 3년간 멀리까지 와서 학교가 자립하도록 섬겨서 항상 감사한 마음을 갖고 있다.

2020년 5기를 위해서 SMTS의 조직을 새롭게 정비했다. 학교 교장으로 두 차례나 강사로 섬긴 박광철 목사와 이상은 원장이 나서기로 했다. 박광철 목사는 원래 1989년 미국에 유학도 왔었고 서울신학대학에서 5년 동안 교수 생활도 했다. 신길성결교회에서 2년 반 동안 목회도 했다. 미국에서는 LA 동양선교교회 담임목사로 있다가 이후 조이 펠로우십 교회를 개척하고 은퇴해서 세계를 다니며 강의를 하고 있고, 사모는 기독교가정상담훈련원 원장으로 헌신하는데 시니어 사역에도 많은 관심을 갖고 있다. 이상은 원장은 이은혜 선교사와 중학교 동창이다.

다섯 번째 학교

5기는 팬데믹이 몰아치기 직전인 2020년 초에 열렸다. 4기 후반에 짧게 참석했던 김선이 선교사가 풍부한 경험으로 행정을 맡았다. 3기에 학생으로, 4기에는 간사로 섬긴 박영원-박향옥 부부가 간사장을 맡았다. 처음부터 각 개인의 파일이 준비되고 체계적으로 정리되기 시작했다.

박광철 목사가 김선이 선교사와 함께 SMTS 프로그램을 잘 준비했다. 김재홍 목사, 김성욱 선교사, 이재환 선교사, 조선형 박사, 심정석 장로, 송민호 목사, LA 아름다운교회 고승희 목사, 뉴욕 모자이크(Mosaic) 교회 장동일 목사, 잠비아 박성식 선교사, 토론토 큰빛교회 임현수 목사, 보스턴(Boston) 장로교회 장성철 목사 등이 강사로 섬겼다.

교장으로 박광철 목사가 직접 인도하고 기도하며 학교가 진행되니 더욱더 은혜스러웠다. 대인 관계가 좋은 박영원-박향옥 간사 부부도 열심히 뛰었고 모든 행정은 김선이 선교사와 이상은 원장의 조직적인 운영으로 일사불란했다. 간사로는 박영원-박향옥 부부, 김선이, 최희정, 임병숙, 임옥선, 김요셉-김윤주 부부, 강재희, 김선덕, 안창규, 이철영-이순영 부부, 오동혜, 우리 부부가 함께 헌신적으로 섬겼다. 참가자는 토론토, 밴쿠버, 뉴저지, 워싱턴, 로스앤젤레스, 한국, 도미니카에서 참여했다.

선교 플랫폼으로서의 역할

심정석 장로 부부, 최희정, 임병숙, 강재희, 김선덕 권사와 오동
혜 선교사가 졸업식 이후에 남아서 3월 초까지 여러 가지를 협력
하며 헌신했다. 귀한 섬김의 모범이었다. 심정석 장로는 에코팜
(EFTS: Eco Farming Training School: 자연농업학교) 농장에서 여러 간사
를 훈련시키며 자연 농업이 빨리 자리를 잡을 수 있도록 도왔다.
심정석 장로의 아내와 최희정, 임병숙, 강재희, 김선덕 권사 일행
은 센터의 현지인 간사들과 월드쉐어 학생들에게 한국어와 영어
를 집중적으로 가르쳤다. 오동혜 선교사는 다음 DTS를 인도할
자매에게 많은 조언과 권면의 말을 전했다.

강재희 권사는 WGM 선교사로 임명해 캐나다와 시애틀 지역
에서 우리 사역을 도와주기로 했다. 하나님의 은혜 가운데 5기
학교가 잘 끝나고, 박광철 목사 팀은 2021년 6기 강사 스케줄을
확정하고 참가 학생을 모집했다.

자연 농법과 심정석 장로

SMTS를 위해 캐나다에서 온 심정석 장로가 자연 농업에 대해서
강의했다. 심정석 장로는 1965년에 캐나다로 유학해 박사 학위
를 땄고 오랫동안 교수로 있으면서 자연 농업으로 생산하는 닭,
달걀에 대한 특허도 갖고 있었다. 70세에 은퇴하고 중국에 5년간
선교사로 갔다가, 북한 평양과학기술대학에서 5년간 도움을 주
기도 했다. 80세에 다시 은퇴하고 밴쿠버에 있다가 SMTS 소식을

듣고 참가한 것이다.

학생으로 왔다가 강의도 하고, 중국과 북한에서 했던 닭 농장에 대한 경험도 알려서 센터에서도 운영하면 좋겠다고 했다. 그러면서 어떻게 짓고 무엇을 해야 하는지 가르쳐 주며 1만 달러를 헌금했다. 그래서 양계장이 생겼다. 300마리로 시작했다. 주변에 닭이 뛰어놀 수 있는 큰 운동장이 있다. 그늘도 있어 좋다. 맛있는 달걀이 하루에 80개씩 나왔다. 심정석 장로는 바나나 나무를 잘라서 직접 닭에게 먹이로 줬다. 닭장 근처에 채소, 고추도 심어서 센터에 많은 도움이 됐다. 하지만 팬데믹 때문에 많은 차질이 있었다.

심정석 장로와 우리의 목적은 일단 자연 농장을 채산성이 있는 모범 농장으로 만들어서 도미니카, 아이티 등 주변 나라에 보급하려는 계획이었다. 자연농업학교를 운영해 자연 농업으로 지역 교회가 중심이 되고 지역 발전에 도움이 되기를 기도했다.

후원자 맥스 부부의 도움으로 꿀을 만드는 양봉도 하고 있다. 맥스는 몇십 개의 양봉을 가져왔다. 그들이 꿀을 팔아서 센터 재정에 도움을 주고 있다. 하지만 자연농업학교 계획은 한순간에 무너졌다. 안타깝게도 팬데믹이 시작되자 심정석 장로가 밴쿠버로 돌아갔다가 한동안 돌아오지 못했다. 그러면서 닭들이 모두 폐사했다.

하지만 자연 농법은 다시 시작하게 됐다. 2023년 단기 선교로 왔던 뉴저지 하베스트(Harvest) 교회(안민성 목사)의 최관해 장로가

2024년 1월 10일에 다시 와서 새벽기도와 함께 중단됐던 농사를 시작했다. 비옥한 땅에서 '자닭'(자연 닮은) 유기농법으로 퇴비를 액비로 써서 열무, 고추, 가지, 깻잎 등 80가지 농작물을 재배하기 시작했다. 최관해 장로는 비자 메야 베이스의 토지가 농사를 짓기에 매우 좋다며 적극적으로 농업에 임하고 있다. 최관해 장로는 1950년생으로 기도 사역자로도 일하고 있다.

팬데믹 후 열린 여섯 번째, 일곱 번째 학교

SMTS는 팬데믹 직전인 2020년 초에 5기를 마치고 6기를 2021년에 준비하고 있었다. 팬데믹 때문에 2023년에야 6기를 개최할 수 있었다. 도미니카는 크게 위험하지 않았지만 통로 격인 미국이 심하게 앓고 있었기에 휴식기를 가졌다.

이번에는 한국에서 한동대 교수였으며 한국창조과학회 교수로 유명한 김명현 교수와 함께 한국OMF(Overseas Missionary Fellowship) 선교지부장을 역임하고 지금은 한국에서 죠이선교회 대표로 있는 손창남 선교사가 주 강사로 나섰다. 매우 유익하고 행복한 시간이었다. 특히 미국과 캐나다와 한국에서 많은 시니어가 참석해 주 안에서 즐거운 교제와 격려를 나누고, 또한 새로운 결단을 하는 계기가 되었다.

7기는 2024년 1월 22일부터 1월 31일까지 진행됐다. 역시 박광철 목사가 교장으로 앞장섰다. 이외 김선이 선교사, 밴쿠버의 박영원 총무-박향옥 부부, 밴쿠버 강재희 선교사, 임옥석 목사,

이교자 목사가 프로그램을 이끌었다. 보스턴 장로교회 장성철 목사, 토론토 밀알교회 송민호 목사, 롤랜하이츠 아름다운교회 고승희 목사, 최마크 목사, 이상은 원장 등이 강사로 나섰다. 참가자는 뉴저지, 콜로라도, 한국, 뉴저지, 도미니카에서 참여했다.

● WGM신학교로 기독교의 미래를 본다

WGM신학교를 시작하다

2019년 LA 주님의영광교회 신승훈 담임목사가 쿠바를 다녀오는 길에 도미니카를 들러서, 쿠바에서 많은 성과를 거두고 있는 신학교 사역에 관하여 소개했다. 우리도 신학교의 필요성을 절실하게 느꼈다. 지금이 바로 그때라는 생각이 들었다. 신승훈 목사의 성막 세미나를 들으며 성막을 지으라는 비전을 받았다. 결국 얼바인 온누리교회의 헌금으로 성막 공사가 시작되었다.

신학교 사역은 도미니카에서 25년간 사역 중인 전영구 목사를 만나면서 시작되었다. 그는 거의 50세에 신학을 공부하고 목사 안수를 받았다. 뉴욕에서 잠시 목회하다가 도미니카에 선교사로 와서 25년을 헌신하고 있었다. 오랫동안 알던 선교사였고 연세도 70대 중반이었다. 내가 "이제는 보나오 지역만 돌보지 마시고, 신학교도 하시며, 성막을 짓는 데 도움을 주시고, 이미 세워진 40여 개 교회도 도와주시고, WGM이 도미니카 전체로 나아가기 위해 협력해 주십시오" 하고 부탁했더니 흔쾌히 승낙했다. 그래서 2020년 2월 17일 WGM신학교(WGM Seminario Biblical)가 시작되었다.

신학교에서는 2주간 학생이 숙식하며 배우게 된다. 1년에 2주씩 6회, 2년 과정의 신학교로 만들었다. 미국과 한국 등지에서 좋은 강사들이 자원했다. 신학교의 대상은 대부분 현지 교회 목회자들이다. 앞으로 우리가 건축해 주는 교회의 현지인 목회자는 이 신학교 과정을 거쳐야 한다. 도미니카의 목회자 중에 정식으로 신학교를 마치고 목사 안수를 받은 목사가 많지 않아서 신학교 교육이 중요하고 시급했다. 모든 것이 하나님이 하시는 일임을 의심할 여지가 없었다.

2회 졸업생 배출

WGM신학교는 팬데믹이 시작된 2020년 2월에 문을 열었다. 3월에 미국이 코로나로 전면적인 폐쇄 결정을 내리면서 사태가 급박하게 돌아갔지만 잠시 주춤했을 뿐 우리는 신학교를 진행할 수 있었다.

모든 학생이 경제적으로 가난하기 때문에 숙박과 교육을 무료로 제공해 2021년 봄부터 수업을 시작했다. 봄 학기에 2주간 공부하고 또 가을 학기에 2주간 공부하여 2년을 수료하면 졸업하는 것으로 수정했다. 중요한 것은 강의실에서 배우는 것만 아니라 두 학기 사이에 선교 센터에 기숙하면서 일종의 현장 실습 교육을 받는 것이다.

공동체 훈련을 받고 경우에 따라서는 육체노동도 하면서 외부에서 방문하는 선교팀을 돕기도 하고 운전 봉사, 안내 봉사, 통역 봉사를 하기도 하고, 기타 많은 것을 생활 속에서 배운다. 주일예배는 학생들이 주축이 되어 찬양을 인도하는데 이곳 학생들은 태어날 때부터 음악성이 있어서 악기도 잘 다루고 노래도 잘하기 때문에 예배 때마다 찬양으로 은혜를 받는다.

2022년 한 해 동안에는 하와이 코나만 아니라 미국의 여러 교회에서 단기 선교팀이 우리 센터를 방문했다. 이들을 학생들이 잘 안내하고 돕고 협력하여 좋은 반응을 얻었다. 2022년 10월 22일에 제1회 졸업생을 16명 배출했다. 이어서 7명이 졸업했다. 감사하게도 미국과 캐나다의 여러 교회 성도들이 학생들을 위해 장학금을 보냈다. 이제 매년 약 20명을 졸업시켜서 각각 자기 나라와 여러 지역에서 섬기는 선교사로 파송될 것으로 기대한다. 2024년 2월에는 4명의 졸업생을 배출했다.

WMBC(세계선교성경대학)

우리는 세계선교성경대학(World Mission Bible College)도 계획했다. WMBC는 20명의 목회 지망자를 선발해 2년 동안 센터에 기숙하며 영어로 진행하는 신학교가 될 것이다. 영어 수업이 힘들면 입학 자격을 얻을 수 없으므로 영어를 먼저 배우고 입학할 수 있다. SMTS의 교장인 박광철 목사가 학장을 맡고 고종영 목사, 유재도 목사, 미국인 목사 몇 분이 교수진으로 동참한다.

처음에는 학교 명칭을 '도미니카성경대학'으로 정했다가 아이티 학생을 비롯하여 타국 출신 학생도 포함시키기 위해서 '세계선교성경대학'으로 바꿨다.

2년 동안 교육을 받은 학생은 어디로 보내도 선교와 목회 사역을 잘하도록 준비가 되어 있을 것이다. 우리가 바라는 것은 한국 교회, 미국 교회와 협력하여 아프리카 등 여러 지역으로 파송하고 지원하는 것이다. 우리가 무리하게 추진하는 것은 아닌가 하고 생각할 수도 있지만, 선교적 시너지 효과가 있고 센터에도 큰 힘이 된다고 확신한다. 하나님이 채워 주실 것임을 믿고 기도한다.

DTS(예수제자훈련학교)

2013년과 2014년에 DTS 간사로 활약했던 이주연 선교사가 2024년 리더십으로 DTS를 준비해 우리 센터를 방문했다. 이전에 비해서 시설과 스태프가 많이 바뀌었다고 말했다. 2013년 당시 이주연 선교사는 중남미 한인들을 대상으로 개최한 CDTS의 간사로 섬기기 위해서 도미니카공화국에 왔는데 실제로 학생들은 90%가 아이티 사람이어서 무척 당황했었다. 그런데 우리 DTS는 이제 아이티인들을 상대로 100% 진행되고 있으니 이 선교사가 보기에 무척 달라진 것이다.

그동안 이주연 선교사는 YWAM 뉴욕 베이스에 합류해서 아이티에 들어가 아이티 사역을 했다. 그런데 2019년부터 아이티가 위험해져서 도미니카의 아이티 난민 상대로 사역을 했는데 덕분에 우리 센터에서 DTS를 운영하고 있다.

17

새로운 도전,
새로운 도약을 꿈꾸며

월드그레이스미션(WGM) 센터를 열고 보니
정말 많은 사람이 도미니카공화국을 찾았다.
미국에서 비교적 가깝지만 중남미보다 안정된 곳이
많지 않기 때문일 것이다.
우리는 신학교를 비롯해 성서 학교,
교회 건축, 우물 사역, 치과 사역 등 매우 학구적인 것부터
여러 가지 생활 밀착형 사역을 해 왔다.
이제 우리 WGM센터가 앞장서게 됐다.
영어로 예배하는 국제성막교회를 시작했고 도미니카를 중심으로
세계를 향한 미션DR(Mission Dominican Republic)이
정상 궤도에 오르고 있다.
또한 가난한 어린이들에게 실질적인 도움을 주는 CCM(Child
Care Ministry: 어린이돌봄사역)이 정식으로 출범했다.

어느 날 피터 정 선교사가 나에게 현지인 교회를 순회하며 간증하라고 제안했다. 이제까지 말재주도 없고 나서는 것을 싫어해서 망설였다. 그래도 내가 내 입으로 하는 것이 아니라고 생각하고 시작하다 보니 그다지 길지 않은 시간 동안 무려 100회의 간증을 했다. 간증할 때마다 '모든 것은 하나님의 주관 아래 일어나는 일'임을 매번 깨닫는다. 피터 정 선교사와 그의 제안이 고마울 뿐이다.

● 국제성막교회 세우고 '미션DR'을 꿈꾸다

국제성막교회(ITC)를 개척하다

LA 주님의영광교회 신승훈 목사의 성막에 관한 강의로 인해 우리 선교 센터 안에 성막을 세웠다. 성경을 기초하여 실제 규모의 성막을 건축하게 된 것이다. 성막 내부에는 성경에 기록된 대로 번제단, 물두멍, 등잔, 떡상, 향단이 있고 지성소에는 언약궤가 있는데 그 안에는 십계명 돌판, 아론의 싹 난 지팡이와 만나 항아리를 넣었다. 그리고 외부에서 성막을 보기 위해서 방문하는 이들을 위해서 우리 성경 대학 학생 중에 테오 목사가 대제사장의 복장을 하고 그들에게 성막을 설명한다. 성막 바로 입구에는 성막에 들어가기 전에 간단한 안내 설명을 듣는 곳이 있는데 넓은 공간에 무대가 있고 강단을 넣어서 예배당으로 꾸몄다.

예배당을 꾸민 김에 교회를 세웠다. 2021년 10월 교회 이름을 국제성막교회(International Tabernacle Church)라고 짓고 창립 예배와 함께 목회를 시작했다. 교회 내에서 사용하는 언어는 모두 영어로 하기로 결정했다. 만일 한국어를 사용하면 주변에 있는 한인 교회와 갈등이 생길 수 있고, 또 스페인어를 사용하면 현지 교회들과 갈등이 있을 수 있기 때문이었다. 영어를 이해하는 이들이라면 누구에게나 교회의 문을 활짝 열었다. 2022년 3월에는 맥스 로드리게스(Max Rodriguez)를 장로로 장립했다.

박광철 목사가 담임목사가 되어 1년에 상당한 기간 동안 이곳에 와서 머물면서 주일과 월요일 예배에서 설교하고, 자리를 비우는 동안에는 현지인 목사들 중에 영어 설교가 가능한 이들을 초청하거나 방문자 중에 영어 설교를 할 수 있는 목회자가 강단을 맡고 있다. 예배당이 차고 넘쳐서 건물 밖에도 의자를 놓고 함께 예배하는 날을 기대하며 기도하고 있다.

선한목자펠로우십-40일연속기도회, 미션DR

'선한목자펠로우십'(Good Pastors' Fellowship)이라는 모임을 만들었다. 우리 선교 센터의 노력으로 예배당을 새로 건축한 교회의 목회자들을 중심으로, 친근한 교제와 협력 사역 및 보충 교육의 필요성을 느끼고 커뮤니티를 만들고자 시작했다. 2022년 7월 초에 첫 모임을 가졌다. 감사하게도 70명의 목회자가 모여서 함께 찬양하고 기도하고 또 협력하여 지역 복음화를 위하여 할 수 있는 일을 상의하게 됐다. 그중에 청소년을 대상으로 한 미션DR과 40일연속기도회 등에 적극적으로 참여하기로 비전을 공유했다.

40일연속기도회는 2021년 11월에 시작하여 12월까지 40일 동안 하루 24시간 동안 쉬지 않고 기도한 기도회다. 하와이의 코나에서 사역하는 마크 조 목사의 방문이 계기가 되어 센터 내에 거주하는 모든 사람이 번갈아 가며 적어도 하루에 한 시간 이상씩 릴레이 기도에 나서 기도가 잠시도 쉬지 않도록 했다. 밤새도록 찬양하고 기도하며 "도미니카의 부흥", "아이티와의 화목", "한국의 남북통일"을 큰 주제로 삼고 기도했다. 기도 참가자들은 자신들이 큰 은혜를 체험할 뿐 아니라 기도의 열매를 기대하게 된다. 가능하면 매년 40일연속기도회를 가지고자 했다.

미션DR을 시작하게 된 계기가 있다. 그동안 한국에서 '미션코리아'(Mission Korea, 선교 한국)라는 선교 대회가 있어서 수많은 젊은이가 선교에 대한 도전을 받고 헌신한 후 세계 각처에 선교사로 파송된 바 있다. 나는 이것을 기억하며 이곳 도미니카에서도 '선교 도미니카'를 꿈꾸게 된 것이다. 그래서 부족한 측면이 있지만 2021년에 제1회 미션DR을 개최했다. 당시에 600명의 청소년들이 모여 하룻밤을 지내면서 강력한 복음의 메시지를 들을 수 있었다. 그리고 2022년 다시 이 선교 대회를 열었는데 전보다 더 많은 현지 교회들이 참가해 더 풍성한 열매를 볼 수 있었다.

2024년 7월 24일 4회 미션DR이 열렸다. 놀라운 것은 인원이 크게 늘어서 무려 1,500명이 참가했다는 사실이다. 그동안 코로나19 팬데믹으로 조금 소원했던 믿음의 열기가 활활 타오른 느낌이었다. 특히 행사를 위해서 방문한 미국인 목사가 설교를 통해 우리한테 자부심을 가지라고 권면했다. 미션DR을 통해서 선교사를 파송하고 도미니카 선교 부흥이 시작되기를 바란다.

● CCM(어린이돌봄사역)을 시작하다

CCM사역: 어린이돌봄사역

일대일 결연으로 아이들을 구할 수 있다. 2024년 들어 우리 센터에서 선교와 구호의 플랫폼으로 새로운 사역을 시작했다. 다름아닌 CCM(Child Care Ministry)이다. 우리 센터 주위에 혹은 현지 교회 커뮤니티 인근에 있는 아이티나 도미니카공화국 저소득층 아이들과 외국에 있는 가정과 결연을 맺는 프로그램이다.

대지진 후 아이티에 대한 후원이 끊이지 않았지만 지속적인 후원은 매우 드물었다. 접근이 어렵고 국경만 해도 정상적인 상황이 아니어서 도움의 손길이 닿기가 어려웠다. 한국인들의 경우 2024년

5월 1일에 외교부에서 월경 금지령이 내려졌다. 만약 이를 어기면 한국 여권법에 의해서 벌금을 물어야 하는 상황이 됐다.

원래 후원은 정기적인 재정 지원이 좋다. 내일 끼니를 걱정하면 오늘 배가 불러도 근심이 떠나지 않는다. 근심과 걱정이 있다면 아이들은 공부도 못하고 건강도 좋지 않아 올바르게 성장하는 데 어려움이 있다. 그래서 근본적인 도움을 주고자 매달 돕는 프로그램을 구상했던 것이다.

현재 아이티에서 구호 사역을 하던 많은 선교사가 도미니카공화국이나 그 외 지역으로 피신해 있는 상황이어서 아이티와 도미니카공화국을 굳이 나눌 필요가 없다. 아이티에 있는 어린이도 구호해야겠지만 도미니카에 피신 온 어린이도 살려야 한다. 그래서 우리는 프로그램을 통해서 어린이를 둔 가정에 일대일 구호를 연결해 준다.

드디어 CCM 출범

2024년 7월 26일 정식으로 프로그램이 출범했다. 우선 우리가 지은 교회를 중심으로 프로그램을 시작했다. 각 교회에서 12명의 어린이를 선발해 매달 25달러씩 후원한다. 우리가 세운 교회가 74곳이지만 초기여서 후원자 167명으로 출발했다.

7월 28일 우리가 세운 50번째 교회를 방문해 12명의 어린이를 만났다. 이들은 이 교회를 통해서 후원을 받고 나중에 이 교회의 일꾼으로 자라나 교회를 부흥시키게 될 것이다. 같은 날 유기형 회장이 세운 30번째 교회에도 찾아갔다. 12명의 어린이에게 CCM 가방을 전달했다. 이들 중 4명은 동창인 유기형 회장이, 다른 4명은 또 다른 동창인 정영철이, 마지막 4명은 동창 이은구가 후원을 시작했다. 이들 어린이는 올바르게 성장해 훌륭한 사역자들이 될 것이라는 확신을 갖고 있다.

그동안 74개의 교회를 세우면서 장소에 따라서 우물도 파 주고 커뮤니티도 만들었지만 일부 교회와는 관계가 쉽지 않았다. 하지만 CCM을 시작해 교회마다 12명의 어린이를 후원하면서 그동안 알게 모르게 있었던 거리감이나 섭섭함이 사그라드는 것을 느꼈다. 앞으로 CCM과 마이크로파이낸스를 통해 이들의 사역을 돕게 된다. 적극적인 결연 프로그램을 통해 굳건한 커뮤니티가 이뤄질 것을 기대한다.

도미니카와 아이티의 어린이들을 후원하고 함께 양육하는 프로그램인 CCM은 미국에 거주하는 후원자의 경우 WGM 미주 지부를 통해서 도울 수 있고, 다른 나라에서 돕고자 하는 경우 어디서든 지부 홈페이지에 안내된 대로 매달 은행을 통해 후원할 수 있다.

미래를 위한 만남의 축복

피터-앤 정 선교사 부부와의 은혜로운 만남

2017년 9월 초, 피터-앤 정 선교사 부부가 WGM센터에서 함께 사역하기 위해 미국 생활을 정리하고 왔다. 몇 해 전에 자신이 워싱턴DC 지역에서 창설한 인패스(INPASS: 국제새찬양후원회) 청소년 오케스트라팀을 이끌고 선교 여행을 온 적이 있었다. 그들은 서부 캘리포니아로 사업체를 확장하여 이주했음에도 인패스 오케스트라는 매년 도미니카공화국을 찾아왔다. 그리고 5년 만에 선교사로 파송을 받아 도미니카공화국으로 다시 왔다.

인패스 2대 단장인 허인욱 선교사와 같이 왔고 그 후로는 3대 정인숙 단장도 팀과 함께 왔다. 대부분이 중고교생으로 구성된 청소년 음악팀이다. 2미터 장신인 유홍종 지휘자, 피아노 반주와 팀을 관리하는 호르니스트 송주호 자매, 백악관에서도 여러 번 공연했던 플루티스트 테드 곽 선생이 지도 교사 겸 단원으로 함께 와서 도미니카에 희망을 불어넣었다.

피터 정 선교사는 LA로 이주 후에 트럼펫을 연주하는 대학생 아들 제임스와 함께 와서 현지 학생을 가르쳐 주고 트럼펫 2대를 헌물했다. 어느 날 은퇴 후 장기 선교할 지역을 추천해 달라고 이메일로 물어왔다. "이미 여러 나라로 선교 여행을 다녀서 많은 정보를 가지고 계시니 기도해 보시고 마음이 편한 곳을 정하시라"고 조언했는데 그해 9월에 부인 앤 정 선교사와 함께 온 것이다.

피터-앤 정 선교사 부부는 우리 센터에서 토요일마다 음악 학교를 맡았고 아이들을 위해서 미술 교실도 시작했다.

피터 정 선교사가 개인적으로 현지인 교회 순회 간증을 하라는 제안을 해서 말재주도 없고 나서는 것을 싫어해서 망설이다가 시작하게 되었는데 수년 동안 100회가 넘는 간증을 했다. 그의 제안을 받아들이길 잘했다고 생각한다. '다 하나님이 함께해 주신다'는 믿음이 더욱 깊어졌다. 앞으로 하늘나라 갈 때까지 간증하러 다닐 것이다. 한 사람이라도 구원받고 비전과 선교에 대한 마음을 갖게 해 주고 싶다.

피터 정 선교사가 우리 센터에 온 지 얼마 되지 않았을 때 콜로라도 스프링스 바이블타임 세미나에 갔다가 콜롬비아에서 16년째 사역을 하고 있던 김성환-이혜숙 선교사 부부를 센터로 데리고 왔다.

김성환 선교사 부부의 열정: 의료 선교사 해외 파송 계획

김성환 선교사는 젊은 열정과 콜롬비아에서 경험을 살려서 1년 동안에 많은 사역을 열고 콜롬비아로 복귀했다. 뭐가 어떻게 되는지도 모르게 많은 사역이 진행되었는데 모두가 하나님의 계획이었던 것이다.

김성환 선교사가 와서 현지 교회 목회자 세미나를 매 주말에 1박 2일 일정으로 수행했다. 전에도 가끔 열었던 적이 있지만 보다 체계적으로 계획을 수립하여 좋은 강사를 초청해 진행했다. 김성환 선교사 자신도 인기 강사다. 지금까지 그 세미나가 연이어 진행되고 있다. 이것이 계기가 되어 수많은 현지 목회자들과 우리가 한 가족이 되었다. 이제는 서로를 이해하며 기도해 주고 협력해서 도미니카의 모든 사람을 구원하겠다는 목표를 가지고 있다. 지방에 있는 현지 교회들과 협력해 현지 교회에서 세미나를 하고 좋은 강사도 보내고 선교팀도 보내서 도미니카 이곳저곳에 WGM 지부가 늘어 가고 있다. 모두 하나님의 계획이며 은혜다.

　우리가 메디컬센터를 시작한 것을 보고, 1년에 한 번 현지 의사들이 와서 1박 2일 동안 세미나를 하게 되었다. 2020년부터 시작해서 한 달에 한 번씩 열고 있다. 김성환 선교사의 생각은 많은 현지 의사들로 하여금 선교에 대한 마음을 품게 하고, 나중에는 여기서 의료 선교사를 해외에 파송하자는 계획이다. 좋은 계획이어서 열심히 추진하고 있다. 그리고 김성환 선교사는 미션DR을 시작하자고 권면했다.

선교 센터의 정문 '코나 게이트' 설치

우리 센터가 무려 3만 평이나 되지만 울타리가 허술해 그것을 개축하면서 반듯하고 안전한 정문이 필요하다고 생각했는데 마침 코나에서 방문한 사역팀이 적극적으로 협력하여 좋은 정문을 세울 수 있었다. 그래서 우리는 그 문을 '코나 게이트'라고 명명했다. 이제는 출입을 잘 통제할 수 있어서 우리 센터가 더욱 안전하고, 보안상 어려움이 없게 되었다.

정문 위에는 "World Grace Mission"(월드그레이스미션)이라는 문패와 함께 안쪽에는 DTS의 슬로건인 "To Know God, And To Make Him Known"(하나님을 알고 하나님을 알리라)이라는 문구를 크게 써 넣었다. 이곳을 왕래하는 사람이 모두 하나님을 알 뿐 아니라 하나님을 세상에 전하는 전도자가 되기를 기도한다.

● 뉴저지 실버팀과의 시니어 선교

뉴저지 실버팀과 축복의집 사역

뉴저지 초대교회 최휘웅 장로 일행이 아이티 대지진 후에 도미니카에 왔다. 뉴저지 지역 4개 교회가 연합해서 의료 선교를 한다고 알려 왔다. 최휘웅 장로는 학교 7년 선배인 김실동 사장하고 동기여서 평소 친하게 지냈다. 방문할 때마다 도움을 주었다. 뉴저지에서 치과 병원을 운영하는 김성래 박사도 함께 방문했다. 김성래 박사는 동생과 신일고 동기인데 뉴저지로 돌아가서 많은 치과 장비를 보냈다.

최휘웅 장로의 소개로 2016년 뉴저지 실버미션팀의 고문인 박노식 장로를 만나 인사를 했다. 많은 이야기를 나눈 끝에 뉴저지 실버팀이 도미니카공화국을 방문하도록 합의했는데 후에 박노식 장로로부터 연락이 왔다. 뉴저지 실버팀을 담당하는 목사가 도미니카를 방문하니 만나라고 했다. 그렇게 2017년 2월에 김용철 목사 부부와 김은규 장로, 김경아 권사 부부를 만났다.

한 번의 만남이 얼마나 중요한지를 간증하고자 한다. 모든 것이 하나님의 계획 아래서 진행되는 하나님의 은혜다. 점심 식사를 함께 하며 많은 대화를 나눴다. 드디어 2017년 7월에 김용철 목사가 뉴저지 실버팀을 이끌고 우리 센터를 방문했다. 박노식 장로, 팀 리더인 정일권 장로 등 여러 사람이 와서 며칠 동안 사역하며 서로 많은 은혜를 주고받았다. 마지막 날 팔라베 지역 교회에서 사역한 후에 정일권 장로 일행이 어떤 주택을 가 보고 조금 고쳐 주고 싶다며 2천 달러를 후원했다. 이것이 '축복의집' 사역의 시작이 되었다. 지금까지 24채의 축복의집이 원근 각지에서 방문한 여러 성도의 후원으로 완공됐다.

뉴저지 실버팀은 그 후에 다시 올 기회가 없었다. 김용철 목사 부부가 2018년 SMTS 강사로 오며 김경아 권사와 함께 왔다. SMTS에서 김용철 목사의 강의 후에 김경아 권사의 간증이 있었다. 당시 암 수술만 18회 받았다며, 그래도 선교가 우선이라는 간증에 겨우 2회의 직장암 수술밖에 받지 않은 나도 놀라고 많은 사람이 은혜를 받은 바 있다.

그 후로 김경아 권사는 기회만 되면 도미니카를 찾아온다. 뉴저지에서 지인들과 같이 오고 2018년에는 출석하는 뉴저지 참된 교회 팀과 올 때 멜로디카 50대를 가지고 왔다. 이것이 계기가 되어 '멜로디카파라디오스'(Melodica para Dios) 사역이 시작되었다. 결국 김경아 권사는 2024년 2월 WGM의 순회 선교사로 파송됐다. 그날 같이 임명한 선교사는 박명준 집사인데 그는 지난 10여 년 동안 아이티인을 돕는 사역을 해 왔다.

이후 함께 방문한 몇 사람이 모여서 우리 센터 근처 마타 산 후안에 교회를 지었다. 같이 방문한 유재도 목사는 뉴욕 땅끝교회를 개척했고 은퇴해서 선교를 다니며 강의하고 있다. 유재도 목사는 여러 번 방문해서 DTS에서 강의하고 우리가 시작한 WGM 신학교의 이사가 되어 계속 강사로 섬기고 있다. 또 땅끝교회 한순규 담임목사도 동행했다. 앞으로 하나님이 어떻게 인도하실지 모른다.

함께 방문한 사람 중 한때 가수로 이름을 떨쳤던 전항 목사 부부가 있다. 전항 목사는 "나성에 가면"을 부른 세샘트리오의 리더로 여러 히트곡이 있는 원로 가수이고, 전강자 사모는 1983년 KBS 남북 이산가족 찾기 방송 "누가 이 사람을 모르시나요"의 진행을 맡았던 전직 KBS 아나운서다. 이 부부가 와서 우리 센터에 장기 거주하며 청소년들에게 음악을 가르치고 WGM 로고 송을 만들었다.

김경아 권사 부부는 2021년 1월과 2022년 1월에 도미니카 여자 선교사 16명을 아름다운 바닷가 리조트로 초대해 2박 3일간 가진 힐링과 회복의 시간을 후원했다.

새롭게 시작되는 시니어 선교 사업
WGM에게 있어 새로운 협력의 기회가 다가왔다. 지난 2024년 9월

글로벌유나이티드미션(Global United Mission: GUM, 구 뉴저지실버선교회)과 협의가 있었다. 팬데믹으로 주춤했던 시니어 선교의 다음 장이 열렸다. 이번 협의에서는 두 단체가 아이티와 도미니카공화국의 복음 전파와 아이티 난민이 겪고 있는 어려움을 돕기 위해서 협력하기로 했다.

우선 아이티 난민을 1차 대상으로 하여 GUM은 선교사를 파송하여 사역을 진행한다. WGM에 상주 선교사를 파견하여 협력 사역을 운영한다. 이는 지속적인 사역 진행을 도모하는 것이다. WGM은 GUM의 사역 진행을 돕기 위하여 사무실 등을 제공하고 최소한의 경비로 체류가 가능하게 한다.

협력하는 사역으로는 의료 클리닉 운영 및 순회 방문 진료, 유아 및 청소년 교육 지원으로 학교 및 방과 후 학교 탁아소 운영, 쓰레기장 등 특수 지역 거주민을 대상으로 한 긍휼 사역, 아이티 교회 목회자 및 리더십의 성장을 위한 교육 제공, 신학교 운영 및 지원, 교회에 필요한 전문 요원(한글, 영어, 음악, 미술 등)의 연결, 뉴저지 각 교회와 파송 지역의 선교 센터의 가교 역할, 교회 건축 및 운영 지원을 하게 된다. 최종적으로 11월 22일 MOU를 체결했다.

이제까지 우리 WGM센터가 노력했던 사업들이 대부분 포함된다. 하나님이 기다리라고 하신 때가 다가오고 있다는 생각이다. 이번 협력을 통해서 WGM이 지난 20년간 쌓아 온 역량을 발휘해서 하나님의 나라를 세우는 데 혼신의 노력을 다할 생각이다.

●

4부에서는 비교적 최근에 진행됐던 사역들을 소개했다. 대부분의 사역이 진행 중이다. 물론 예상하지 못했던 코로나19 팬데믹으로 주춤했던 측면도 있다. 자연농업학교는 도미니카에 맞는 농업을 실현해 보고자 했는데 주도적인 역할을 했던 심정석 장로가 팬데믹으로 도미니카에 오지 못하면서 실패했다. 하지만 두 번째 기회를 엿보고 있다.

월드쉐어와 여러 가지 사역을 통해 협력할 수 있는 사역이 많았는데 피치 못할 리더십 교체로 처음부터 다시 시작해야 하는 상황이 됐다. 또한 CCM을 통해 일대일 결연으로 직접 도울 수 있는 방법도 열었다. 아울러 뉴저지의 GUM과의 새로운 협력이 큰 기대를 모으고 있다. 많은 사람이 도미니카와 아이티의 가난하지만 미래가 밝은 어린이들을 도울 수 있으면 좋겠다.

책을 마무리하며

다시 한 번 코로나19 팬데믹 기간에 저를 다시 돌아볼 수 있는 기회와 자서전을 써 내려갈 수 있게 허락해 주신 하나님께 감사드립니다. 나이를 먹으면서 몇 분으로부터 자서전을 써 보라는 이야기를 들어 왔지만, 그런 마음을 주지 않으셔서 기다려 왔습니다. 막상 시작하니 제때 기록들을 남겨 두지 않고 사진 위주로 모아 두었기 때문에, 기억을 되살리며 글로 쓰는 것이 결코 간단하지도 쉽지도 않았습니다. 하지만 최선을 다해서 하나님께 영광을 올려 드리려는 마음으로 열심히 노력했습니다.

어떤 부분은 제 자랑을 하는 것처럼 느껴질 수 있을 것입니다. 그러나 저에게 그런 마음은 추호도 없습니다. 다만 독자들이 글을 읽는 동안에 하나님의 임재하심을 느끼고, 하나님의 사랑과 축복을 함께 경험하며, 선교에 대한 비전이 조금이나마 더해질 수 있기를 간절히 바라는 마음뿐입니다.

성경에도 "우리가 세상에 아무것도 가지고 온 것이 없으매 또한 아무것도 가지고 가지 못하리니"(딤전 6:7)라는 구절이 있듯이, 사람은 빈손으로 왔다가 빈손으로 갑니다. 길지 않은 인생인데 욕심부리지 말고, 남과 비교하지 말며, 모든 것에 감사하며 살아가면 좋겠다는 생각을 해 봅니다. 그러나 그것이 또 그렇게 쉽지 않다는 것도 알고 있습니다. 그렇게 보면 하나님을 처음부터 만난 사람들은 얼마나 행복한 사람들인가요!

얼마 전에 창조과학에 대해 접하면서 많은 것을 느꼈습니다. 그냥 성경에 쓰여 있는 것을 믿으면 되는데, 하는 생각이 듭니다. 공부하면 공부할수록 그렇게 느껴지며 편한 마음을 갖게 되었습니다. 팬데믹 기간에 이은혜 선교사와 성경을 읽고 공부하며 유튜브에 올라온 말씀과 강의를 통해서 많은 것을 배웠습니다. 도미니카에서 선교사로 살아가며 의사였다가 목회자가 되신 분들, 과학자에서 목회자가 되신 분들을 알게 되고 또 그런 분들이 많다는 이야기를 듣게 됩니다. 그분들이 아무리 연구하고 검토해도 최종적인 결론은 '하나님이 창조하셨다'는 믿음의 시작일 수밖에 없었다고 합니다.

많은 사람이 학교 교육을 받을 때 처음에 진화론을 공부하면 머릿속에 쉽게 흡수되면서, 다른 이론을 받아들이기가 어려워지는 것 같습니다. 특히 공산 국가에서 어릴 적에 그 이론을 가르치면 그렇게 알고 살아가게 되는 것입니다. 그러니까 어릴 때 교육이 참으로 중요하다는 것을 새삼스럽게 깨닫게 됩니다. 앞으로도 성경을 더욱더 공부하며 예수님이 재림하시는 날까지 땅끝까지 전도하는 일에 힘쓰며 살아가겠다고 다짐해 봅니다.

이 책을 써 내려가며 돌아보니, 살아오는 동안에 많은 사람이 저로 인하여 상처를 받았을 수도 있겠다는 생각이 듭니다. 학교에 다닐 때, 대학에서, 군대에서, 미국 유학 중에, 직장에서, 캐나다 생활에서, 광야의 생활 미국에서, 병원에서, 하와이 코나에서, 스위스 로잔에서, 도미니카공화국에서 생활하며 많은 분이 저의 부덕으로 인해 상처를 받았을 것입니다. 진심으로 무릎 꿇어 사과를 드립니다. 용서하여 주세요. 앞으로 진심으로 회개하며 더욱더 열심히 주님의 일을 하다가 하늘나라에 가도록 노력하겠습니다.

저 또한 여러 사람에게 상처를 받았습니다. 하지만 모든 분을 용서했습니다. 마음이 많이 편안해졌습니다. 매일 하나님께 감사하며 살아갈 수가 있습니다. 모든 것이 하나님의 은혜이니 더욱 감사할 따름입니다.

제가 몇 년 전에 분당우리교회 이찬수 목사님 설교를 유튜브로 듣는 중에 "미국의 오프라 윈프리(Oprah Winfrey) 자매는 40년 전부터 매일 밤 하나님께 감사의 제목 다섯 가지를 쓰고 잔다"는 이야기를 듣고 감명을 받아 그날부터 저도 그렇게 하고 있습니다. 아는 분들에게 그렇게 해 보시라고 말씀도 드리고, 제가 간증할 때마다 그렇게 하시라고 권면하고 있습니다. 센터에 같이 있는 분들에게, 우리 가족에게 공책 한 권씩 사 드리며 그렇게 해 보시라고 권고했습니다. 몇 분이나 하시는지 모르겠습니다만 저는 매일 이것을 실천하여 많은 은혜를 받으며 살아갑니다.

또한 매일 밤 취침하기 전에 갈라디아서 2장 20절 말씀을 읽습니다. "내가 그리스도와 함께 십자가에 못 박혔나니 그런즉 이제는 내가 사는 것이 아니요 오직 내 안에 그리스도께서 사시는 것이라 이제 내가 육체 가운데 사는 것은 나를 사랑하사 나를 위하여 자기 자신을 버리신 하나님의 아들을 믿는 믿음 안에서 사는 것이라."

이 말씀을 묵상하며 모든 것을 내려놓고 감사 기도를 드립니다. 다음 날 깨어나서도 감사의 기도로 하루를 시작합니다. 이 책을 읽으시는 분들에게도 실천해 보시기를 권면합니다. 여러분의 생활과 마음이 달라지며 평안함이 찾아올 것입니다. 가족이 화목하게 됩니다. 직장이 화목하게 될 것입니다. 친구 관계가 좋아질 것입니다.

저는 2002년에 직장암 수술을 두 번 받은 후에 이렇게 오래 살 수 있을지 꿈에도 생각지 못했습니다. 저는 간증할 때 이렇게 말합니다. "두 번째 수술을 받은 후에 하나님께 저를 10년만 더 살게 해 달라고 기도했습니다. 그러다가 코나에 가서 공부하며 히스기야왕은 기도 후에 15년을 더 살게 해 주신 것을 알고는 '하나님, 10년이 아니고 15년입니다', 그렇게 기도했습니다."

7년 전인 지난 2017년이 이미 15년째 되던 해였습니다. 그다음부터는 저도 욕심을 부리는 것 같아서 죄송스러워 더 살게 해 달라고 기도할 수가 없었습니다. 그냥 "감사합니다. 하늘나라에 갈 때까지 건강하게 살다 가게 해 주세요"라고 기도할 뿐입니다. 나 같은 사람을 사용해 주시는 하나님께 감사드립니다. 하늘나라 가기 전까지 하나님의 말씀에 순종하며 증인으로 살아가겠습니다.

다시 한 번 사역을 위해서, 저의 건강을 위해서 기도해 주시고 물질로 후원해 주시고 중보 기도해 주시고 동역해 주시는 모든 분께 이 자리를 빌려서 머리 숙여 진심으로 감사드립니다. 그리고 저의 부족한 글을 끝까지 읽어 주셔서 감사합니다.

옆에서 지켜본 김현철 선교사

겨우 스물이 갓 넘은 나이에 시애틀에서 김 선교사를 만났지만 제 일상은 평범한 편이라서 거기서 만나고 다시 만날 수 없는 사람이라고 생각했습니다. 합창단원으로 해외 공연을 다녔지만 당시에는 외국에 나갈 기회가 없었기에 그렇게 생각했습니다. 미국에 사는 남자가 한국에 나올 기회도 없는 줄 알았습니다. 지나고 보니 모두 하나님의 은혜 속에 계획된 것이 아니었나 싶습니다.

여행에서 돌아와서 머물렀던 기숙사에서 찍은 사진을 제가 보냈습니다. 저희는 40일 동안 여러 곳을 방문했고, 그래서 김 선교사 말고 다른 여러 곳에도 보냈습니다. 카메라를 갖고 간 사람이 저였고 사진을 보내는 것이 예의를 지키는 것이어서 그랬습니다. 그렇게 감사의 안부를 전했던 것인데 그것이 영화 같은 인연이 됐습니다. 모두 하나님의 은혜 속에 있었던 것입니다.

처음에는 결혼 생각은 전혀 안 했습니다. 기독교 신앙 문제로 어머니가 반대하기 시작했습니다. 어머니가 그를 만나서 저를 만나지 말라고 하셨다는데 저는 그것도 몰랐습니다. 전화를 자주 하던 사람이 전화를 하지 않으니까 좀 이상하다고 생각했는데 나중에 알고 보니까 어머니가 중간에 차단했던 것입니다. 저는 결혼 생각도 전혀 하지 않고 있었는데 결혼만큼은 자유롭게 제가 하고 싶은 대로 하고 싶었습니다.

김 선교사는 굉장히 어린아이 같았습니다. 당시에 만날 때도 순수했습니다. 보통 사람하고는 다르게 순수했습니다. 다른 사람하고 다르니까 마음이 더 끌렸고 결혼하자고 해서 결혼하게 된 것입니다. 역시 하나님이 계획하신 일이라고 생각합니다. 불교 사찰까지 몇 곳을 지은 집안이어서 신앙 문제로 힘들었지만 알고 결혼했으니 어려움을 받아들이고 감내했습니다. 결과적으로 우리 집안 모두가 하나님을 믿는 가정이 됐습니다. 모두 하나님의 계획 속에서 이뤄진 일이라고 우리 부부는 믿고 있습니다.

저희 아버님이 우리 동기간인 8남매에게 가장 원하시는 것은 화목하게 지내는 것이라는 말씀을 항상 하셨습니다. 집 밖의 일은 남편이 하는 것이니까 저는 잘 몰랐습니다. 제가 맏며느리로 살면서 느낀 것은 회사가 아무래도 크다 보니까 복잡하고 힘든 일이 너무 많다는 것이었습니다. 한국에서 볼 때 남편은 큰 회사를 경영하기 위해서 필요한 모질고 독한 면보다는 오히려 너무 착하고 순수하고 보기에 따라서는 마음이 너무 여렸습니다. 그래서 저는 부모님이 맡겼기 때문에 경영을 하지, 솔직히 당시에도 회사 경영을 하지 않으면 좋겠다고 생각했습니다. 1995년에 동생한테 일을 맡긴다고 할 때 정말 100퍼센트 찬성했습니다.

하지만 김 선교사가 직장암에 걸려서 아플 때 '그냥 이대로 끝나는 것이 아닌가' 하고, 우리 부부가 생각해도 진짜 이룬 것이 하나도 없는데 이렇게 떠나나 싶어서 너무 힘들었습니다. 그렇지만 그런 사건을 통해서 우리 가족들이 다시 하나님께 믿음으로 더 다가 가게 되었습니다. 하나님 앞에 엎드려 기도하면서 이제 살려 주시면 우리 평생에 하나님의 일을 하고 가겠다는 결심을 했습니다. 미국에 있으니 그럴 기회가 없었는데 도미니카에 오니 그런 기회가 있었습니다. 저희는 '언젠가는 한국으로 돌아가야지' 이런 생각을 한 적이 없습니다.

도미니카에 오니까 저에게 맡겨진 것이 준비돼 있었던 것 같고 지금 더 돌이켜 보니까 그 사건을 통해서 저희 자녀들도 그냥 그대로 있었다면 지금쯤 어떻게 됐을까 하는 생각이 듭니다. 처음에는 아이들도 조금 원망했지만 지나 보니까 그 일로 성숙해졌고 지금은 도리어 정말 감사하게 생각하고 있습니다. 저희도 아이들한테도 이런 삶이 얼마나 귀한가 하고 얘기합니다. 또한 우리가 건강해서 하나님의 사역을 할 수 있다는 것에 감사하고 있습니다.

이제 20년이 됐습니다. 훌쩍 지나갔습니다. 이제는 가는 날까지 순종하면서 곁길로 가지 않고, 계속 주님이 기뻐하시는 길로 스티브 선교사와 제가 함께 달려가고 싶습니다.

한 가지 더 감사한 것은 남편이 한결같은 것입니다. 제가 처음 만났을 때나 지금이나 교만하거나 건방진 모습을 본 적이 없습니다. 항상 굉장히 겸손합니다. 어떤 때는 남편이 얼마나 힘들까 싶습니다. 수술 이후 아랫배에 차고 있는 장루 주머니가 불편하고 힘들 텐데도 아무런 불만 섞인 소리를 하지 않습니다. 남편이지만 저는 이런 모습을 보면서 존경할 수밖에 없습니다.

돌이켜 보면 저희가 부족한 것이 많은데 여러 분들이 그동안 많이 도와주시고 저희의 진심을 알아주시는 것 같아서 감사합니다. 그동안 사람들이 남편의 마음을 제대로 모르는 것 같아서 안타까웠는데 요즘은 그의 진심을 알게 되는 것 같아서 감사합니다. 저는 그것이 감사합니다.

이은혜 선교사

현지 교회를 방문하여 전하는 간증

하나님의 은혜로 지금까지 100번의 간증을 하였습니다. 자랑이 아닙니다. 저는 원래 남들 앞에 나가서 이야기하는 것을 잘하지 못합니다. 피터 정 선교사님의 권유로 시작했고, 하다 보니 성령님이 함께하심을 느끼며 간증하러 다니고 있습니다. 큰 교회보다 몇십 명 되지 않는 작은 교회에서 간증하며 눈을 마주칠 때가 더욱더 은혜가 됩니다. 제가 언제 하늘나라에 갈지 몰라도 그날까지 열심히 순종하며 한 사람이라도 더 구원하며 청소년들에게 희망을 주는 선교사가 되기를 기도합니다.

간증할 때, 저는 도미니카 시민이며 하늘나라에 갈 때 우리 부부의 몸은 센터 근처에 있는 유명한 '푸에르타 드 시엘로'(하늘에 들어가는 문)라는 공동묘지에 묻힐 것이라고 하면 모두가 환호하며 큰 박수를 보냅니다. 하나님이 다 준비해 주셨습니다.

우리 부부는 센터를 오고 가는 길에 공동묘지를 자주 지나갑니다. 원래는 죽으면 화장을 해서 캐리비안 바다에 뿌려 달라고 하다가, 자녀들의 요청으로 조그만 납골당을 준비하였습니다. 몇 년 전에 도미니카에 제일 처음 오셨던 김공로 선생님의 묘지를 그리로 옮길 때 처음 방문했습니다. 괜찮다는 생각이 들어 우리 부부도 구입하였습니다. 그 후에 한국분 두 분(강재의 한의사님, 정명기 사장님)이 묻히셨습니다. 간증할 때마다 가끔 한국의 양화진외국인선교사묘원을 이야기합니다. 도미니카도 선교사님들의 묘지를 이곳에 만들어서 양화진처럼 만들어 나가면 좋을 것 같습니다. 아쉬운 점 중 하나는 한국에 있을 때 양화진에 가 보지 못한 것입니다. 많은 선교사님이 한국에 오셔서 열심히 사역하다가 묻히신 곳을 직접 가 보았으면 더욱더 선교에 도움이 되었을 텐데 하는 생각이 듭니다.

현지 교회에서 간증할 때 늘 하는 내용을 소개합니다.

"하나님은 사랑이십니다. 하나님은 당신을 사랑하십니다. 하나님은 나도 사랑하십니다. 하나님은 우리 모두를 조건 없이 사랑하십니다. 하나님은 우리 한 사람 한 사람을 특별한 계획을 가지고 만드셨습니다. 하나님은 나를 도미니카 선교사로 만드셨습니다. 그러나 나는 처음에는 몰랐습니다. 지금 살아가며 확실히 알게 되었습니다. 그러므로 여러분은 하나님이 당신을 만드신 목적이 무엇인지를 알고 살아가십시오. 저와 같이 시간을 낭비하지 마십시오.

하나님은 우리 모두에게 각자에게 맞는 달란트를 주셨습니다. 우리는 서로 협력하여서 하나님이 기뻐하시는 일에 열심히 순종하며 나아가야 합니다. 우리는 경쟁을 하는 것이 아니라 함께 서로를 위해 기도해 주며 협력해 나가야 합니다."

그리고 "여러분, 하늘나라에 가고 싶으세요?" 하고 물어봅니다. 모두들 그렇다고 대답합니다. 하늘나라에 갈 수 있는 방법은 오직 예수님을 믿는 길밖에 없습니다. 그러므로 구원의 확신이 매우 중요합니다.

"예수께서 이르시되 내가 곧 길이요 진리요 생명이니 나로 말미

암지 않고는 아버지께로 올 자가 없느니라"(요 14:6).

성경에 많은 약속이 쓰여 있습니다. 모든 약속이 지켜졌습니다. 예수님이 재림하신다는 약속도 지켜질 것입니다. 그러면 언제 예수님이 오십니까?

"이 천국 복음이 모든 민족에게 증언되기 위하여 온 세상에 전파되리니 그제야 끝이 오리라"(마 24:14).

많은 학자가 말합니다. 앞으로 몇 년 안에 성경이 모든 나라의 언어로 번역이 되어서 나옵니다. 그러면 누구든지 복음을 알게 됩니다. 우리의 책임은 그들을 믿게 만드는 것입니다. 그러므로 우리는 더욱 기도하며 열정을 다해 복음을 전해야 합니다.

성도들에게 묻습니다. "예수님의 재림이 다가오는데 여러분은 혼자서 하늘나라에 가기를 원하나요?" 그러고는 선포합니다. "그렇지 않다면 하루속히 여러분의 가족을 전도하고, 친구들을 전도하고, 동네 사람들을 전도하여 교회로 나오게 하십시오." 그리고 한 예화를 들려줍니다.

"호주에 30세에 예수님을 믿고 구원을 받은 청년이 있었습니다. 그는 너무 기뻐서 자기가 받은 구원을 남들과 나누고 싶어 했습니다. 이후 시드니의 조지 스트리트 큰길가 한곳에 40년간 하루도 빠짐없이 나가서 전도했다고 합니다. 만나는 사람들에게 세 가지를 이야기했다고 합니다. '실례합니다. 구원받으셨습니까? 오늘 밤 죽으면 하늘나라에 갈 수 있으세요?' 그리고 전도지 한 장을 주었다고 합니다.

나이가 들어 기력이 떨어진 그는 자신의 아파트에서 쓸쓸히 죽음을 기다리고 있었습니다. 아무도 그에게 와서 예수님을 믿게 되었다고 말한 사람이 없었습니다. 그런데 영국 어느 조그만 교회에서, 한 신사가 본인은 호주 어느 길가에 있는 분에게 전도지를 받아서 예수님을 믿게 되었다고 간증을 했습니다. 그 교회 담임목사님은 다른 교회에서 집회할 때 몇 분이 똑같은 이야기를 하는 것을 들었습니다. 뿐만 아니라 얼마 동안 이곳저곳 다니며 집회할 때마다 그 호주 사람으로 인해 예수님을 믿게 되었다는 간증을 들었습니다.

몇 년 후 목사님은 호주에서 집회를 끝내고 그분을 찾아갔습니다. 아파트에 도착했을 때 그분은 기력이 다한 노인의 모습을 하고 있었습니다. 목사님은 자신이 들은 간증을 그에게 들려주었습니다. '많은 분이 당신 때문에 전도가 되었다'는 소식을 알려 주었습니다. 노인은 그 소식을 들으며 기쁜 마음으로 감사하며 얼마 후에 하늘나라로 갔다고 합니다.

목사님은 이후 그분에게 전도받은 사람들이 얼마나 있을까 하는 궁금증이 생겨서 전 세계를 다니며 가는 곳마다 집회장에서 물어보기 시작했습니다. 나중에 14만 6천 명이 그분 때문에 전도가 되었다는 것을 알게 되었습니다. 우리는 순종하며 전도하고 기도하면 됩니다. 나머지는 다 하나님이 하십니다."

이 이야기를 전하면 모두 박수로 화답합니다.

"그렇습니다. 코로나19로 많은 사람이 어려움을 겪고 죽어 갔습니다. 성경에 이런 말씀이 기록되어 있습니다.

'이는 그때에 큰 환난이 있겠음이라 창세로부터 지금까지 이런 환난이 없었고 후에도 없으리라'(마 24:21).

요즘도 전 세계에 지진이 일어나고, 화산이 폭발하고 있습니다. 이 모든 것이 다 하나님이 우리에게 주시는 경고라고 생각합니다. 누구도 예수님이 언제 재림하실지는 모릅니다. 하지만 가까워지고 있다는 것을 짐작할 수 있습니다. 우리 모두 매일매일 준비하며 하나님께 감사하며 살아가야 할 것입니다.

제가 태어나던 1950년의 한국은 세계에서 제일 못사는 나라 중의 하나였습니다. 그러다가 몇 달 후에 한국전쟁이 났고 많은 사람이 죽었습니다. 전쟁에 죽고, 병들어 죽고, 굶어 죽고, 얼어 죽었습니다. 그리고 세계에서 제일 못사는 나라가 되었습니다.

당신들은 축복받은 나라에 살고 있는 것입니다. 먹을 것들이 지천입니다. 망고, 코코아, 파인애플, 바나나, 유카, 고구마 등 자연식품이 풍부합니다. 그래서 굶어 죽을 염려가 없습니다. 당신들의 나라는 축복받은 나라입니다. 따뜻한 캐리비안 기후로 얼어 죽을 염려가 없습니다."

그러고 나면 맞다고 박수하며 난리가 납니다.

"도미니카와 아이티가 우리나라에 전쟁이 났을 때 많은 도움을 주었습니다. 그것이 우리가 이곳에 와 있는 이유 중의 하나입니다. 당신들의 도움에 보답하기 위해서 왔습니다."

그러면 또 박수를 보냅니다.

"하나님은 한국을 축복해 주시기 위하여 많은 준비를 하셨습니다. 1890년대에 많은 선교사님을 보내 주셨습니다. 선교사님들이 오셔서 교회도, 학교도, 병원도 지어 주셨습니다. 하지만 1950년 전쟁이 나기까지는 기독교인이 별로 없었습니다. 그러나 하나님이 전쟁을 통해서 큰 고통을 주셔서 많은 사람이 기독교인이 되었습니다. 10여 년 만에 기독교인 숫자가 1천만여 명이 되었습니다.

그들은 새벽 기도를 하며 금식 기도하며 열심히 기도 생활을 했습니다. 학생들은 열심히 공부했습니다. 부모님들은 아이들을 위해서 많은 희생을 하며 열심히 일했습니다. 하나님은 고통을 이기며 기도한 대한민국을 축복해 주셨습니다.

한국에서 천막 교회들이 하루하루 늘어났습니다. 여러분의 교회는 천막 교회보다 좋습니다."

이때 천막 교회 사진들을 보여 줍니다. 한강의 기적이 아니라 하나님의 축복이었습니다.

"우리도 열심히 기도하면 하나님이 축복하십니다. 우리 다 같이 협력해서 열심히 기도하고 모이기에 힘씁시다. 아이들에게도 공부하라고 하고, 부모님들도 열심히 일해서 아이들 공부시키고, 교회에 십일조를 내며 헌금을 하여 세계로 나가는 교회를 짓고 선교사들도 세계로 파송합시다."

그러면 또 큰 박수로 화답합니다.

"하나님은 2천여 년 전에 이스라엘을 통해서 오셨습니다. 그러나 지금 많은 사람은 예수님이 재림하실 때를 위해서 한국 민족을 사용하실 것이라고 이야기합니다. 하나님은 한국 민족을 세계 180여 개 나라에 보내셨습니다. 거의 1천만 명의 디아스포라로 보내셨습니다. 왜 그렇게 하셨을까요? 디아스포라들은 그 나라에 교회를 짓고 전도를 합니다. 도미니카에도 수백 명의 한국 사람들이 살고 있습니다. 우리가 협력하여서 전국의 도미니카 사람들을 구원합시다.

그리고 우리가 협력해서 해야 할 일이 또 있습니다. 중국 사람들의 인구는 15억 명이 넘습니다. 많은 중국인이 전 세계 130개 나라에 나가 있습니다. 도미니카에도 거의 10만 명의 중국인이 살고 있습니다. 커다란 차이나타운이 있습니다. 중국인들은 여기서 무엇을 하고 있습니까? '삐까뽀요'(Pica Pollo)라는 치킨 레스토랑을 주로 하며 교회로 오지 않습니다. 왜 그렇습니까? 그들은 복음을 모르기 때문입니다. 우리가 먼저 그들을 전도해야 합니다. 앞으로 중국 사람들을 부를 때 '치나', '치나' 하지 맙시다. 앞으로는 주 안에서 '형제자매 여러분'이라고 부르며 전도합시다. 그들과 함께 도미니카 온 국민을 전도합시다."

그러면 또 박수로 화답합니다.

"저의 아버님은 불교 집안에서 태어나셨고 어머님도 불교 신자셨습니다. 절도 몇 개 지으셨습니다. 제가 말씀드린 대로 하나님은 조건 없이 누구나 사랑하십니다. 하나님은 저희 아버님을 불교 집안이지만 축복하여 주셨습니다. 돈을 많이 벌게 해 주셨습니다. 한국에서 제일 높은 건물을 지으시고, 어떤 해에는 세금을 제일 많이 내는 기업인이셨습니다. 모든 것이 다 하나님의 은혜였습니다.

저는 태어나서부터 아무 부족함 없이 자랐습니다. 어릴 때 미국에 유학하는 축복도 받았습니다. 하지만 가고 싶어서 간 것이 아니었습니다. 고등학교 시험에 떨어져서 할 수 없이 갔습니다. 그러나 저는 지금 압니다. 하나님이 저를 도미니카 선교사로 만들기 위해서 준비하셨습니다.

미국에서의 생활도 하나님의 은혜로 잘 마치고 좋은 대학도 졸업했습니다. 거기서 이은혜 선교사를 만났습니다. 이은혜 선교사 집안은 3대째 기독교인이었습니다. 제가 한국에서 학교에 다녔으면 아마도 종교가 달라서 결혼이 불가능했을 것입니다. 하나님이 다 계획해 놓으셨습니다. 극적으로 만나게 하시고, 또다시 만나게 하시고, 마침내 결혼하였습니다.

물론 저는 교회에 가겠다는 조건을 수락했고, 이은혜 선교사는 불교 집안에서 생활하는 것으로 합의가 되었습니다. 지금은 압니다. 하나님을 믿는 이은혜 선교사의 삶이 얼마나 힘들었을까를 지금은 압니다. 그때는 몰랐습니다. 너무 감사합니다. 가끔 이은혜 선교사는 말합니다. 당시 본인이 자기 부모님을 설득해서 한 결혼이었기에 참고 지냈다고 합니다. 우상을 섬기는 것이 얼마나 큰 죄인지 지금은 압니다.

좋으신 하나님이 이은혜 선교사와 장모님의 끝없는 기도를 들으셔서 우리 가족 한 분 한 분이 예수님을 믿기 시작했습니다. 아버님은 1980년 돌아가시기 1년 전에 한경직 목사님을 통해서 세례를 받으셨습니다. 돌아가시는 날 아버님의 얼굴이 평안한 모습을 보고 많은 은혜를 받았습니다. 저희 어머님도 1989년에 돌아가셨는데 서빙고 온누리교회 하용조 목사님의 장례 인도로 잘 끝났습니다. 하나님의 은혜였습니다. 여동생 중 한 명은 결혼하여 목사 사모가 되었습니다. 워싱턴주립대학을 졸업하고 신학교에 가서 목사가 되었습니다.

최진호 목사님은 처음부터 지금까지 저희 모든 가족을 위해서 기도하고 계십니다. 전에 아이티에 오셔서 안홍기 목사님과 한인 교회를 개척할 때 3천 달러 헌금도 해 주셨습니다. 지금은 은퇴하시고

교도소 사역을 하고 계십니다. 한 조카는 하용조 목사님의 조카 며느리가 되었습니다. 그리고 대부분의 형제자매들이 교회에 다닙니다. 모든 것이 다 하나님의 은혜입니다.

아버님이 돌아가시고 만 29세 나이에 그룹의 회장이 되었습니다. 아무것도 모르는 저를 하나님이 축복해 주셨습니다. 세계 제일의 특수강 공장을 만드는 것이 우리의 목적이었습니다. 하나님의 도우심으로 캐나다의 제일 큰 특수강 공장을 인수하고 열심히 일했습니다. 그때는 일등석 비행기를 타고 전 세계를 다녔습니다. 지금은 후회가됩니다. 만약에 일반석을 타고 다녔었으면 그 차액으로 많은 교회를세울 수 있었을 텐데, 하며 회개합니다. 지금은 제일 싼 일반석으로타고 다녀도 더 행복합니다."

앞으로 우리의 계획은 1천 개의 교회를 짓는 것이라고 선포합니다. 꿈은 크게 갖자고 이야기합니다. 꿈꾸는 것은 비용이 들지 않습니다. "우리가 하나님의 뜻 안에서 협력해서 기도하면 하나님이 채워주실 것입니다"라고 선포하면 박수가 요란합니다. 하나님이 저를 만드신 목적이 도미니카 선교사라고 다시 말해 줍니다.

"그래서 1995년에 하나님이 캐나다로 우리를 보내셨습니다. 행복한 시간을 보내고 하나님이 광야의 시간을 몇 년 보내게 하셨습니다. 그리고 직장암으로 고난을 주셨습니다. 수술 후에 나는 죽을 때까지 배에 장루 주머니(이하 주머니)를 차고 다녀야 한다는 것을 알게되었습니다. 많이 불편합니다. 언젠가 아이티에서 안홍기 목사님하고 자동차로 오는 길에 차 안에서 주머니가 터져서 중간에 공중 화장실에 들어가야 했습니다. 많은 사람 앞에서 바지를 다 벗고 세면

대에서 물로 씻으며 주머니를 바꾸어야 했습니다. 몹시 부끄러웠습니다. 안홍기 목사님이 가방을 가져다주며 안쓰러워하셨습니다.

그러나 저는 매일 주머니를 바꾸며 하나님이 나를 살려 주셨다는 생각을 잊지 않습니다. 만약에 이런 고통이 없었다면 선교사를 몇 년 하다가 포기하고 다른 길로 갔을지도 모릅니다. 하나님이 다 아시고 그렇게 하셨다고 믿습니다.

몇 년 전에는 호주 타운즈빌에서 열리는 열방대학 모임에 참석하려고 비행기로 40시간을 가야 했습니다. 가는 동안 기내에서 네 번이나 주머니를 바꾸어 차야 했습니다. 감사하게도 승무원이 화장실 근처로 자리를 마련해 주었습니다. 다 하나님의 은혜였습니다.

하나님의 축복으로 우리 사역은 20년간 지속적으로 성장해 왔습니다."

하나님이 다 준비해 주셨다고 설명하며 준비한 파워포인트를 보여 줍니다. 처음에는 닉 부이치치(Nick Vujicic)의 짧은 영상물을 보여 줍니다.

"여러분도 잘 아시는 팔다리 없이 태어난 호주의 목사님 아들입니다. 8살 때 우울증으로 자살하려고 몇 번이나 시도했다고 합니다. 그러다가 하나님이 자신을 그렇게 창조하신 이유와 목적을 알고는 공부를 열심히 하여 지금은 전 세계를 다니며 간증을 합니다. 팔다리 없는 닉이 그렇게 할 수 있으면 여기에 있는 우리 모두도 할 수 있습니다."

그러니 큰 꿈을 갖고 하나님께 기도하며 살아가자고 도전하고 선포합니다.

"닉의 목표는 전 세계 70억 명에게 복음을 전하는 것이랍니다. 주님이 재림하시는 날까지 우리 모두 그를 위해서 기도합시다."

그러면서 20년간 하나님이 우리 센터에 부어 주신 축복을 하나하나 보여 주며 호소합니다.

"우리 모두 협력하여서 하나님이 기뻐하시는 일들을 해 나갑시다. 누구 개인의 영광이 아닌 오직 주님께 모든 영광을 올려 드립시다."

간증을 끝냅니다. 하나님이 준비하여 주셨습니다. 다시 한 번 진심으로 감사드립니다.

WGM센터 사역 목록

사역 명칭	주요 내용 및 취지	비고
우물 사역	물 부족을 겪고 있는 도미니카에 생활용수를 위한 우물을 만들어 준다. 휴스턴 서울교회와 합동 사역한다.	2008년에 시작해 진행 중
교회 건축 사역	낙후된 도미니카 현지인 교회를 헐고 새 건물로 신축해 주는 사역이다. 커뮤니티로 성장 중이다.	1천 개를 목표로 현재 74곳 건축
아이티 지진에 따른 구호	해외에서 오는 선교사를 도와 구호 물품을 현장에 전달한다.	종료
아이티 고아원 설립	지진으로 발생한 고아들을 돌볼 고아원을 설립한다.	종료
YWAM 베이스	현지인 중심으로 DTS를 개설하고 DBS, FCM, WBH, SOW, SBS, 성경연구원 세미나를 한다.	2013년 시작돼 매년 진행
마이크로파이낸스 (Microfinance)	현지 교회 목사를 통해서 선정한 자활 의지가 있는 현지인에게 소액(미화 300달러)을 무이자 융자해 주고 자활을 돕는 프로그램이다.	원금만 7만 달러에 대출 중인 가정이 300곳
치과 사역	WGM센터 내 메디컬센터 건물에 상설 무료 치과 진료 센터를 개설했다. 이외 치과봉사 사역팀이 오면 현지 치과 진료를 위한 아웃리치를 지원한다.	주 2일 상주 진료
안경 사역	미국 한인 교회에서 안경사역팀을 보내 주면 이들을 현지인 마을과 연결하는 합동 사역을 한다.	방문 시 안경 수백 개 전달
의료 사역	WGM센터 내 메디컬센터를 기반으로 다양한 선교팀을 도와서 의료 봉사를 하고 있다. 추후 협력 사역으로 상설 진료를 갖출 계획이다.	은퇴한 실버 의사들의 상주 진료 필요
월드쉐어 (리더홈, 공부방 사역)	아이티 출신 난민 자녀 20명을 뽑아 기숙사 생활을 하게 하면서 인재로 키운다. 또한 30명을 선발해 현지에 공부방을 설치하고 1일 3시간 공부를 돕는다.	리더홈은 월드쉐어 후원 중단으로 종료, 공부방은 3개로 축소

시니어선교훈련학교 (SMTS)	시니어판 DTS로, 추위를 피해 도미니카에서 3주짜리 교육을 받으며 신앙적으로 도전받는 기회를 제공한다.	매년 1기씩 운영, 2024년 7기 종료
자연 농법 사역	도미니카 현지에 자연 농법으로 모범 농장을 만들고 수익성 높은 작물을 길러서 현지인 소득을 향상시키는 새마을운동식 캠페인이다.	심정석 장로가 마치고 현재는 최관해 장로가 운영
월드그레이스미션 (WGM) 신학교	현지인 목회자 양성을 위해서 2년제로 시작, 격월로 2주씩 수업하고 매년 몇 명씩 졸업생을 배출하고 있다.	
세계선교성경대학 (WMBC)	영어 신학교로 2년제, 아프리카 등에 파송 목표로 교육하고 있다.	박광철 목사가 학장
국제성막교회(ITC) 개척	센터 내 건축된 성막을 중심으로 영어 목회를 시작했다.	박광철 목사가 초대 담임목사
축복의집	낙후된 주택을 후원해 고쳐 주는 사역이다.	뉴욕 실버팀 중심, 총 24채가 축복의집이 됐음
선한목자펠로우십 (Good Pastors' Fellowship)	교회 건축 사역으로 연결된 목회자를 중심으로 교제와 협력 사업을 위해서 만든 모임으로 미션DR과 40일연속기도회 등을 운영 중이다.	
어린이돌봄사역 (CCM)	아이티나 도미니카 저소득층 어린이들과 자매결연을 맺는 프로그램이다. 계좌당 월 25달러를 후원한다.	2024년 7월 26일 출범
글로벌유나이티드미션(GUM) 제휴 사역	뉴저지 실버 선교단체인 GUM이 아이티와 도미니카공화국에서 다양한 구호 및 선교 사역을 할 수 있도록 협력한다.	2024년 11월 출범

74개 교회 목록

번호	교회 이름/담임목사	기부자
1	Fuente de Amor I(Fatima)/Pastor Francisco Ramirez	- 한국 경기중앙교회/이춘복 목사
2	Fuente de Amor II(Fatima)/Pastor Francisco Ramirez	- 시카고 미드웨스트 장로교회/전상현 목사
3	Fuente de Amor III(La Isabelita-Villa Altagracia)/Pastor Martha Polanco	- 애틀랜타 연합장로교회 - 한규정 장로
4	Iglesia Pentecostal de Jesucristo(La Torre/Villa Altagracia)/Pastor Alejo de Rosario	- 한국 오정숙 자매 - 조욱래 회장
5	Asembleas de Dios Filip 4:13(Basima)/Pastor Luis Decena	- 시카고 미드웨스트 장로교회/전상현 목사
6	Iglesia Filipenses 4:13(Batey 61 Km)/Dario Mateo	- 토론토 가든 교회
7	Santidad Vida Viva(San Filip, Villa Mella)/Pastor Samuel Taveras	- 토론토 가든 교회
8	Iglesia Misionera Pent. Jesus Salvador del Mundo I(Mata de Los Indios/Villa Mella)/Pastor Juan Miguel(Luz Maria Vargas)	- 경기고 63회 신우회/이영규 목사, 곽영균
9	La fé que vence al mundo(Villa Mella)/Pastor Clara Elena(Altagracia 축복의집)	- 시카고 미드웨스트 장로교회/전상현 목사
10	Buenas Nuevas Isaías 61(Vietnam, San Felipe/Villa Mella)/Pastor Elias Made	- 한국 경기중앙교회/이춘복 목사
11	Rescatado para Dios(Calle 31/Villa Mella)/Pastor Martin Cabrera	- 한국 온누리교회/송영재 장로-강숙경 부부
12	Jesus es mi refugio(Mono mojado/Villa Mella)/Altagracia Mota, Pastor Fernando	- 시카고 미드웨스트 장로교회/전상현 목사
13	Caminando en Santidad(Mata Gorda I/Villa Mella)/Pastor Osorias Amparo	- 뉴저지 온누리교회/최마크 목사
14	Colegio Grace(Villa Mella)/Pastor Kim	- 이신실 권사(이은혜 선교사 모친)
15	Asembleias de Dios(Hondo Valle)/Pastor Elias Montero	- 한국 경기중앙교회/이춘복 목사
16	Cruzada Misionera I(Guanuma)/Pastor Jose Luis Manzueta	- 김태준
17	Fuente de Liberación(Villa Linda)/Pastor Nerys Castillo	- 토론토 가든 교회

18	MMM Tabernáculo Evangélico(Los Alcarrizos)/Pastor Juana Maria	- 한국 경기중앙교회/이춘복 목사
19	Rehobot I(El Limon)/Pastor Mariano Brito	- 헨리 조(조항석 목사)
20	Rehobot II(El Limon)/Pastor Mariano Brito	- 헨리 조(조항석 목사)
21	Crecimiento en fe I(Hato Nuevo)/Pastor Samson Jean	- 시카고 가스펠 교회(고종용 목사 파송 교회)
22	Templo Hermosa Rom 1:16(Villa Mella)/ Pastor Vicente Jimenez	- 수원 베들레헴교회/최광영 목사
23	Cruzada Misionera II(Guanuma)/Pastor Jose Luis Manzueta	- 수원 베들레헴교회/최광영 목사
24	Iglesia Misionera Pent. Jesus Salvador del Mundo II(Gloria/Villa Mella)/Pastor Isaury Tejeda(Luz Maria Vargas)	- 애틀랜타 제일장로교회/김 희숙, 이순옥 집사 - 토론토 밀알교회 장로 - 워랜 목사 팀
25	A/D Buenas Nuevas(San Felipe/Villa Mella)/ Pastor Rafaella Martinez	- WGM/맥스 로드리게스 장 로
26	Arca de Noe Central(Paraisos Escondidos/ Villa Mella)/Pastor Lorenza Frias	- 이육 - 이여옥 권사(3기 SMTS)
27	Misionera Church/Galatas 6:1(Mata Gorda II/Villa Mella)/Pastor Clemente de Jesus	- 메릴랜타 새생명교회/한석 민 목사 - 월드쉐어
28	La Biblia(El Licey/Villa Mella)/Pastor Francisco Moreno	- 얼바인 온누리교회/박신웅 목사
29	Crecimiento en fe II(Palave/Hato Nuevo)/ Pastor Arry Prud'homme(Samson Jean)(축 복의집)	- 얼바인 온누리교회/이윤노, 이용규 부부
30	Iglesia Luz Y Vida(Higuey)/Pastor Leonel Rodriguez(Eliezer Mejia)	- 한국 기업 인성/유기형 회 장
31	Iglesia de Mision Pentecostal Ezequiel 47(Paradise/Villa Mella)/Pastor Marino Mora	- 산호세 커뮤니티 교회/조광 자 권사
32	Roca de mi Refugio(Hacienda Estrella/ Guanuma)/Pastor Abel Lluberes	- 수원 베들레헴교회/최광영 목사
33	Crecimiento en fe III(Tanke Azul/Hato Nuevo)/Pastor Samson Jean	- 시드 처치/김재열 - 토론토 밀알교회
34	Iglesia P. Vidas en Jesus(Boca Chica)/Pastor Bartolo Ulloa	- WGM/김수연 간사
35	Iglesia Pentecostal Jesus Ciencia Y Fe(Hato Nuevo)/Pastor Julia Mendez	- 이성열 장로(4기 SMTS)
36	Jehova en el desierto (Leonel Fernandez / Hato Nuevo) / Pastor Teresa Nova	- 이성열 장로(4기 SMTS)

37	Iglesia Misionera Pent. Jesus Salvador del Mundo III(Almond/Villa Mella)/Pastor Luz Maria Vargas	- 해리스버그한인교회/김지광 목사
38	Crecimiento en fe IV(Mata San Juan/Villa Mella)/Pastor Yphonel(Samson Jean)	- 김경아 & 친구들 - WGM/김정준
39	Iglesia La Gran Comision(Mata Gorda III/Villa Mella)/Pastor Isidro Suero	- 메릴랜드 새생명교회/한석민 목사
40	Victoria Center Church(Hato Nuevo)/Pastor Pedro Martinez	- 주님의영광교회/신승훈 목사
41	Iglesia A/D Agua Viva de San Jose(San Jose Batey)/Pastor Dinet Baptiste	- 산토도밍고한인교회
42	Iglesia Evangelica Cristo Vuelve II(Villa Mella)/Pastora Maria Angulo Cuevas	- 이영규 목사, 곽영균, 백종열
43	Iglesia Cristo Refugio Fe Salvacion(San Felipe/Villa Mella)/Pastora Angela Rodriguez	- WGM/아벨 로드리게스
44	Crecimiento en fe V(Higuero)/Pastor Nelson et(Samson Jean)	- WGM/김수연 간사
45	Crecimito en la Fe VI(La Romana Guaymate)/Pastor Raymond Francois(Samson Jean)	- WMBC/김선이 선교사
46	Iglesia Misionera Pent. Jesus Salvador del Mundo IV(Jerusalem)/Pastor Lucina Tejeda(Luz María Vargas)	- WMBC/박광철 목사 가족
47	Ministerio Ev. Jesus Sana Un Leproso I(Villa Mella)/Pastor Leonardo Ramirez	- 뉴욕 모자이크 교회/장동일 목사
48	Iglesia Misionera Jesucristo(Guanuma)/Pastor Jose Luis Manzueta	- 메릴랜드 새생명교회/한석민 목사
49	Iglesia evangelica asamblea de Dios 2da(Hondo Villa)/Pastor Rafael Rodriguez	- 웨스트체스터 장로교회/전구 목사
50	Iglesia de Dios Rio de Agua Viva(Higuey)/Pastor Gerard Guillaume	- 이성열 장로(4기 SMTS)
51	Iglesia AD Berakot(Villa Mella)/Pastor Estin Nelson	- 이성열 장로(4기 SMTS)
52	Iglesia Templo La Hermoso Pentacostal Rom 12:9(La Victoria)/Pastor Miragro De La Cruz	- 박광철 목사 지인
53	Iglesia Cristiana Damasco Pentecostal 6ra(Yamasa) /Pastor Javier Martinez	- 김광국-김미숙 부부
54	Iglesia Asembleas de Dios, Dios es Dios central (Yamasa)/Pastor Juan de Dios	- 전창일 회장
55	Iglesia Alfa y Omega(Mamatingo)/Pastor Virgillio Vallejo	- 조항석 목사

56	Ministerio Ev. Jesus Sana Un Leproso II(Villa Mella)/Pastor Bertin Francois(Leonardo Ramirez)	- 메릴랜드 새생명교회/한석민 목사
57	Iglesia la Buena Volutad de Jehova(Villa Linda)/Pastor Eddy Santo	- 경기고 63회 박정현
58	Iglesia de Dios de la Profecía(Casabe)/Pastor Eridieu Necius	- 퀸즈한인교회 백남걸 장로-백인라 부부
59	Iglesia Bautista Renovacion(Boca Chica)/Pastor Jean Daniel Emma	- 월드미션 워싱턴
60	Iglesia Asamblea El Bethel El taller del Masestro(Higuey)/Pastor Eliezer Mejia	- Pastor Eliezer Mejia - WGM
61	Iglesia Vida Nueva de El Pino(El Pino)/Pastor Etienne Odlin	- 토론토 가든 교회
62	Iglesia Vida Nueva de Hatico(La Vega)/Pastora Jusseleine Francois	- 토론토 가든 교회
63	Iglesia Vida Nueva en Cristo(Nagua)/Pastor Aelxis Pereyra	- 뉴저지 시온성교회/이수원 목사
64	Fuente de Vida Community Church(Monte Plata)/Pastor Jean Pierre Sangai	- Grace Alone Ministry
65	Iglesia de Monte de Olivos(Villa Mella)/Pastor Benithe Pierre Louis	- 메릴랜드 새생명교회/한석민 목사
66	Iglesia Evangelica Abba Padre 2(Boca Chica)/Pastor Madochee Catalice	- Pastor Madochee Catalice
67	Iglesia Cristiana Reformada Canaan(Villa Mella)/Pastor Luis Magino	- Pastor Luis Magino
68	Iglesia Evangelistica(Bani)/Pastor Jean Wilson Emmanuel	- 맥스 로드리게스 장로 & ITC
69	Iglesia Fuente de Liberacion 2da(Villa Linda)/Pastor Fausto Antonio Espinal	- 김영실
70	Iglesia Ministerio el Arca de Noe(Villa Mella)/Pastora Yanelys de la Cruz	- 뉴저지 세계로교회/정종식 목사
71	Iglesia Misionera Alfa y Omega, Hechos 4:12(Pantoja)/Pastor Fernando Polanco	- 안계주 권사(뉴저지 실버팀)
72	Iglesia Cristiana de Sinai(Guaricano)/Pastor Sadrack Joseph	- 안계주 권사(뉴저지 실버팀)
73	Iglesia Asambleas de Dios Nueva Esperanza(Haina)/Pastor Marcos Almonte	- Pastor Marcos Almante - 김경아
74	Ministerio Profetico Leon y Cordero(Las Americas)/Pastor Librada Martinez	- 한숙경

김현철 선교사 연혁

- 1950년 김두식 회장과 김순제 여사 슬하 3남 5녀 중 장남으로 출생
- 1964년 미국 시애틀로 유학, 고교 진학
- 1967년 워싱턴주립대학 입학
- 1970년 학업 중단하고 입대했다가 의가사제대
- 1971년 시애틀에서 이은혜 학생 첫 만남
- 1973년 귀국 후 삼미 입사, 이은혜와 결혼
- 1974년 삼미특수강 맡아
- 1977년 삼미 기업 공개
- 1980년 부친 김두식 회장 타계, 삼미그룹 제2대 회장 취임
- 1982년 삼미 슈퍼스타즈 창단, 구단주 됨
- 1983년 아웅산에서 첫 번째 죽을 고비 넘김, 경영 합리화 위해서 3개 회사 매각
- 1985년 삼미 슈퍼스타즈 70억에 청보그룹에 매각
- 1989년 미화 2억 달러에 캐나다 및 미국 특수강 회사 인수, 모친 김순제 여사 별세
- 1995년 삼미그룹 회장 은퇴
- 1997년 회사 부도
- 2001년 도미니카공화국 여권 취득
- 2002년 직장암 수술, 두 번째 죽을 고비
- 2003년 하와이 코나 DTS 수료
- 2004년 얼바인 온누리교회 1호 파송 선교사, WGM센터 창립
- 2005년 아이티 사역, 무장 강도 만나, 세 번째 죽을 고비
- 2008년 선교 센터 착공
- 2010년 아이티 대지진, 두 번째 강도 만나
- 2011년 우물 사역 시작
- 2012년 DTS 시작
- 2013년 YWAM 베이스 사역
- 2017년 시니어 위한 시니어선교훈련학교(SMTS) 개설
- 2019년 의료, 치과, 안경 사역
- 2024년 파송 20주년 맞아 CCM(어린이돌봄사역) 시작

사진첩

1 삼미그룹 초대 회장인 김두식 회장(위), 김현철 회장(아래 왼쪽), 김현배 회장(아래 오른쪽)

2 2009년 일본 고베 러브 소나타 당시, 김현철 선교사의 강력한 후원자인 하용조 목사 부부와 함께 기념사진을 찍고 있다. 왼쪽부터 김현철 선교사, 이은혜 선교사, 이형기 사모, 하용조 목사.

3 2009년 일본 고베 러브 소나타 당시, 김현철 선교사의 강력한 후원자인 하용조 목사 부부와 함께 기념사진을 찍고 있다. 오른쪽부터 김현철 선교사, 이은혜 선교사, 이형기 사모, 하용조 목사.

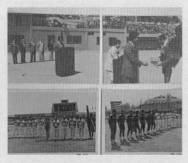

4 1982년에 출범한 한국 프로야구의 삼미 슈퍼스타즈가 경기를 앞두고 간단한 행사를 진행하고 있다. 김현철 회장의 연설에 삼미 슈퍼스타즈의 선수들이 도열해 있다. 가운데 원더우먼을 흉내낸 슈퍼우먼이 눈길을 끈다.

5 경제 전문 잡지에 실린 김현철 회장 인터뷰의 첫 부분이다. 삼미그룹의 연매출이 한국 GNP의 1%가 넘는다는 것을 소제목으로 뽑았다. 당시 삼미 사보의 일부로 보인다.

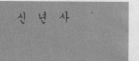

신 년 사

WTO의 본격 출범은 우리의 경쟁상대가 세계의 모든 통통업체이며 우리의 시장은 국내가 아님을 의미. 치열한 경쟁시장에서 우리가 목표하는 2000년 세계 제일의 특수강고통으로 성장하기 위해서는 삼미가족 모두가 새로운 각오와 신념으로 환경에 대처해 나가야…. 위년은 우리가 비약적인 성장을 이룰 것이고 경제성태를 지하를 것인지의 고비입. 모두가 발전의 길 택할 것으로 믿으며 이 길을 성공적으로 가기 위하여 노력해야…

가 숙년 한 해를 보내고 올해년 새해를 맞이하였습니다. 지난 한 해 여러가지 어려운 상황속에서도 삼미의 발전을 위하여 열심히 일하여 주신 삼미가족 여러분께 진심으로 감사드립니다.

덕년에는 그 어느 해보다도 국내외에서 큰 일들이 많이 생겨 문자 그대로 다사다난했던 한 해였습니다. 특히 나라안에서 크고 작은 여러 사건 사고들이 빈발함에 많은 국민들이 함으에 휩싸였습니다. 그러나 이러한 사고 들을 계기로 우리는 과거의 고도성장기에 미처 눈을 돌리지 못했던 분야에 대한 자각을 하게 되었고, 또한 이러한 사고가 재발하지 않도록 정부와 온 국민이 다시 시작하는 마음으로 분발함으로서 우리 국민의 잠재력과 새로운 가능성을 보여준 한 해였다고 생각합니다.

새해에는 2차대전 이후 다자간 무역질서를 관장했던 GATT체제가 세계 각국간의 오랜 협상끝에 타결된 우루과이라운드 협상의 각국의 국내 비준절차를 거쳐서 새로운 무역질서인 세계무역기구(WTO)체제가 본격 출범하게 되었습니다.

이제 시장의 개방과 세계화, 국제화는 누구도 거스를 수 없는 세계의 흐름이 되었습니다

6 1995년 삼미그룹의 신년사. 비약적인 성장을 위해 새로운 각오와 신념으로 나아가자는 내용이다. 김현철 회장은 당시 45세였다.

7 월드그레이스미션(WGM)의 항공 사진.

8 김현철 회장이 셋째 자녀를 안고 있다.

9 김현철 선교사와 이은혜 선교사, 직계 가족들이 해변에서 포즈를 취하고 있다 (2023년).

10 삼미특수강을 인수한 현대자동차그룹은 사명을 현대비앤지스틸로 바꿨다. 이 회사 홈페이지에 나온 회사 연혁 중 삼미특수강 시기 기록에 김현철 회장의 모습이 보인다.

11 하와이주의 6개 섬 중 가장 큰 빅아일랜드(하와이섬). 서쪽 해변 지역이 코나(Kona)다.

12 김현철 선교사가 외부에서 보내온 멜로디카를 받고 불어 보고 있다. 오른쪽 2번째가 이은혜 선교사, 3번째가 김현철 선교사.

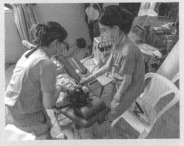

14 WGM의 주요 사역 중 하나인 치과 치료 사역을 위해서 지역 교회에 간이 치료 시설이 설치된다. 치과대학생들이 현지 어린이를 치료하고 있다.

13 WGM의 주요 사역 중 하나인 마이크로파이낸스는 소액 대출 사업이다. 책임자인 류흥렬 목사와 대출금을 받은 주민들의 모습이다.

15 WGM의 주요 사역 중 하나인 치과 치료 사역을 위해서 지역 교회에 간이 치료 시설이 설치된다. 치료를 원하는 주민들이 줄을 서서 기다리고 있다.

16 WGM의 주요 사역 중 하나가 우물 시추 작업이다. 휴스턴 서울교회의 조용준 팀이 작업을 마치고 지하에서 물이 나오는지 성공을 확인하고 있다.

17 천 곳을 목표로 하고 있는 현지 교회 건축 작업이 착착 진행되고 있다. 지난 2024년 8월 12일 59번째 착공식에서 김현철 선교사가 곡괭이로 시작을 알리고 있다.

18 WGM의 주요 사업으로 진행되고 있는 교회 건축 사역으로 새롭게 건축된 55번째 교회가 헌당 예배에 앞서 테이프 커팅을 하고 있다.

19 2024년부터 시작된 일대일 양육 프로그램인 CCM을 홍보하는 포스터.

20 교회 건축 사역으로 완성된 교회 모습.

21 2024년에 세계선교성경대학을 소개하는 포스터.

22 2024년 7월에 열린 미션DR(도미니카공화국)의 포스터.

23 한창 건축 중인 교회의 모습.

24 김현철 선교사가 교회 내부 바닥재를 확인해 보고 있다.

25 1층이 마무리 중인 교회의 모습.

26 완공을 앞둔 교회의 내부 모습.

27 뉴저지실버펠로우십, GUM(글로벌유나이티드 미션), WGM은 히스파니올라섬(아이티, 도미니카공화국)의 모든 것을 구하기 위해서 힘을 합쳐 노력하기로 합의했다. 합의 후 김현철 선교사와 양춘길 목사(GUM)가 악수를 하고 있다.

28 기적의집 사역을 위한 지역 목회자들과의 모임이 2024년 11월 18일 진행되고 있다.

29 2024년 11월 14일 교회 건축 사역의 74번째 교회(Pastora Librada Martinez)가 된 교회에서 중단됐던 건축 재개를 합의하고 기념 사진을 찍고 있다.

30 2024년 7월 26일 어린이 구호 사역인 CCM을 시작했다. 이날 수혜자가 된 어린이들이 모여 출범식에 참가하고 있다.

31 도미니카공화국의 선교를 위해서 열린 미션 DR 행사가 2024년 7월 24일 WGM에서 열렸다. 이 행사에는 청소년 1,500명이 모였다.

32 WGM의 그레이스센터 건물 모습.

33 WGM의 카사데조나단 건물 모습.

34 WGM의 카사데루스 건물 모습.

35 WGM의 식당 건물 모습.

36 WGM에 보관 중인 휴스턴 서울교회의 우물 시추 기계.

37 WGM의 실외 수영장 모습.

38 WGM의 성막 모습.

39 WGM의 10/40 빌딩.

40 WGM에서 매주 진행되고 있는 오토 크로마 하프 연습 모습.

41 국제성막교회 초대 담임목사인 박광철(맨 왼쪽) 목사 부부와 2대 담임인 김용철(맨 오른쪽) 목사 부부가 2024년 10월 9일 서울에서 만났다.